Klaus Peter Müller

Keine Zeit zum Leben

Philosophische Essays zur Zeiterfahrung in der Moderne

Tectum Verlag

Klaus Peter Müller

Keine Zeit zum Leben. Philosophische Essays zur Zeiterfahrung in der Moderne

ISBN: 978-3-8288-2956-5

Umschlagabbildung: © Klaus Peter Müller
Umschlaggestaltung: Heike Amthor | Tectum Verlag

Printed in Germany

Besuchen Sie uns im Internet
www.tectum-verlag.de

Bibliografische Informationen der Deutschen Nationalbibliothek
Die Deutsche Nationalbibliothek verzeichnet diese Publikation in der Deutschen Nationalbibliografie; detaillierte bibliografische Angaben sind im Internet über http://dnb.ddb.de abrufbar.

Klaus Peter Müller

Keine Zeit zum Leben

Inhalt

Was Nietzsche über den Augenblick denkt

Gegenwart und Augenblick

In 'Also sprach Zarathustra' entwirft Friedrich Nietzsche ein Bild der Zeit. Auf seiner Wanderung hält Zarathustra an einem Torweg an.
Dieser Torweg hat einen Namen, – er heißt: 'Augenblick'. Folgt man der Geschichte von Nietzsche, so hat dieser Torweg zwei Gesichter, denn dort kommen zwei Wege zusammen, die noch niemand zu Ende ging. Es führt eine lange Gasse zurück, die eine Ewigkeit währt und eine Gasse hinaus, die eine andere Ewigkeit darstellt. Beide Wege widersprechen sich, sie stoßen sich geradezu – wie es in der Geschichte heißt - vor den Kopf.[1]
Geht es in dieser Geschichte von Nietzsche nicht um die Frage nach dem, was die Zeiterfahrung in der Moderne charakterisiert? Vorausgesetzt, man akzeptiert, dass die Zeit verschiedene Gesichter hat, auch wenn in der Regel die Vorstellung zu genügen scheint, die Zeit sei das, was man mit einer Uhr misst. Das hört sich solide an und vermeidet Streitigkeiten.
Für Nietzsche ist die Geschichte der Anlass, um auf einen Widerspruch aufmerksam zu machen, den es zu lösen gilt. Das Bild des Torwegs drückt den Schnittpunkt der Dimensionen der Zeit aus, so wie das einmal Karl Löwith ausgedrückt hat. Dargestellt wird die Erfahrung des modernen Menschen, der >nicht aus und nicht ein weiß<.[2] Und da ist der Lehrer 'Zarathustra', der einen Ausweg aus dieser Lage weiß, der die beiden endlos geraden Wege, die im Nichts enden, zu einem Kreis zusammenzuschließen zu können meint. Die Geschichte vom Torweg enthält schon im Ansatz die Elemente zu dem, was Nietzsche die Lehre von der ewigen Wiederkehr des Gleichen nennen wird. Aber wie sieht es mit dem Problem selbst aus, das Nietzsche im Kontext des

---

1 Vgl. Nietzsche, Friedrich, Vom Gesicht und Rätsel, in: ders., Also sprach Zarathustra, Dritter Teil , KSA 4, München 2005, S. 199ff

2 Vgl. Löwith, Karl, Nietzsches Philosophie der ewigen Wiederkehr, Hamburg 1986, S. 75

'Zarathustra' mit didaktischem Pathos formuliert hat - und das für sein Denken so bestimmend werden sollte? Es lohnt sich, einen näheren Blick auf dieses Problem zu werfen und das zu betrachten, was für den Widerspruch verantwortlich sein soll. Was bedeutet die Vorstellung einer Zeit, die sich sozusagen in zwei Ewigkeiten aufteilt, in eine unendliche Gerade in die Zukunft und eine unendliche Gerade in die Vergangenheit, wobei die Schnittstelle dieser beiden Wege ein Torweg bildet, das was Nietzsche den 'Augenblick' nennt? Dabei wird der Begriff 'Augenblick' in einem besonderen Sinne in diesem Bild verwendet. Er steht an dieser Stelle nicht mehr für die Auszeichnung einer Erfahrung von Wirklichkeit im Sinne einer momentanen Evidenz, charakterisiert nicht mehr eine besondere Bedeutung der Gegenwart im Sinne der platonischen Tradition.[3] Es ist nicht mehr ein 'Jetzt', das eine Grenze zwischen dem Vorher und Nachher bestimmt, das wodurch nach Manfred Sommer sich Vergangenheit und Zukunft berühren und wodurch die Kontinuität der Zeit ermöglicht wird.[4]

Der 'Augenblick' steht bei Nietzsche nunmehr für eine Grenzerfahrung, für eine Gegenwart, die zum Scheidepunkt und Übergang wird.

Das Bild vom Torweg drückt nach Nietzsche die Erfahrung von dem aus, was in der Moderne Gegenwart heißt. Und das ist nicht irgendeine Gegenwart, die erfahren wird, sondern eine Gegenwart, die in einen bestimmten Horizont eingebettet ist, die einen unbegrenzten Vorspann und einen unbegrenzten Nachspann besitzt. Was aber bedeutet die Erfahrung der Gegenwart in diesem Horizont?

Hegel hat in dem Abschnitt über die sinnliche Gewissheit in der 'Phänomenologie des Geistes' die Frage nach der Gegenwart als Frage nach dem Jetzt gestellt, wobei die Antwort zugunsten des Begriffs schon vorgegeben war. Hegels idealistische Philosophie wird vom Vorrang des Begriffs bestimmt und ist durchzogen von einem tiefen Misstrauen gegenüber den Sinnen, gegenüber der sinnlichen Erfahrung.

William James wird sie einmal als intellektualistische Begriffsphilosophie bezeichnen. Bei Nietzsche wird die Bedeutung der Erfahrung der

---

[3] Vgl. Blumenberg, Hans, Der Prozess der theoretischen Neugierde, Frankfurt am Main 1980, S. 194

[4] Vgl. Sommer, Manfred, Evidenz im Augenblick, Frankfurt am Main 1996, S. 110

Gegenwart dagegen in einem anderen Kontext als bei Hegel zu einem Problem, die einen Bruch mit der philosophisch-idealistischen Tradition markiert.

Was eine Ewigkeit währt

Folgt man diesem Bild, diesem Lehrstück von Nietzsche und betrachtet erst einmal nur eine Zeitdimension, so bestimmt sich die Gegenwart in der Moderne durch einen unendlichen Horizont, eine offene Zukunft, d.h. bildlich ausgedrückt, durch eine unendliche Gerade. Nietzsche nennt diese unendliche Gerade eine Ewigkeit.

Aber warum verwendet er hier das Wort 'Ewigkeit'? Ist diese Anwendung berechtigt? Warum sollte diese unendliche Gerade, dieser Weg in eine offene Zukunft eine Ewigkeit sein? Warum spricht er davon, dass die Gasse zurück und hinaus eine Ewigkeit 'währt'?[5]

Was an dieser Stelle so selbstverständlich von ihm verbunden wird, deutet einen Bruch im Denken gegenüber der philosophischen und christlichen Tradition an. Zeit und Ewigkeit erscheinen in dieser Geschichte als nicht mehr getrennt. Es gibt in dieser Perspektive von Nietzsche keine Zwei-Welten mehr, kein Jenseits und Diesseits, keine wahre und scheinbare Welt. Das Bild vom Torweg legt die Idee nahe, dass die Zeit sozusagen die Ewigkeit in sich hineingesaugt hat, dass die Ewigkeit 'verzeitlicht' ist.

Ist Nietzsche selbst von dieser Einheit überzeugt? Wohl kaum, denn wie sich später in seinen Texten zeigen wird, wird er selbst später eine andere neue Ewigkeit entwerfen, die Lehre von der ewigen Wiederkehr des Gleichen.

Nicht zu vergessen ist, die Geschichte, die Nietzsche erzählt, ist ein Lehrstück, das auch zeigen soll, wie es nicht geht. Auf den ersten Blick geht es um die Unvereinbarkeit von zwei Ewigkeiten, um einen Widerspruch.

---

[5] Vgl. Nietzsche, Friedrich, Vom Gesicht und Rätsel, in: ders., Also sprach Zarathustra, Dritter Teil, KSA 4, a.a.O., S. 199f

Aber ist schon die Voraussetzung richtig, dass der Begriff 'Ewigkeit' durch das Bild einer unendlichen Geraden ausgedrückt werden kann? Da gibt es in Nietzsches philosophischen Gepäck den Begriff 'Ewigkeit', mit der Last einer Tradition, die ihre Gültigkeit in der Welt verloren hat und er möchte diesen Begriff sozusagen neu einführen, d.h. neu denken.

Das Problem, auf das er sich bezieht, setzt eine veränderte Welt voraus, ein neues Weltbild der Welt. Die Gerade, die in die Zukunft führt und nach ihm eine Ewigkeit 'währt', ist sozusagen Ausdruck einer Idee von Unendlichkeit, die seit der Renaissance mit dem Naturbegriff ihren Siegeszug angetreten hat. Für Pascal und Voltaire sind die Menschen bereits für die Unendlichkeit gemacht, was für Voltaire allerdings keine Stärke, sondern ein Schwäche darstellt.[6]

Die Vorstellung von Prozessen, die keinen Abschluss kennen und die sich in der Moderne in allen möglichen Formen aufdrängt, steht allerdings nicht nur für den Aufbruch in eine neue Zeit, sondern auch für eine drohende Unruhe.[7]

Ein Beispiel dafür ist die doppeldeutige Fassung von Erkenntnis in der Phänomenologie, die auf der einen Seite nach Identität strebt und auf der anderen Seite diese doch niemals erreichen darf.[8] Aus der endlichen wurde eine unendliche Welt. Wie in dem Bild von Nietzsche wird jede Gegenwart, alles Erreichte mit dem Stempel der Vorläufigkeit versehen, umgeben von einem unendlichen Horizont. In diesem modernen Kontext wird allerdings eine Lebenserfüllung durch Erkenntnis, wie sie noch die Alten gedacht haben, für keine Gegenwart mehr beansprucht werden können.[9]

---

[6] Vgl. Blumenberg, Hans, Der Prozess der theoretischen Neugierde, Frankfurt am Main 1980, S. 230

[7] Vgl. Blumenberg, Hans, Arbeit am Mythos, Frankfurt am Main 1981, S. 398

[8] Vgl. Blumenberg, Hans, Was man ganz haben will, das muss man sein, in: ders., Zu den Sachen und zurück, Frankfurt am Main 2002, S. 136

[9] Vgl. Blumenberg, Hans, Der Prozess der theoretischen Neugierde, a.a.O., S. 215

Unendliche Welt

Nun wirft die Geschichte von Nietzsche auch das Problem auf, auf welche Weise die Idee der Unendlichkeit überhaupt erfahrbar ist. Wie ist eine solche Idee vorstellbar?

Kann ich mir wirklich eine unendliche Gerade vorstellen, so wie es die Geschichte unterstellt? Bei dem Versuch stößt man auf die Schwierigkeit, dass die Idee des Unendlichen sozusagen schlechthin unanschaulich ist. Schon die Welt ist in der unmittelbaren Anschauung nicht zu sehen, von einer unendlichen Welt ganz zu schweigen. Die Welt, dieser Horizont der Horizonte, gleicht dem Wald, den man vor lauter Bäumen nicht sehen kann. Anders sieht es in den Prozessen der Erfahrung aus, die durchaus als unabschließbar und unbegrenzt gedacht werden können.

Bei Adorno findet sich ein Beispiel dafür, was die Erfahrung einer unendlichen Welt u.U. für den Wert der Gegenwart bedeuten kann. In einem Aphorismus beschreibt er die Erfahrung in einer schlaflosen Nacht, in der das Leben zum Augenblick wird, in der sich die Stunden zusammenziehen und zum Gegenbild einer erfüllten Zeit werden. Wann wird das menschliche Leben zum Augenblick? Wenn es zu Nichts verfällt, zur Vergeblichkeit erwacht, im Angesicht der >schlechten Unendlichkeit< von Zeit selber. Dann wird das eigene Dasein zum Nichts gegenüber der Zeit.[10] Im Aphorismus von Adorno wird der flüchtige Augenblick als ein Moment erfahren, in dem alle Gegenwart ohne Bedeutung scheint. Adorno stellt eine Erfahrung dar, die Goethe fürchtete: Das Leiden am Vergänglichen.[11]

Was verbindet nun den 'Augenblick' den Adorno in seinem Aphorismus erwähnt mit dem 'Augenblick', den Nietzsche in seiner Geschichte vom Torweg erzählt? Es ist der Zusammenhang in der Sache, der Bezug auf die Zeitdimension der Gegenwart.

Aber dennoch sind die Unterschiede dieser Erfahrung nicht zu übersehen. Bei Adorno ist die Erfahrung des 'Augenblicks' der Inbegriff einer

---

[10] Vgl. Adorno, Theodor W., Minima Moralia, Frankfurt am Main 1980, S. 217

[11] Vgl. Löwith, Karl, Von Hegel zu Nietzsche, Hamburg 1986, S. 231

unwiderruflich verlorenen Ewigkeit und Ausdruck einer Verlorenheit in der Welt, während bei Nietzsche der Begriff 'Augenblick' Teil eines Lehrstücks ist, das auf die Idee einer neuen Ewigkeit verweisen soll. Es ist ein Lehrstück, das auf ein Problem hinweist, dass es nach ihm im Denken zu lösen gilt.
Warum aber ist diese Vorstellung einer Zeit als ein endlos gerader Weg in der Moderne nach Nietzsche ein Problem? Wenn die Zukunft ein endlos gerader Weg ist, und wenn dieser Weg kein letztes Ziel mehr kennt, was bedeutet das? Was lässt Nietzsche an der Vorstellung einer solchen offenen Zukunft zweifeln, die vor uns liegt? Nach Nietzsche endet ein solcher Weg in die Zukunft nur dann nicht im Nichts, wenn das Werdende und Vergehende als solches im Denken gerechtfertigt werden kann. Nach Nietzsche reicht die Faszination nicht aus, dass man frei sein kann, und frei heißt hier z.B. von aller Tradition, allem Vergangenen, aller Vergangenheit. Man kann danach nicht einfach alles hinter sich werfen oder blind >Gas geben< auf dieser Geraden, die eine Ewigkeit währt, beschleunigen auf dieser Autobahn des Fortschritts, womöglich auf der Suche nach einem 'Wurmloch', das einen blitzschnell vorwärts bringt. Sich lediglich nur immer schneller zu bewegen und zu verändern, das reicht nach Nietzsche nicht aus.

Wert der Gegenwart

Kann man die Geschichte von Nietzsche als Vorbehalt gegen die Forderung lesen, den Augenblick, d.h. die Bedeutung der Gegenwart im Horizont einer bestimmten Zeiterfahrung abzuwerten? Wohl kaum, denn Nietzsche unternimmt sozusagen den Versuch, einen neuen Blick auf das werfen, was philosophisch traditionell einmal als 'Augenblick' verstanden wurde.
Zu erinnern ist als Kontrast zu der Position von Nietzsche an das Denken von Gotthold Ephraim Lessing, der sich gegen Vorstellungen wendet, die den gegenwärtigen Augenblick lediglich zum Mittel für einen künftigen machen, der, worauf Wilhelm Dilthey hingewiesen hat, von

dem selbstständigen Wert jedes Tages in unserem Dasein, der so nicht wiederkehrt, erfüllt ist.[12] Auch bei Lessing findet sich ein Bild der Zeit, in dem allerdings im Unterschied zu Nietzsches Torweg, die Gegenwart zum Horizont und zur Grenze wird. Der Verfasser der 'Erziehung des Menschengeschlechts' sieht sich auf einen Hügel gestellt, >von welchem er etwas mehr, als den vorgeschriebenen Weg seines heutigen Tages zu übersehen glaubt.<

Was bei Lessing zum Problem wird, nämlich die Gegenwart als bloßes Mittel für die Zukunft aufzufassen, steht allerdings kritisch im Widerspruch zu philosophischen Forderungen, die z.B. die Weltgeschichte ausschließlich als Weltgericht darstellen möchten. Die Zukunft wird dann zu einer Instanz der Legitimation, d.h. man erwartet von der Zukunft, dass sie dem Tun und Geschehen der Gegenwart ihr Recht gibt. Lessings Mahnung hebt auf seine Art einen Wert der Gegenwart hervor, der in der geschichtlichen Entwicklung verloren zu gehen scheint.

In der Moderne setzt sich ein Wirklichkeitsbegriff durch, der von dem Ausblick in die Zukunft, dieser unendlichen Geraden von Nietzsche, bestimmt wird.

Ein Beispiel, wie der Vorrang der Zukunft, die mit einem neuen Wirklichkeitsbegriff verbunden ist, für das Denken zum Programm werden kann, bietet die Philosophie des Pragmatismus.

In 'Erfahrung und Natur' von John Dewey heißt es, dass es nun darauf ankommt, die Dinge nicht mehr wie Murmeln in einer Schachtel zu sehen, sondern wie Ereignisse in einer Geschichte, >in einem sich bewegenden, wachsenden, niemals vollendeten Prozess.<[13] Die pragmatische Vorstellung entspricht einem Wirklichkeitsbegriff, der sich auf die Realisierung eines in sich einstimmigen Kontextes bezieht. In diesem Sinne wird Wirklichkeit zum Ergebnis einer Produktion. Hier gibt es keine Wirklichkeit als momentane Evidenz mehr, d.h. den 'Augenblick'. Die sich konstituierende Verlässlichkeit ist niemals endgültig. Wirklichkeit wird zum Grenzbegriff, zu einem Bestätigungswert einer in der

---

12 Vgl. Dilthey, Wilhelm, Das Erlebnis und die Dichtung, Göttingen 1965, S. 106

13 Dewey, John, Erfahrung und Natur, Frankfurt am Main 1995, S. 282

Intersubjektivität sich vollziehenden Erfahrung.[14] Es mag da nicht verwundern, dass die Vorstellung eines Gegebenen als trügerische Idee dargestellt wird, die auch die Quelle des Irrtums der klassischen Theorie bilden soll. Dewey z.B. lehnt das Wort ab, weil es etwas suggeriert, dem es gegeben ist, >Geist oder Denken oder Bewusstsein oder was auch immer<.[15]

Das pragmatische Denken verändert dagegen den Begriff der empirischen Erfahrung. Es kommt zu einer Erweiterung der Bedeutung als Erwartung.[16] Oder anders ausgedrückt: Aus dem Begriff der Erfahrung wird im Pragmatismus ein Bewegungsbegriff. Erfahrungen gelten in diesem Sinne primär in Verbindungen mit Tätigkeiten, deren Bedeutungen in ihren objektiven Konsequenzen liegt, d.h. in Bezug auf die Zukunft. John Dewey schreibt: >Was erledigt ist, was einfach nur da ist, ist nur in den Möglichkeiten, die es vielleicht andeutet von Interesse. Als beendet, als gänzlich gegeben, ist es belanglos.<[17] Ist in diesem Satz die Idee des Gegebenen verschwunden? Wohl kaum. Sie wurde allerdings umgeformt. Die Dinge zählen hier deshalb nicht, weil sie gegebenen sind, sondern weil sie sich nicht verändern. Nur die Dinge sollen akzeptiert werden, die einen 'Ausblick' vermitteln, eine Perspektive in die Zukunft haben. Die Bedeutung eines Gegenstandes ergibt sich danach aus dem, was er ermöglicht, nicht aus dem, was er ist.

Auf welche Art wird dieser neue 'Ausblick' auf die Gegenstände produziert? Das Gegebene steht nicht mehr im Licht, um einmal diese Metapher zu verwenden, sondern es wird nunmehr beleuchtet. Hans Blumenberg hat darauf hingewiesen, dass das Licht seit der Aufklärung als verfügbar gedacht wird, so etwa bei Francis Bacon.

Das Wirkliche präsentiert sich nicht mehr wie in den traditionellen philosophischen Systemen von selbst, besitzt keinen Evidenzcharakter mehr. Da leuchtet nichts mehr auf, da wird ein Schalter umgedreht, wie

---

14 Blumenberg, Hans, Wirklichkeitsbegriff und Möglichkeit des Romans, in: ders., Ästhetische und metaphorologische Schriften, Frankfurt am Main 2001, S. 52

15 Dewey, John, Qualitatives Denken(1930), in: ders., Philosophie und Zivilisation, Frankfurt am Main 2003, S.107

16 Vgl. Morris, Charles W., Pragmatische Semiotik und Handlungstheorie, Frankfurt am Main 1977, S. 106

17 Dewey, John, Erfahrung, Erkenntnis und Wert, Frankfurt am Main 2004, S. 158

immer dieser Schalter auch heißen mag.[18] Es wird Licht 'gemacht' und das ist ein Prozess, der bekanntlich seit der Aufklärung nicht nur in der Philosophie kein Ende kennt.
Wohlgemerkt, die Bemerkungen von Blumenberg sind nicht als ein Versuch zu verstehen, dem antiken Wirklichkeitsbegriff seine Gültigkeit wiederzugeben. Wohl aber heben sie das Hemmnis gegenüber der modernen Fortschrittsidee hervor, die mit dem antiken Wirklichkeitsbegriff verbunden ist: Was wesentlich war für den Menschen, das war gegenwärtig und jederzeit möglich.[19]
Erinnert wird damit durch Blumenberg durchaus auch an einen Verlust, an das, was einmal die Gegenwart im Denken bedeutet hat.

Verweile doch

Goethe hat den 'Augenblick' gepriesen als den ausgezeichneten Moment, in welchem die Ewigkeit erscheint. Danach muss der Mensch den Augenblick schätzen lernen, diesen Moment einer Gegenwart, d.h. jeder Augenblick wird virtuell zu einem unendlichem Wert. Das Original beständiger Gegenwart war für Goethe dabei das Sein der Natur. Nach Löwith enthüllte sich für Goethe in deren Entstehen und Vergehen eine Metamorphose des Gleichen. Die Natur war für Goethe der Ort, an dem das Ewige im Vorübergehenden geschaut werden konnte. Was für Goethes 'Natur' gilt, gilt auch für das, was Hegel 'Geist' nennt: Die Gegenwart ist ihre Ewigkeit.
Ein wichtiger Unterschied ist allerdings, dass bei Hegel das Medium der Erfahrung, die sich auf diese Gegenwart bezieht, der Begriff ist, während es bei Goethe die Anschauung ist. Die Natur von Goethe kennt keine Vergangenheit oder Zukunft.[20] Natur in diesem Sinne kann nicht der Gegenstand einer naturwissenschaftlichen Methode sein, ist nicht dem Prinzip der Kausalität unterworfen. Über ein solches Ganzes

---

18 Vgl. Blumenberg, Hans, Licht als Metapher der Wahrheit, in: ders., Ästhetische und metaphorologische Schriften, a.a.O., S. 170

19 Vgl. Blumenberg, Hans, Lebenszeit und Weltzeit, Frankfurt am Main 1986, S. 114

20 Vgl. Löwith, Karl, Von Hegel zu Nietzsche, Hamburg 1986, S. 230

der Natur heißt es in dem Gedicht 'Allerdings' : >Natur hat weder Kern noch Schale, Alles ist sie mit einem Male<[21] Bei Goethe wird der 'Augenblick' in einem Tempel der Natur gefeiert; wohlgemerkt, es ist eine idealistische Zielvorgabe, ein Erfüllungsversprechen. Warum aber muss der Mensch nach Goethe lernen, die Gegenwart so zu sehen?
Löwith schreibt, dass es Goethe mit der Vorstellung eines Ewigen, das gegenwärtig ist, um die Möglichkeit geht, das Leiden an der vergänglichen Zeit aufzuheben.[22] Es ist wohl kaum ein Zufall, dass der sterbende Faust sich in seiner letzten Stunde an den 'Augenblick' erinnert.
Aber das bedeutet nicht, dass Faust jemals diesen 'Augenblick' auch erlebt hat. Goethe lässt seinen Helden im Konjunktiv von diesem 'Augenblick' sprechen.[23] Hans Blumenberg wird, was diese Stelle betrifft, vom Irrtum des blinden Faust sprechen. Warum von einem Irrtum? Weil Faust in seiner Erinnerung nach Blumenberg den 'Augenblick' für erfüllbar hielt, eine Erfüllung, die zugleich aber auch einen Verzicht auf die Zeit bedeutete.[24]
Faust ist ein idealistisches Modell für unendliche Aufgaben, der sich allerdings für sein Streben einen besonderen Gegenstand ausgesucht hat, das Wissen. Ihn scheint diese Aufgabe anfangs nicht zu schrecken, auch wenn sie in seinem endlichen Dasein keine Erfüllung finden kann. Nun aber beginnt die Tragödie 'Faust'. Sie setzt mit der Einsicht, mit dem Zweifel ein, das alles bisherige Streben umsonst zu sein scheint. Man kann Goethes idealistische Konstruktion vom 'Augenblick' mit dem Bild von Nietzsche über den 'Augenblick' vergleichen. Der Unterschied einer konkreten Gegenwart, die sowohl Zukunft und Vergangenheit enthält und einer wahrhaften Gegenwart, die sich auf eine Ewigkeit bezieht, ist sowohl für Goethe als auch für Nietzsche von Bedeutung.
In diesem Sinne kann das Bild vom Torweg bei Nietzsche als ein Lehrstück gelesen werden, das auf einen Widerspruch aufmerksam machen

---

21 Goethe, Johann Wolfgang, Sämtliche Gedichte Zweiter Teil, München 1961, S. 162

22 Vgl. Löwith, Karl, Von Hegel zu Nietzsche, Hamburg 1986, S. 231

23 >Zum Augenblicke dürft ich sagen: Verweile doch du bist so schön!< Vgl. Goethe, Johann Wolfgang, Faust II, München 1962, S. 324, 11548-11586

24 Vgl. Blumenberg, Hans, Beschreibung des Menschen, Frankfurt am Main 2006, S. 609

soll. Da werden nicht nur zwei Ewigkeiten vorgeführt, die sich vor den Kopf stoßen, so wie es im Text heißt, sondern angedeutet wird auch, dass man die Frage nach der Ewigkeit so nicht mit der Vorstellung einer konkreten Gegenwart verbinden kann, die sich aus Vergangenheit und Zukunft zusammensetzt.

Im Hintergrund von Nietzsches Lehrvorführung im Zarathustra steht das idealistischen Muster einer wahrhaften Gegenwart, das sich auch bei Goethe findet, allerdings mit anderem Inhalt.

Nietzsche versteht unter Ewigkeit nicht mehr eine Art von Unvergänglichkeit wie Goethe, sondern eine ewige Lebendigkeit.

Auch Nietzsche entwickelt am Schnittpunkt der Gegenwart die Frage, wie Zeit und Ewigkeit miteinander verbunden werden können. Und das ist eine Frage, die sich seit der Aufklärung alles andere als von selbst versteht, wird diese Frage doch zunehmend in der Regel den Theologen überlassen, sieht man einmal von Sören Kierkegaards Philosophie ab. Die Gegenwart wird nämlich in der Philosophie seit der Aufklärung nicht mehr auf eine Ewigkeit hin entworfen, sondern auf eine Zukunft. Nach Reinhart Koselleck setzen sich seit der französischen Revolution neue geschichtsphilosophische Deutungsschemata durch, die alle unter dem Gebot stehen, dass nunmehr alle Aufgaben in der geschichtlichen Zeit und durch die geschichtliche Zeit zu lösen sind. Die Zeit steht in diesen Konstruktionen nicht mehr gegen eine Ewigkeit.[25] In seinem Aufsatz 'Die Notwendigkeit einer Selbsterneuerung der Philosophie(1917)' schreibt Dewey: >was sollte die Erfahrung anders sein als eine Zukunft, die in einer Gegenwart enthalten ist!<

Der Mensch der Neuzeit hält sich für den, der die Geschichte macht, ein Gedanke, der notwendigerweise jedoch mit den alten Instanzen konkurriert, zugleich aber auch deren Lasten übernehmen muss. Nichts anderes drückt sich in der Idee des Fortschritts aus, die in ihren Anfängen, etwa bei Descartes noch als etwas vorgestellt wurde, das erfüllbar erschien. Erst später nahm man in der Aufklärung Abschied von diesem Erfüllungsversprechen.

---

25 Vgl. Koselleck, Reinhart, Zeitschichten, Frankfurt am Main 2003, S. 183

Die Idee des Fortschritts verwandelte sich in den unendlichen Fortschritt.[26] Nietzsches Ausblick in die Zukunft, der im Bild vom Torweg entwickelt wird, führt diese Idee von einem unendlichen Fortschritt vor, wenn er sie auch zugleich wiederum durch die Brille einer neuen Ewigkeit thematisiert, d.h. in Frage stellt.
Bei Helmut Plessner gibt es dagegen keine Perspektive mehr auf eine neue Ewigkeit wie bei Nietzsche, auch wenn nach ihm zum Zeichen des modernen Geistes die Gerade >endloser Unendlichkeit< wird und die Zukunft zu ihrem Element. Diese Gerade kann allerdings nicht mehr der Tummelplatz eines Geistes sein, der auf eine Ewigkeit sinnt. Da gibt es auch keinen Weltgeist im Sinne Hegels mehr, wohl aber einen Geist mit Flügeln und ohne Kopf.[27]
Auch in Alfred Polgars Gärten schneiden sich Vergangenheit und Zukunft ohne einen Ausblick auf eine Ewigkeit. Die Gegenwart ist dort wie im Bild des Torwegs ein Nichts, und nicht mehr als ein mathematischer Punkt. - In Polgars Gärten ist nichts mehr, was nicht Erwartung oder Erinnerung ist.[28]

Wie Augustinus die Zeit beschreibt

Ein Text von Nietzsche heißt 'Götzen-Dämmerung oder Wie man mit dem Hammer philosophiert'. Alle alten Werte sollen unter den Hammer kommen. Für diese Absicht steht auch die Formel von der 'Umwertung aller Werte', die sein Denken bestimmt. Zu dem Erbe, das nach Nietzsche aufgehoben werden soll, gehört insbesondere die Lehre des Christentums, so auch das Denken von Augustinus, der die platonische Metaphysik dogmatisiert, d.h. auch der Satz, das das Beständige Wahrheit sei und das Bewegte, Vergängliche nur Schein.
Im Elften Buch der 'Confessiones' versucht Augustinus eine Antwort auf die Frage zu geben, was die Zeit ist. Dort beschreibt er die Zeit als

---

[26] Vgl. Blumenberg, Hans, Säkularisierung und Selbstbehauptung, Frankfurt am Main 1974, S. 44f

[27] Vgl. Plessner, Helmut, Die Stufen des Organischen und der Mensch, Berlin 1965, S. 346

[28] Vgl. Polgar, Alfred,Flieder, in: ders., Kleine Schriften Band 2, Kreislauf, Reinbeck bei Hamburg 1988, S. 105

etwas, das aus der Zukunft kommt und durch die Gegenwart verläuft, um schließlich in die Vergangenheit zu münden. Die Zeit kommt nach ihm aus dem, was noch nicht ist, fließt durch das hindurch, was ohne Ausdehnung ist und endet in dem, was nicht mehr ist.[29]

Augustinus blickt noch nicht von einem Standpunkt hinaus in die Zukunft, so wie Nietzsche im Bild vom Torweg. Die Zukunft wird noch nicht wie bei Nietzsche zu einer Perspektive für die der Mensch allein die Verantwortung übernehmen soll und die es gilt zu bestimmen, sondern die Zeit kommt aus der Zukunft, sie verfließt.

Nach Augustinus wäre erst eine Zeit, die sich nicht mehr teilen lässt, auch nicht in Splitter von Augenblicken, eine Zeit, die man 'gegenwärtig' nennen könnte; aber die Zeit verfließt nach ihm, rasend schnell aus der Zukunft in die Vergangenheit. Bei Augustinus finden sich zwei Verwendungen des Begriffs Gegenwart, denn eine Gegenwart, die stets fort Gegenwart wäre, die nicht in die Vergangenheit überginge, wäre nicht mehr Zeit, sondern Ewigkeit.[30]

Augustinus kennt noch zwei Welten, ein Diesseits und ein Jenseits, eine Welt, die für die absolute Wahrheit steht und eine andere, die den Schein, den Wechsel repräsentiert. Nach Nietzsche ist ein solches Denken der Ausdruck einer Metaphysik des Bleibenden, die es gilt aufzuheben. Auch das Denken von Augustinus vertritt danach eine gewachsene Idiosynkrasie der Philosophie, eine bestimmte Vernunft der traditionellen Philosophie: >Alles, was Philosophen seit Jahrtausenden gehandhabt haben, waren Begriffsmumien; es kam nichts Wirkliches lebendig aus ihren Händen. Sie töten, sie stopfen aus, diese Herren Begriffs-Götzendiener, wenn sie anbeten, - sie werden allem lebensgefährlich, wenn sie anbeten. Der Tod, der Wandel, das Alter ebenso gut als Zeugung und Wachstum sind für sie Einwände, - Widerlegungen sogar.<[31]

Nach Nietzsche gibt es nur noch eine Welt, d.h. eine Welt des Scheins und Werdens.

---

29 Vgl. Augustinus, Aurelius, Confessiones, München 1980, S. 645

30 Vgl. Ebd., S. 629

31 Vgl. Nietzsche, Friedrich, Die 'Vernunft' in der Philosophie, in: ders., Götzen-Dämmerung, München 1964, S. 56

Er stimmt der Behauptung von Heraklit zu, dass das Sein eine leere Fiktion und die >wahre Welt< nur hinzu gelogen sei. Folglich gibt es auch keine 'Gegenwart' des Augustinus mehr, keine Ewigkeit, die auf ein Absolutes, ein Unveränderliches, Bleibendes verweist.
Nietzsches neue Ewigkeit nach der Umwertung der Werte ist der Wandel, der Prozess.
Die Umwertung der Werte verwandelt die traditionelle Metaphysik des Bleibenden in eine Metaphysik des Werdens. Die Gegenwart wird zum stetigen Übergang. Die neue Wirklichkeit, die Nietzsche denkt, ist eine Gegenwart als Bewegung, als Veränderung. Auch der Pragmatismus wird in ähnlicher Weise wie Nietzsche die Werte umwerten. In diesem Sinne fasst z.B. Mead den Übergang von einer Gegenwart in eine andere als Realität auf, d.h., die Gegenwart, die in eine andere übergegangen ist, kann nicht als Vergangenheit bezeichnet werden. Es trifft daher nach ihm nicht zu, dass das, was vorbei ist, auch in der Vergangenheit liegt. Mit anderen Worten, die früheren Stadien einer Bewegung sind nicht Vergangenheit, d.h. sie gehören zu dem, was vor sich geht.[32]
In der Optik des Heraklit sind alle Zustände nichts anderes als Bewegungsphasen.

Phänomenologische Präsenz

In der Phänomenologie von Edmund Husserl findet die Bedeutung der Gegenwart in eigentümlicher Weise ihren Ausdruck. Husserls Intention ist, alles vom Gegenwärtigen aus zu verstehen. Bei ihm geht, - wie Sommer hervorgehoben hat - , die Präsenz der Repräsentation, das Erlebnis dem äußeren Ausdruck voran. Das Bewusstsein und seine Bedeutung steht bei Husserl vor der Sprache und vor der Schrift.[33]
Mit anderen Worten, auch die Bedeutung der Gegenwart wird in einem bestimmten Sinne hervorgehoben.

---

32 Vgl. Mead, George H., Das Wesen der Vergangenheit, in: ders., Gesammelte Schriften, Band 2, Frankfurt am Main 1987, S. 337

33 Vgl. Sommer, Manfred, Lebenswelt und Zeitbewusstsein, Frankfurt am Main 1990, S. 151

Was bei Nietzsche im Bild des Torwegs thematisiert wird, diesem Schnittpunkt zwischen Vergangenheit und Zukunft, findet sich – bei allen Differenzen - inhaltlich auch an zentraler Stelle in der Philosophie von Husserl wieder. Das, was weder Anfang noch Ende hat, können wir uns auf verschiedene Weise vorstellen.

Allerdings beschreibt Husserl das, was bei Nietzsche in einem Bild von einem Torweg ausgedrückt wird und den Namen 'Augenblick' trägt, anders, d.h. in Begriffen. Was bei Nietzsche in einem Bild ausgedrückt wird, entfaltet Husserl an dem, was er das Zeitbewusstsein nennt und das nach ihm vom Jetzt dominiert wird.

Dieses Zeitbewusstsein ist, - wie Manfred Sommer schreibt - , janusköpfig, d.h. es hält nicht allein in der Retention ständig fest, was war: >und er holt nicht allein in Wiedererinnerung gelegentlich zurück, was festzuhalten ihm schließlich misslang. Vielmehr schaut es auch aus nach dem, was kommen wird, ist schon gefasst auf das Nächste und das Nahende.<[34] Die nach vorne gerichtete Anspannung des Bewusstseins heißt in der Phänomenologie - Protention. Die Anspannung des Bewusstseins, die sich auf die Vergangenheit bezieht, die auch dem Noch-Festhalten des soeben Gewesenen zugrunde liegt, nennt Husserl Retention.

Das Bewusstsein ist nach Husserl so etwas wie ein grenzenloses Objekt sowohl in Bezug auf die Vergangenheit als auch auf die Zukunft. Es ähnelt daher strukturell dem, was wir Welt nennen, die als unendlich vorgestellt wird.[35] Das Zeitbewusstsein bei Husserl ist unendlich, trotz der Begrenztheit unserer Gegenwart.

Was in diesem Zusammenhang interessiert, ist, dass auch Husserl nach dem absoluten Augenblick gesucht hat. Allerdings sucht er im Bewusstsein dieses Erlebnis einer absoluten Gegenwart.

Auch bei Husserl gibt es zwei Arten der Erfahrung von Gegenwart. Unterscheidet die platonische Tradition zwischen konkreter und wahrhafter Gegenwart, so teilt Husserl den 'Augenblick' in das Jetzt und die Urempfindung. Sein Denken fordert ganz im Sinne der platonischen

---

[34] Sommer, Manfred, Lebenswelt und Zeitbewusstsein, a.a.O. S. 158

[35] Vgl. Ebd., S. 187

Tradition zur Suche nach etwas auf, das Erfüllung verspricht, aber eben nur ein Versprechen ist. Das heißt nicht, dass man aus diesem Grunde die Vorstellung eines absoluten Augenblicks besser preisgeben sollte, vorausgesetzt man akzeptiert die platonischen Prämissen.[36]

Die Metaphysik der Präsenz, die Husserl entwickelt, ist ein Erbe des platonischen Idealismus. Der Phänomenologe betrachtet insofern mit seinem eidetischen Auge das faktisch Gegebene, das zur exemplarischen Unterlage für den Übergang zur essentiellen Form dient. Platonisch ist auch die phänomenologische Hervorhebung der Erinnerung: Die Erinnerung an abgelaufene Erlebnisse ist die anschauende Tätigkeit, auf deren Grundlage sich 'Wesensanschauung' vollzieht. Schon das griechische Pathos konzentrierte sich auf die Erinnerung. Die sokratische Frage ist, wie kann die Wahrheit gelernt werden und die Antwort ist, dass alles Lernen und Suchen nur ein Erinnern sei. Der Einzelne hatte in diesem Sinne die Wahrheit schon immer, er hatte sie nur noch nicht entdeckt. Im Dialog 'Phaidros' wird die Erinnerung als eine besondere Fähigkeit beschrieben. Ist das Auge auch das schärfste der Sinne, so wird doch damit die Weisheit nicht erblickt. Es kommt nach Platon dem Philosophen zu, den Versuch zu unternehmen, ununterbrochen in der 'Wiedererinnerung' zu verweilen, um göttlich zu sein. Die Erinnerung 'befiedert' in diesem Sinne den Geist.

Auch die Suche von Husserl nach dem absoluten 'Augenblick' ist in eine platonische Metaphysik des Bleibenden eingefügt, die auch den Vorrang der Werte bestimmt. Das Faktische dient als ein Mittel der Anschauung dazu, wie auf einer Stufenleiter höher zu steigen, um schließlich die essentielle Form sehen zu können. Das absolute Ziel ist vorgegeben, auch wenn es nicht erreicht werden kann, so ist doch die Richtung des Denkens bestimmt.

Nach Nietzsche ist durch ein solches Versprechen, das unerfüllbar ist, eine Abwertung des Werdens schon immer vorgegeben. Sein Denken zielt daher auf eine Umwertung der Werte. Im Gegensatz zu Husserls Metaphysik des Bleibenden geht es bei ihm um ein Denken, das den

---

[36] Welche Bedeutung eine Metaphysik der Präsenz für die Unterscheidung von Phantasie und Erinnerung hat, siehe: Sommer, Manfred, Lebenswelt und Zeitbewusstsein, a.a.O., S. 164ff

Vorrang des Werdens bestimmt. Wie er meint, soll mit diesem Ansatz auch jegliche Metaphysik überwunden werden, wobei er wohl die Form der traditionelle Metaphysik im Auge hat. Dieser Anspruch wird allerdings von ihm nicht erfüllt. Durch sein Denken wird nicht jegliche Metaphysik überwunden, sondern vielmehr eine Neue geschaffen, eine Metaphysik des Werdens, die sozusagen den Gegensatz zum platonischen Denkens bildet.

Eine ewige Lust

Nietzsche spielt mit dem 'Augenblick', diesem Moment der Evidenz, um zu zeigen, dass die traditionelle Vorstellung von einem absoluten Augenblick, der weder Vergangenheit, noch Gegenwart, noch Zukunft ist, seine Gültigkeit verloren hat. Dabei setzt er dieses Jetzt in Gestalt des Torwegs voraus, die Annahme einer ausdehnungslosen Grenze, die die unendliche Zeitgrade in die Abschnitte namens Vergangenheit und Zukunft teilt.

Wo es um absolute Evidenz geht, sind Andeutungen und Mystik nicht fern. Schon Platon deutet etwas ähnliches an, wenn er vom 'Augenblick' spricht, - diesem wunderbaren Etwas - , das nach ihm zwischen Bewegung und der Ruhe liegt und keiner Zeit angehören soll. Diese Etwas, das in keiner Zeit ist und sich weder bewegt noch ruht, ist in der platonischen Philosophie das Eine.[37] Der 'Augenblick' wird zum möglichen Eintrittstor für das Absolute.

Weist jedoch bei Platon das Absolute auf das beharrende Eine, auf ein Unveränderliches, so wertet Nietzsche diese Vorstellung um. Nunmehr soll das Absolute der Strom der Erscheinungen, das Werden sein, das, was bisher in der traditionellen platonischen Philosophie von je verachtet wurde.

Statt Entweltlichung heißt das philosophische Programm bei ihm nunmehr: Verweltlichung.

---

[37] Vgl. Platon, Parmenides, Sämtliche Werke, Band II, Heidelberg, (Lambert Schneider) o .J., S. 540, 156D-157B

Als Erbe des Heraklits möchte Nietzsche nicht nur in den Fluss der Welt springen; er möchte eins sein mit diesem Fluss der Welt. Bei ihm bedarf die Zeit nicht einer Ewigkeit, einer Ewigkeit, die immer und unbedingt feststeht wie etwa bei Kierkegaard, sondern das Gegenteil ist der Fall.[38] Nietzsche appelliert in seinem Denken an eine mystische Vereinigung mit dem Werden. So schreibt er, die griechische Tragödie als Vorbild vor Augen, dass es darauf ankomme, >die ewige Lust des Werdens selbst zu sein.<[39] >Doch alle Lust will Ewigkeit<, so heißt es in 'Also sprach Zarathustra'. Das gilt daher auch für die Lust des Werdens, die in seinem Denken zum Inbegriff einer neuen Ewigkeit wird.
Zu erinnern ist daran, dass der frühe Nietzsche der 'Unzeitgemäßen Betrachtungen' in dieser Sache noch grundlegend anders gedacht hat. Dort wurde der Glaube an ein Unvergängliches noch als Fundament für die Sicherheit und Ruhe des Menschen angesehen.[40]
Nachdem allerdings die Umwertung der Werte zum Programm erhoben wurde, steht bei Nietzsche der 'Augenblick' als Ideal für eine Verschmelzung mit dem Werden, für ein mystisches Erlebnis, für eine Empfindung.
Auch bei Nietzsche lässt sich über diesen absoluten Augenblick nichts sagen; es geht um ein Erlebnis, das erreicht werden soll.
Wobei sein Denken nicht einfach als eine Renaissance der antiken zyklischen Kosmologie zu verstehen ist. Wie Blumenberg hervorgehoben hat, war der Kosmos der Antike und die Vorstellung, überall in der Realität mit dem schon Vollendeten konfrontiert zu sein, für Nietzsche der die Hand und Vernunft lähmendste Glaube.[41]
Die Kritik von Nietzsche gilt der Evidenz des Vollendeten, die mit dem antiken Wirklichkeitsbegriff verbunden ist.
Für das antike Vollkommene gilt: Es soll nicht geworden sein. In 'Menschliches, Allzumenschliches' schreibt er:

---

[38] Vgl. Löwith, Karl, Wissen, Glauben und Skepsis, Göttingen 1956, S. 63

[39] Nietzsche, Friedrich, Was ich den Alten verdanke, in: Götzen-Dämmerung, Nietzsche, München 1964, S. 123

[40] Vgl. Nietzsche, Friedrich Vom Nutzen und Nachteil der Historie für das Leben, A10, in: ders., Unzeitgemäße Betrachtungen, München 1964, S. 140

[41] Vgl. Blumenberg, Hans, Säkularisierung und Selbstbehauptung, Frankfurt am Main 1974, S. 252

>Wir sind gewöhnt, bei allem Vollkommenen die Frage nach dem Werden zu unterlassen.<[42] Das heißt nicht, dass Nietzsche selbst die Vorstellung von einem Vollkommenen fallen lässt. Es kommt eben darauf an, was man sich unter einem Vollkommenen inhaltlich vorstellen soll. Möchte Nietzsche nicht das Werden zu einem Vollkommenen machen? Setzt er sich nicht für ein Denken ein, das den Schein, die Veränderung, den Prozess in seine neuen Rechte einsetzen möchte? Und sind diese Rechte nicht absolut und dienen als Grundlage eines Tribunals der Zeit? Dabei ist Nietzsche mit seiner Hebammenkunst natürlich nicht allein auf der Bühne der Geschichte. Koselleck hat darauf hingewiesen, dass in der Neuzeit die Zeit als weltimmanent erfahren wird - und hat diese Veränderungen als 'Verzeitlichung' beschrieben. Ein Beispiel für diese Veränderung ist nach ihm das traditionell absolute Attribut der Vollkommenheit. In seinem Aufsatz 'Die Verzeitlichung der Utopie' beschreibt er, wie sich das Perfectio-Ideal im Laufe der frühen Neuzeit verzeitlicht. Die traditionelle Vollkommenheit verwandelt sich in einen Bewegungsbegriff. Nach ihm sprechen schon St. Pierre und Turgot vom geschichtlichen Weg zur Perfektion: >Das Ziel wird gleichsam in den Weg hinein genommen, der zurückgelegt werden muss, um die Perfectio zu erreichen. Rousseau überbietet sie mit der Neuprägung 'Perfectibilité'. Mit der Perfektibilität, mit der Vervollkommnungsfähigkeit, wird das Ziel vollends verzeitlicht, ohne Endpunkt in den handelnden Menschen selbst hineingeholt. Die Zielsetzung wird iterativ.<[43]
Die Geschichte wird bildhaft ausgedrückt zu einer endlosen Geraden, zum Ausdruck einer offenen Zukunft, wobei allerdings offen bleibt, ob das Voranschreiten in der Wirklichkeit auch wirklich zum Besseren führt. Aber 'Verzeitlichung' im Sinne von Koselleck bedeutet an dieser Stelle auch, die Geschichte wird zu einem Ort, wo nun die Zeit gegen die Ewigkeit steht. Das ist allerdings eine Vorstellung, die in dieser Form z.B. für Nietzsche ein Problem darstellt. Nach ihm kann man nämlich auf die Vorstellung des Ewigen nicht verzichten. Aus diesem

---

[42] Vgl. Nietzsche, Friedrich, Menschliches, Allzumenschliches I, München 1988, S. 140, Abschn. 145

[43] Koselleck, Reinhart, Zeitschichten, Frankfurt am Main 2003, S. 137

Grund wird Nietzsche eine neue Ewigkeit erfinden, in der der Prozess zum Absoluten wird: die ewige Wiederkehr des Gleichen.

Die Flussmetapher

In 'Also sprach Zarathustra' heißt es: >Wenn das Wasser Balken hat, wenn Stege und Geländer über den Fluss springen: wahrlich, da findet keiner Glauben, der da spricht: Alles ist im Fluss'.<[44]

So schreibt jemand, der Andere davon überzeugen möchte, dass alles im Fluss ist. Nach Friedrich Nietzsche leben die Menschen im Alltag in einer imaginären Gegenwelt zur Welt des Werdens und klammern sich an fiktive Anker in diesem unablässigen Strom. Sie schaffen sich diese lebenswichtigen Imaginationen, diese Haltepunkte, die nach Nietzsche eine erste Grundlage dafür bilden, dass überhaupt etwas erkannt werden kann.[45]

Für das Denken von Nietzsche ist der Satz des Heraklit ein Maßstab für die Umwertung der Werte, eine Richtschnur für eine neue Metaphysik, eine Metaphysik des Werdens. Er möchte die traditionelle Metaphysik des Bleibenden auf den Kopf stellen, die er in einem kurzen Satz in ihrer Intention in seinem Buch 'Götzen-Dämmerung' skizziert: >Was ist, wird nicht; was wird, ist nicht.<[46] Dreht man die Bewertung um, die in diesem Satz ausgedrückt wird, so wie das bei Nietzsche geschieht, und entthront im Denken das 'ist', so ergibt sich ein Vorrang des Werdens. Diese Umwertung der Werte wird z.B. auch in der Philosophie des amerikanischen Pragmatismus vorausgesetzt. Das pragmatische Denken enthält eine Lehre vom Wert der Konsequenzen, die den Vorrang der Zeitdimension der Zukunft voraussetzt. So schreibt etwa Dewey, dass die Annahme eines Unwandelbaren aufgeben werden soll

---

[44] Nietzsche, Friedrich, Von alten und neuen Tafeln, in: ders., Also sprach Zarathustra, Dritter Teil, KSA 4, München 2005, S. 252

[45] Vgl. Nietzsche, Friedrich, Die Unschuld des Werdens, 2.Teil, Stuttgart 1978, S. 46

[46] Vgl. Nietzsche, Friedrich, Die 'Vernunft' in der Philosophie, in: ders., Götzen-Dämmerung, München 1964, S. 56

mit dem Ziel der Anerkennung, dass das, was > wirklich 'universal' ist, der Prozess ist<[47]

Welche Bedeutung hat nun die Flussmetapher für den Übergang, den Nietzsche in seinem Bild vom Torweg beschreibt?

Wird in seinem Bild vom Torweg nicht die Gegenwart, d.h. der 'Augenblick', als eine Grenze zu einem solchen Übergang? Was aber, wenn für die Reflexion 'alles im Fluss' ist, wenn es in einem bestimmten Sinne kein 'über' dem Fluss, d.h. auch keinen Übergang, d.h. keine Brücke gibt? Weist nicht vielmehr die Metapher vom Fluss darauf, das nunmehr alles ein Werden sein soll, ein Werden, das allerdings ein Wohin nicht kennt?

Zur Erinnerung: In der traditionell-platonischen Philosophie ist z.B. die Gegenwart auch ein Übergang, wobei allerdings unterschieden wird zwischen aktueller und wirklicher Gegenwart. Nur die >wirkliche Gegenwart< symbolisiert dabei den Übergang ins absolut Unveränderliche und Bleibende. Im Denken von Nietzsche gibt es diese zweite Welt, dieses Jenseits nicht mehr. Damit ist allerdings nicht die Vorstellung einer wirklichen Gegenwart verschwunden, denn Nietzsche geht es ja um eine neue Form der Ewigkeit. Unter dem Zepter des neuen Wirklichkeitsbegriffs heißt nunmehr der metaphysische Maßstab:

Nur das, was 'wird', ist wirklich. Die Welt, die Nietzsche kennt, ist eine Welt des Werdens, und es gibt nur noch diese eine Welt und sonst nichts.

Da liegt es nahe, Nietzsches Metapher vom Fluss mit dem Begriff der Welt zu verbinden. Über dem Fluss ist alles fest, so schreibt er in 'Also sprach Zarathustra', d.h. auch, dass jeder 'Übergang' über den Fluss der Welt ein Provisorium ist, was dann auch für jede Gegenwart gelten würde.

Auch das Leben wird damit zum Übergang, zu einem Provisorium ohne allerdings einen Ausblick auf ein Bleibendes zu gewähren. Nach Löwith hat sich Nietzsche selbst als jemand verstanden, der nirgends mehr zu Hause, wohl aber ein Übergang und ein Untergang ist.[48]

---

[47] Dewey, John, Die Erneuerung der Philosophie, Hamburg 1989, S. 17

[48] Vgl. Löwith, Karl, Von Hegel zu Nietzsche, Hamburg 1986, S. 191

Was bedeutet diese Veränderung der Maßstäbe bei Nietzsche für die Moral? Die Moral wird zu einem Werkzeug, in der eine Situation bewältigt wird, d.h. sie wird im Ansatz provisorisch.

Eine ähnliche Veränderung der Moral zu einer provisorischen Moral findet sich auch in der Philosophie des Pragmatismus. Auch dort ist die Moral keinem unwandelbaren Prinzip mehr unterworfen. Dewey spricht von einer moralischen Situation als einer einzigartigen Situation. Eine solche Situation steht nach ihm im Widerspruch zur bestehenden philosophischen Tradition, die nach ihm davon ausgeht, dass gerade die Unregelmäßigkeit der Sonderfälle eine Verhaltenslenkung durch Universalien nötig macht.[49] Dagegen ist nach Dewey eine moralische Situation eine, >in der Urteil und Wahl vor der eigentlichen Handlung erfordert sind. Die praktische Bedeutung der Situation – d.h. die Handlung, die dieser Situation gemäß ist – liegt nicht unmittelbar vor Augen. Sie muss gesucht werden. Es gibt konfligierende Wünsche und alternativ erscheinende Güter. Es kommt darauf an, den richtigen Handlungsverlauf zu finden, das richtige Gute. Deshalb bedarf es der Untersuchung: der detaillierten Beobachtung des Situationsaufbaus, der Analyse in ihre diversen Faktoren; der Aufklärung dessen, was dunkel ist....Diese Untersuchung ist Intelligenz.<[50] Für den Inhalt der Moralität wird die Intelligenz zuständig. Das ist nach Dewey keine Zerstörung von Verantwortlichkeit, sondern ihre Lokalisierung.

Moral ist in diesem Sinne kein Katalog von Handlungen und kein Katalog von Regeln. Für das moralische Gesetz gilt nicht mehr wie bei Kant, dass es apodiktisch gewiss sein muss.[51] Der Begriff der Situation im Zusammenhang mit der Moral weist bei Dewey auf das, was bei Nietzsche als ein Übergang verstanden wird. Jede Situation ist im Prinzip daher anders, d.h. man steigt nicht zweimal in denselben Fluss. Offen bleibt allerdings beim pragmatischen Begriff der Moral, wie so das Problem der Relativität der Werte gelöst werden soll. Oder stellt sich das Problem für das pragmatische Denken nicht, weil dort der Wandel

---

[49] Vgl. Dewey, John, Die Erneuerung der Philosophie, a.a.O., S. 207

[50] Dewey, John, Die Erneuerung der Philosophie, a.a.O., S. 207ff

[51] Vgl. Kant, Immanuel, Kritik der praktischen Vernunft, Werkausgabe Band VII, Frankfurt am Main 1974, S. 276f

zum Prinzip erklärt wird? Zu erinnern ist an den gescheiterten christlichen Versuch das Problem der Relativität der Moral dadurch zu lösen, dass Persönlichkeit formal definiert wird, wobei der moralische Imperativ nichts anderes ist, als die Forderung eine Person in der Welt zu werden. Als Person in diesem Sinne ist man von der Welt frei und insofern auch für sein Handeln verantwortlich. Wenn das Prinzip jedoch angewandt werden muss, bestimmen Tradition und Autoritäten, wem die volle Persönlichkeit zuerkannt wird.[52] Einen ähnlichen Formalismus wird Kant formulieren, um den unbedingten Anspruch der Moral gegen den Relativismus zu behaupten. Das moralische Gewissen wird als Bewusstsein des kategorischen Imperativs bestimmt. In diesem Sinne ist es Pflicht, ein Gewissen zu haben; nicht der Inhalt ist bestimmt.

Das möglich Bessere

Die Legitimität der Zukunft, die Nietzsche konstruiert, bedeutet für jede Gegenwart, dass sie sich nun in einem bestimmten Sinne zu beweisen hat. Anders ausgedrückt: Das was ist, wird durch das legitimiert, was noch werden kann.

Wie ein solches Kriterium der Legitimität für die Moral verwendet werden kann, wird im Denken des Pragmatismus deutlich. So schreibt etwa Dewey, dass das möglich Bessere das einzig Gute jeder Situation ist.[53] Oder da ist James, der davon spricht, dass die einzige Möglichkeit, die man vernünftigerweise verlangen kann, die ist, dass die Dinge besser werden. Wer wollte dem widersprechen, wenn man auf den jetzigen Zustand der Welt blickt.[54] Die Moral setzt in diesem Sinne eine Idealisierung der Bewegung voraus. Zum neuen Maßstab der moralischen Bewertung wird eine unendliche Bewegung zum Besseren. Wenn die Moral nach Dewey sich nicht mehr an unwandelbaren Werten orientieren, wenn die Unterscheidung zwischen Idealem und Realem in

---

[52] Vgl. Tillich, Paul, Das religiöse Fundament des moralischen Handelns, Stuttgart 1965, S. 32ff

[53] Vgl. Dewey, John, Erfahrung, Erkenntnis und Wert, Frankfurt am Main 2004, S. 442

[54] Vgl. James, William, Der Pragmatismus, a.a.O., S. 76

diesem Sinne aufgehoben werden soll, so bedarf es eines neuen Maßstabs der Rechtfertigung, der der Orientierung dient. Danach soll niemand dafür verantwortlich sein, ob er ein unwandelbares Ergebnis erreicht oder nicht, - >sondern nach der Richtung< - in der er sich bewegt.[55]

Aber kam es in der platonisch-idealistischen Tradition bei der Bewertung wirklich darauf an, ein unwandelbares Ergebnis zu erreichen, so wie das Dewey behauptet, oder war bei der Bewertung nicht vielmehr nur die Art der Orientierung entscheidend?

Der Begriff der Methode von Bacon wird im Pragmatismus auf die Moral angewendet, d.h. Wege müssen betreten und ihre Richtungen eingehalten werden.[56] Als Beispiel einer solchen moralischen Orientierung führt Dewey den guten Menschen an. Was zeichnet ihn aus? >Schlecht ist der Mensch, der sich, gleichgültig wie gut er gewesen ist, beginnt zu verschlechtern, weniger gut zu werden. Gut ist der Mensch, der, gleichgültig wie moralisch wertlos er gewesen ist, anfängt, besser zu werden. Eine solche Auffassung macht einen streng in der Beurteilung seiner selbst und human in der Beurteilung anderer.<[57] Es sind demnach – um es in einem Bild auszudrücken - nicht die Wurzeln eines Baumes, an denen man die Qualität erkennt, sondern die Früchte. Aber können auf einem Baum, dessen Wurzeln abgestorben sind, auch Früchte wachsen? Ist es gleichgültig, moralische Verfehlungen beiseite zu schieben, wenn es um die Vergangenheit geht? Haben wir nur Verantwortung für die Zukunft, nicht aber auch für die eigene Vergangenheit? Bezogen z.B. auf die deutsche Geschichte und den Völkermord im 20. Jahrhundert kann die moralische und rechtliche Frage der Verantwortung des Einzelnen wohl kaum beiseite gelassen werden. Zudem, wer gibt denn die Antwort auf die Frage, ob jemand besser wird?

Setzt dieses Urteil nicht einen vorhandenen Maßstab voraus? Aus pragmatischer Sicht ist dieser Maßstab nicht fixiert; das Bessere wird

---

[55] Vgl. Dewey, John, Die Erneuerung der Philosophie, a.a.O., S. 220

[56] Vgl. Blumenberg, Hans, Der Prozess der theoretischen Neugierde, Frankfurt am Main 1980, S. 200f

[57] Dewey, John, Die Erneuerung der Philosophie, a.a.O., S. 220

auf einen Konsens zurückgeführt.[58] Damit wird allerdings noch nichts über die Qualität der Kriterien ausgesagt, die das Bessere bestimmen sollen. Auch ein Einzelner kann - wie die Geschichte zeigt - moralisch im Recht sein, auch wenn er sich damit gegen die sogenannte herrschende Meinung stellt.

Die Zukunft des >Es war<

Es gibt Künstler, die, wie es J. L. Borges in 'Niedertracht und Ewigkeit' ausdrückt, aus der Ewigkeit ein prachtvolles Kunstwerk schaffen, um uns für einen Moment von der unerträglichen Bedrückung des Sukzessiven zu befreien. Diese Form einer traditionellen Ewigkeit, die eine Distanz zum Werden ermöglicht, ist dem Denken von Nietzsche fremd. Er möchte im Gegenteil das Werden verewigen, d.h. Denken und Werden sollen in einer Einheit verschmelzen. Die unerträgliche Bedrückung des Sukzessiven, von der Borges spricht, ist für Nietzsche lediglich der Ausdruck eines Denkens, das durch den Widerwillen gegen alles Werden bestimmt ist. Dieser Widerwille gegen alles Werden ist dabei für ihn das Produkt eines Denkens, das von einem bestimmten Zukunftsbegriff bestimmt wird, in dem die Zukunft als eine Zukunft des >Es war< erscheint.

Entgegengesetzt dazu möchte Nietzsche eine neue Legitimität der Zukunft schaffen. Sein Grundgedanke heißt: >wir müssen die Zukunft als maßgebend nehmen für alle unsere Wertschätzung – und nicht hinter uns die Gesetze des Handelns suchen.<[59] Allerdings, nur dann kann die Zukunft eine Quelle der Legitimität sein, wenn die Voraussicht in die Zukunft nicht in eine Voraussicht des Vergangenseins der Zukunft mündet, wodurch die Vergangenheit wieder zur maßgeblichen Zeitform wird. Sonst entsteht das, was Hanna Arendt die Melancholie des 'Und-auch-dies-wird-gewesen-sein' nennt.[60]

---

[58] Vgl. Rorty, Richard, Wahrheit und Fortschritt, Frankfurt am Main 2003, S. 87

[59] Nietzsche, Friedrich, Der Wille zur Macht, Stuttgart 1964, Abschn. 1000, S. 658

[60] Vgl. Arendt, Hannah, Vom Leben des Geistes,Bd.2, Das Wollen, München 1989, S.163

Die Zeitform der Vergangenheit droht so, alles zu verschlingen. Das Dasein erscheint so als ein nie zu vollendendes Imperfektum.[61]

Wenn die Zukunft nur etwas bringt, was gewesen sein wird, so bedeutet das nach Nietzsche: >Alles vergeht, darum ist alles wert zu vergehn<.[62] Der fortwährende Untergang der Erscheinungen wird unter dieser Voraussetzung zum Problem. Der Wille wird - wie es in 'Also sprach Zarathustra' heißt, zum Widerwillen gegen die Zeit.

Nach Nietzsche ist die Lehre des Christentums ein Produzent dieser Zukunft des >Es war<, wodurch eine tiefe Hoffnungslosigkeit gegen alle kommenden Zeiten entstanden ist.[63] >Eine Religion, die von allen Stunden eines Menschenlebens die letzte für die wichtigste hält, die einen Schluss des Erdenlebens überhaupt voraussagt und alle Lebenden verurteilt im fünften Akt der Tragödie zu leben (...) ist feindlich gegen alles Neu-Anpflanzen, Kühn-Versuchen, Frei-Begehren; sie widerstrebt jedem Fluge ins Unbekannte, weil sie dort nicht liebt, nicht hofft: sie lässt das Werdende sich nur wider Willen aufdrängen, um es, zur rechten Zeit, als einen Verführer zum Dasein, als einen Lügner über den Wert des Daseins beiseite zu drängen oder hinzuopfern.< Von einem solchen Denken ist es für ihn nicht mehr weit bis zum Ekel an allem Daseienden.[64]

Nietzsche arbeitet in seinem Denken an einem Begriff der Zukunft, die den Horizont unendlicher Möglichkeiten nicht ausschließt. In diesem Sinne kann die Zukunft auch nicht etwas sein, was vorgegeben ist, sondern sie muss erst noch hergestellt werden. Die neue Wirklichkeit, die angestrebt wird, soll das Ergebnis einer Produktion sein.

Wirklichkeit bedeutet so nicht mehr die Übereinstimmung mit der Welt, sondern die Welt, um die es nun geht, die muss erst noch hergestellt werden. Wann ist das Ziel erreicht, so könnte man fragen? Aber in diesem Denken gibt es letztlich kein festes Ziel. Die neue Wirklichkeit

---

[61] Vgl. Löwith, Karl, Nietzsches Philosophie der ewigen Wiederkehr des Gleichen,a.a.O.,S.136

[62] Nietzsche, Friedrich, Von der Erlösung, Also sprach Zarathustra, Zweiter Teil, KSA 4, München 2005, S. 180

[63] Vgl. Nietzsche, Friedrich Vom Nutzen und Nachteil der Historie für das Leben, A8, in: ders., Unzeitgemäße Betrachtungen, München 1964., S.119

[64] Vgl. Nietzsche, Friedrich, Vom Nutzen und Nachteil der Historie für das Leben, A8, a.a.O., S. 119

entzieht sich; auch sie lässt auf sich warten, wenn auch auf andere Art als z.B. im Höhlengleichnis des Plato, wo auch eine Erfüllung versprochen wird.
Der Zukunftsbegriff von Nietzsche setzt die Entgegensetzung von eigener und bestehender Welt voraus, wobei der Vorrang der hergestellten Welt in dieser Konstruktion als selbstverständlich erscheint. Die Welt präsentiert sich hier als bildsam und scheint ihre endgültige Formung durch die menschlichen Hände zu erwarten. Die Natur soll mittels der Technik menschlichen Zwecken unterworfen werden.
Seit Bacon wird der Status des Menschen zum bevorzugten Zentrum der Welt(homo veluti centrum mundi) und Prometheus zur Gestalt der Aufklärung, in der sich die Vorsehung ausdrückt.[65]
Das Programm der Philosophie des Pragmatismus z.B. erhebt - ähnlich wie Nietzsche - den Anspruch einer Neuerschaffung der Welt, in dem diese in ein Werkzeug und Besitztum der Intelligenz verwandelt wird.[66] Die Natur gibt nicht mehr wie bei den Griechen der Geschichte ihre Inhalte vor, sondern das schlechthin Neue und Unwiederholte wird möglich.

---

65 Vgl. Blumenberg, Hans, Arbeit am Mythos, Frankfurt am Main 1981, S. 408

66 Vgl. Dewey, John, Die Erneuerung der Philosophie, a.a.O., S. 97

Temporale Spielräume. Zur Idee des Fortschritts

Vom Land aufs Meer

Der Übergang vom Land aufs Meer gilt als Wagnis, aber durch ihn eröffnet sich auch ein neuer Spielraum der Erfahrung. Wie weit darf man jedoch aufs offene Meer hinaus fahren? Wie will man sich dort orientieren? Die Seefahrt ist eine Geschichte von Opfern, die von diesem Abenteuer erzählt. Für das Mittelalter galt der Sprung ins Unbekannte noch als Frevel.

Dante lässt in seiner Odyssee seinen Helden nicht in die Heimat zurückkehren, sondern dieser fährt über die Grenzen der damals bekannten Welt, d.h. über die Säulen des Herakles hinaus auf den Ozean. Er fährt ins Ungewisse, getrieben von einem ungehemmten Wissensdrang, um schließlich am Berg Eden Schiffbruch zu erleiden.[67] Was für Dante noch als Frevel galt, wird zu Beginn der Aufklärung dann schrittweise zum Programm. Es ist Francis Bacon, der die Metapher der Seefahrt dazu benutzt, um sein Programm einer Erneuerung der Wissenschaften zu erläutern. Bacon spielt dabei in einem Bild auf die Bedeutung des Übergangs vom Land aufs Meer an. Zuerst kommt es nach ihm darauf an, an den Küsten der überkommenen Wissenschaften entlang zu segeln und gleichsam im Vorüberfahren manches Nützliche zu übernehmen.[68] Etwas weiter schreibt er dann: >Nachdem ich so an der alten Küste vorübergesegelt bin, werde ich den menschlichen Geist zur Fahrt ins offene Meer vorbereiten.<[69] Bacon beschreibt zwei temporale Spielräume der Erfahrung. In ihnen gibt es unterschiedliche Möglichkeiten der Orientierung für das Wissen, die sich durch ihren Zeitbezug ausdrücken. Man kann sich einmal in Sichtweite des Landes orientieren, d.h. des Wissens der Vergangenheit. Zum anderen kann man das feste Land hinter sich lassen, sich ins offene Meer wagen, d.h. sich an

---

[67] Vgl. Blumenberg, Hans, Arbeit am Mythos, 2. Aufl., Frankfurt am Main 1981, S. 89f

[68] Bacon, Francis, Neues Organon, Teilband 1, Hamburg 1990, S. 39

[69] Ebd., S. 41

der Zukunft orientieren. Die Vorstellung einer offenen Zukunft eröffnet dabei einen Spielraum, in dem nun alles möglich erscheint. Für Dewey verkörpert das Denken von Bacon den Geist der Neuzeit: >Was Francis Bacon so erinnerungswürdig macht, ist die Tatsache, dass Brisen, die aus einer neuen Welt wehten, seine Segel blähten und ihn veranlassten, sich auf neue Meere zu wagen. Er selbst hat das verheißene Land nie erblickt, aber er verkündete das neue Ziel und entdeckte allein durch den Glauben dessen Eigenschaften aus der Ferne.<[70]

Es gibt jedoch nicht nur eine schrittweise Entwicklung der Erfahrung, so wie sie von Bacon dargestellt wird, sondern auch einen Konflikt zwischen den beiden Spielräumen. Wie sich im Verlauf der Aufklärung zeigen wird, drängt sich immer mehr die Frage auf, von was unsere Vorstellungen beherrscht werden? Ist es die Vergangenheit oder die Zukunft? An eine Integration der beiden Zeitdimensionen wird zunehmend nicht mehr gedacht. Ein Entweder-Oder drängt sich in der Vorstellung auf: Man denkt vorwärts gerichtet oder orientiert sich zurück; man ist ein Schüler des Fortschrittseifers oder ein Anhänger des reaktionären Denkens. Aus pragmatischer Sicht ist nach Dewey die Sache für die moderne Wissenschaft entschieden. Die Vergangenheit ist für das wissenschaftliche Denken danach in der Regel etwas, das man zurück lässt.[71]

Bei Bacon sind noch beide Dimensionen der Zeit gleichrangig für die Erfahrung von Bedeutung. Ist es aber so, wie Hans Blumenberg behauptet, dass Bacon noch zu sehr an den metaphorisch alten Mann glaubt, >der nur an die Auswertung seiner Erfahrungen zu gehen braucht, ohne sich um deren Erweiterung zu sorgen.<?[72]

Nach Blumenberg fordert Bacon, der als der Erfinder der empirischen Methode gilt, nicht eine Nutzung der Zeit, sondern eine Auswertung der Zeit, d.h. der aufgehäuften Materialien. Bacons Satz, dass die Wahrheit eine Tochter der Zeit sei, bezieht sich in diesem Sinne vor allem auf die vergangene Zeit. Bedeutet das aber, dass bei Bacon kein

---

[70] Vgl. Dewey, John, Die Erneuerung der Philosophie, Hamburg 1989, S. 75

[71] Vgl. Ebd., S. 138

[72] Vgl. Blumenberg, Hans, Lebenszeit und Weltzeit, Frankfurt am Main 1986, S. 157

Entwurf für die Benutzung der zukünftigen Zeit gemacht würde?[73] Gegen diese Behauptung spricht jedoch Bacons o.a. Metapher der Seefahrt, die im Ansatz das Ziel einer Vorbereitung des Denkens für den Aufbruch in eine offene Zukunft enthält.

Nachdem wir kein Land mehr haben

Das Bild einer Fahrt ins offene Meer steht bei Bacon für eine offene Zukunft. Allerdings ist noch nicht, wie später bei Nietzsche, in seinem Denken von einem Vorrang der Zukunft die Rede, von einer Herrschaft der Zukunft über unsere Vorstellung, von einer Verselbständigung der Dimension der Zukunft, also von dem, was einmal die Idee des Fortschritts charakterisieren sollte. Es herrscht noch nicht das Zeitalter der Neutralisierung, mit dem Odo Marquard die moderne Welt beschrieben hat, in der die Zukunft das Neue wird, in dem sie die Herkunft neutralisiert.[74]

In einem Fragment aus dem Nachlass greift Nietzsche auf die Metapher der Seefahrt zurück, um die Vorherrschaft der Zeitdimension der Zukunft in der Moderne zu beschreiben. Er verwendet dabei eine Metaphorik, die man existentiell nennt und deren Erfinder wohl Pascal ist: >vous êtes embarqué<.

Nach Nietzsche wissen wir zwar das 'Wohin' noch nicht, zu dem wir getrieben werden, nachdem wir uns dergestalt von unserem alten Boden abgelöst haben. Aber dieser Boden hat uns die Kraft angezüchtet, die uns jetzt hinaustreibt in die Ferne, ins Abenteuer, durch die wir ins Uferlose, Unerprobte, Unentdeckte hinaus gestoßen werden: >es bleibt uns keine Wahl, wir müssen Eroberer sein, nachdem wir kein Land mehr haben, wo wir heimisch sind, wo wir 'erhalten' möchten.<[75]

Ist dieser Satz von Nietzsche nicht auch in aller Kürze ein Ausdruck für die Feindseligkeit, die in seinem Denken zwischen den beiden Worten

---

[73] Vgl. Blumenberg, Hans, Lebenszeit und Weltzeit, a.a.O., S. 156

[74] Vgl. Marquard, Odo, Philosophie des Stattdessen, Stuttgart 2000, S. 68ff

[75] Nietzsche, Friedrich, Nachgelassene Fragmente, Abt. VIII, Kritische Gesamtausgabe der Werke Nietzsches, Berlin, New-York 1967, 2(207)

'erhalten' und 'schaffen' besteht, Worte, die nach Jorge Luis Borges wohl nur im Himmel Synonyme sind?[76] Das Denken von Nietzsche wird vom Konflikt zwischen diesen beiden Worten bestimmt, der nicht auflösbar erscheint. Für ihn erscheint die Zukunft als eine neue Quelle der Legitimität, die der Zeitform der Vergangenheit unversöhnlich gegenübersteht. Geht Bacon noch von einer Konsistenz der Erfahrung aus, so drückt sich in der Idee des Fortschritts bei Nietzsche eine Abwendung von diesem Erfahrungsbegriff aus.

Eine ähnliche Abwendung vom traditionellen Erfahrungsbegriff findet sich auch in der Philosophie des Pragmatismus wieder. So bedeutet z.B. das Neue im pragmatischen Denken das, was uns von dem Festhalten an der Vergangenheit wegreißt, das -, was neue Tatsachen enthüllt.[77] Der Fortschritt des Denkens setzt nach Dewey immer die Destruktion oder Desintegration des alten Wissens voraus, bevor das neue geschaffen werden kann.[78] Der pragmatische Pionier wird nach Herbert Mead von der Idee des Fortschritts bestimmt, die die Moderne dominiert. Es ist diese Idee, die nach ihm zum Ausdruck einer schöpferischen Veränderung oder Evolution wird und das im Kontrast zur Welt des Altertums, für das Entwicklung stets an determinierte und festgelegte Ziele gebunden war.[79] Die Griechen hatten noch keine Vorstellung von einer Zukunft, die grundsätzlich unbestimmbar ist und daher Neues bringen kann. Die Welt des Werdens war noch eine andere, d.h. sie war Kosmos, Natur und in ihren Seins-Möglichkeiten begrenzt.[80]

Nach Rothacker ist es eines der größten Gebrechen der Philosophie, dass der Verstand keine Entstehungen denken kann, weil er das Werden von Neuem nicht verständlich fassen kann: >Entsteht etwas Neues, dann sagt der Verstand: also war es potentiell, virtuell schon da.<[81] Aber mit dieser Meinung wird von Rothacker noch der traditionell griechische Begriff der Potentialität für die Philosophie vorausgesetzt.

[76] Vgl. Borges, Jorge Luis, Niedertracht und Ewigkeit, Frankfurt am Main 1991, S. 188

[77] Vgl. Dewey, John, Die Erneuerung der Philosophie, a.a.O., S. 138

[78] Vgl. Ebd., S. 20

[79] Vgl. Mead, George H., Geist, Identität und Gesellschaft, Frankfurt am Main 1973, S. 341

[80] Vgl. Arendt, Hannah, Vom Leben des Geistes, Band 2, Das Wollen, München, Zürich 1989, S. 21

[81] Rothacker, Erich, Philosophische Anthropologie, Bonn 1966, S. 183

In der Moderne entsteht jedoch ein Begriff der Potentialität, der die Möglichkeit der Neuheit, der Erfindung, der radikalen Abweichung, der Mutation kennt. Es ist ein Begriff, der im Kontext der modernen Wissenschaft bestimmt wird. Eine Potentialität nicht nur neben der Natur, sondern der Natur entgegengesetzt, wird denkbar. Das 'possibile' soll nunmehr nicht mehr von der 'potentia' und den entsprechenden Ideen her definiert werden, sondern die 'potentia' soll sich nunmehr durch die 'possibile' bestimmen. In diesem Sinne wird der logische Umfang des Möglichkeitsbegriffs maßgebend.[82]

Neuzeit statt Endzeit

In der Offenbarung des Johannes heißt es: >die Zeit ist nahe<, d.h. das Jüngste Gericht steht vor der Tür. Das Ende aller Zeiten scheint absehbar. Die christliche Eschatologie war eine Form der Heilserwartung, die sich bald erfüllen sollte. Schwierig wird es für solche Ankündigungen, wenn sie nicht eintreten, wenn sie auf sich warten lassen.

Aber wie wirksam diese Art von Erfüllungsversprechen sind, wird noch am Denken von Hegel deutlich, an seiner endgeschichtlichen Konstruktion der Geschichte. Wie in der christlichen Welt war die Welt für Hegel eine Welt der Vollendung. Auch Hegel hegt und pflegt den christlichen Gedanken von einer Erfüllung der Zeiten.

Das Werden in der Geschichte verläuft in diesem Kontext nicht geradlinig ins Endlose, sondern in einem Kreis, so dass am Ende der Anfang vollendet wird, was das letzte große Ereignis in der Geschichte darstellen sollte.[83]

Für Hegel herrscht noch nicht, wie später bei Charles S. Peirce die Idee des Geradeseins als ein Bild der Zeit in unserem Geist vor, weil sie von der Natur vorgegeben ist.[84]

---

[82] Vgl. Blumenberg, Hans, Nachahmung der Natur, in: ders., Ästhetische und metaphorologische Schriften, Frankfurt am Main 2001, S. 34

[83] Vgl. Löwith, Karl, Von Hegel zu Nietzsche, Hamburg 1986, S. 44ff

[84] Vgl. Peirce, Charles S., Über Theoriebildung, in: ders., Naturordnung und Zeichenprozess, Frankfurt am Main 1991, S. 429

Im Pragmatismus ist die Vorstellung der Zeit als Kreis ein Erbe der platonisch-aristotelischen Tradition, das für die Geschichte längst seine Gültigkeit verloren hat, wenn es sich auch hartnäckig immer wieder behauptet.

Seit der Aufklärung wird jedoch die Vorstellung einer Endzeit in ihrer Gültigkeit in Frage gestellt. Der Traum von einer Erfüllung der Zeiten, womöglich mit einem letzten bzw. Jüngsten Gericht, passt nicht so recht in eine Welt, die zunehmend als offen erfahren wird. Was nicht ausschließt, dass dieser Stoff einer erfüllten Zeit noch so manche Anhänger hat und in Zukunft auch haben wird. Auch bedeutet das nicht, dass mit der Idee des Fortschritts jegliche Formen der Apokalypse verschwunden sind. Hermann Lübbe spricht z.B. von einer empirischen Apokalyptik, die in so manchem Kontext mit der Zukunftsexpansion der Moderne verbunden wird. Die Möglichkeit von Endzeitkatastrophen stellt sich nun etwa in der utopischen Literatur, in Orwells '1984' oder in politischen Programmen gegen die Klimakatastrophe dar.[85]

Seit der Aufklärung wird die Zukunft zunehmend zu etwas Unvorhersehbaren, d.h. zu etwas, was zu erwarten war, d.h. sie ließ sich immer weniger aus der Erfahrung ableiten. Die Neuzeit ist der Inbegriff für die Erfahrung einer Welt, die sich ständig durch die Wissenschaft veränderte und in der das Bedürfnis nach einem weiten temporalen Spielraum für die Erfahrung geweckt wird. So steht schon Leibniz staunend vor der Erfahrung einer Welt, deren Antlitz sich verhundertfacht hat; für ihn erschließen sich bald neue Welten, bald neue Arten, gleichermaßen bewundernswert: dort wegen ihrer Größe, hier wegen ihrer Winzigkeit.[86]

Für den Fortschritt der Wissenschaften scheint es dabei keine Grenzen zu geben; von einem absehbaren Ende kann keine Rede sein. Die Geschichte der Entwicklung des Wissens scheint wie eine unendliche Gerade, die in die Zukunft verläuft. Die gerade Linie ist daher, wie später die Gleise der Eisenbahn, das Symbol der Zeiterfahrung in der Neuzeit.

---

[85] Vgl. Lübbe, Hermann, Zeit-Erfahrungen, Sieben Begriffe zur Beschreibung moderner Zivilisationsdynamik, in: Mainz Akademie der Wissenschaften und Literatur, Abhandlungen der Geistes- und Sozialwissenschaftlichen Klasse, Jhrg. 1996, Heft 5, Stuttgart 1996, S. 33ff

[86] Vgl. Leibniz, G.W., Frühe Schriften zum Naturrecht, Hamburg 2003, S. 215

Ihre Bedeutung als Symbol leitet sich u.a. aus dem ab, was Koselleck die Denaturalisierung der Zeiterfahrung nennt.[87]
Wenn Leibniz staunend vor einer Welt steht, die sich ständig durch den Fortschritt der Wissenschaft verändert, so bedeutet das allerdings noch nicht, dass er die platonische Tradition in seinem Denken verlässt. Für ihn gibt es noch eine Welt jenseits der Zeit, eine Vollkommenheit, die wie auch bei Descartes als Attribut des Absoluten gedacht wird. Nach Leibniz gibt es, ähnlich wie im Platonismus eingeborene Ideen, die nicht aus den Sinnen stammen können.[88]
Im platonischen Kontext soll das Vollkommene nicht geworden sein. Dieses Erbe prägt die Geschichte des philosophischen Denkens und ist die Ursache eines Dualismus, der dazu führt, dass man bei allem Vollkommenen die Frage nach dem Werden allzu leicht vergisst. Es ist Nietzsche, der schließlich die platonische Wertschätzung des Werdens als Abwertung verstehen und kritisieren wird.[89]
Dem Erbe der platonischen Vollkommenheit im philosophischen Denken steht seit der Aufklärung eine Geschichte gegenüber, die zunehmend als offener Prozess der Erfahrung verstanden wird. Eine Vollkommenheit, die schon vorhanden sein soll, widerspricht dieser Idee des Fortschritts. Vollkommenheit wird im Rahmen des wissenschaftlichen Fortschritts zu einer Art Bewegungsbegriff. Es geht von nun um einen Fortschritt zum Besseren, um ein Voranschreiten, um die Vervollkommnungsfähigkeit.[90]
Zur Idee des Fortschritts gehört die Projektion eines Prozesses in die Zukunft hinein, eines Zeithorizontes, dessen Ende nicht absehbar ist. Eine Schwierigkeit gibt es allerdings für die Träger dieser Vorstellung: Menschen sind endlich. Individuelle Erfüllungsansprüche erscheinen leicht vor diesem unendlichen Horizont als unbedeutend, weil sie natürlicherweise begrenzt sind.

---

87 Vgl. Koselleck, Reinhart, Zeitschichten, a.a.O., S. 153ff

88 Vgl. Leibniz, G.W., Neue Abhandlungen über den menschlichen Verstand, Philosophische Werke in vier Bänden, Bd. 3, Hamburg 1996, S. 34ff

89 Vgl. Nietzsche, Friedrich, Menschliches, Allzumenschliches I und II, KSA 2, München 1988, S. 141

90 Siehe etwa Rousseau und die Prägung des Wortes 'Perfectibilité' . Vgl. Koselleck, Reinhart, Zeitschichten, Frankfurt am Main 2003, S. 137

Zu Beginn der Aufklärung war der Gedanke an einen Fortschritt, der sich nicht erfüllte noch unerträglich, so etwa bei Descartes. Die Vorstellung einer Geschichte, die sich vor einem wie eine unendliche Gerade in die Zukunft erstreckt, ist daher alles andere als selbstverständlich.

Zwei Welten

Nach Dewey wurde dieses Universum durch die Wissenschaft in eines verwandelt, das unendlich in Raum und Zeit ist, >das keine Grenzen hier und dort hat, sozusagen an diesem oder jenem Ende, und ebenso unendlich komplex in seiner inneren Struktur, wie es an Ausdehnung unendlich ist.<[91] Wer sich dieser Vorstellung der Wissenschaft nicht anschließt, der befindet sich aus pragmatischer Sicht im Irrtum. Der Pathos der Unvollendbarkeit und Entwicklungsfähigkeit des Wissens wird zum Ausdruck eines neuen Lebensgefühls, das nicht nur die Wissenschaft bestimmen soll.

Die kritische Differenz von wissenschaftlichem Weltbild und Lebenswelt wie bei Husserl, ist im Pragmatismus kein Problem. Aber was wird durch die Wissenschaft verwandelt? Der Satz von Dewey legt nahe, als handele sich um die Welt als alles umfassender Horizont bzw. das Universum. Die Wissenschaft hat jedoch nur ihren Teil dazu beigetragen, die Vorstellung von der Welt zu verwandeln. Sie hat diese Idee mit verändert, denn die Welt ist eine Idee, die auch durch die empirischen Veränderungen z.B. in der Technik beeinflusst ist.

Diese unendliche Welt, diese offene Welt, dieser Spielraum des Fortschritts hat seine Geschichte, wobei die Idee des Unendlichen schlechtweg unanschaulich ist. Schon die Welt ist in der unmittelbaren Anschauung nicht zu sehen, von einer unendlichen Welt ganz zu schweigen. Was jedoch die Prozesse der Erfahrung betrifft, so können diese durchaus als unbegrenzt gedacht werden. Die Welt ist in diesem Sinne in der Neuzeit ein Inbegriff für Prozesse.

[91] Dewey, John, Die Erneuerung der Philosophie, a.a.O., S. 106

Seit der Aufklärung verändert sich die Bedeutung der Welt. Die Lehre von den Zwei-Welten verliert zunehmend ihre Gültigkeit.
Peter Sloterdijk hat, in einem Vorwort zu William James Buch über die Vielfalt der religiösen Erfahrung, den Prozess der Säkularisation als Erhebung der Welt zum gegensatzlosen Inbegriff des Seienden beschrieben. Die Welt ist danach alles was der Fall ist.
Vorher galt in der platonischen Tradition, verkürzt ausgedrückt, eine Zwei-Welten-Lehre. Ein Beispiel für die Zwei-Welten-Lehre war wohl die christliche Lehre des Augustin von den zwei Reichen, einem Gottesreich, das in die Welt hinein wirkt und einem irdischen Reich, das sich nur auf Besitz gründet. Mit dieser Konstruktion der zwei Reiche konnte jede konkrete Erfahrung dualistisch interpretiert werden, wobei die Hoffnung zukünftiger Erlösung gesichert blieb.
In der modernen Theorie der alleinigen Welt hingegen öffnet sich nach Sloterdijk eine verwirrende Hyperimmanenz, in der das traditionelle Reden vom Transzendenten den Anschluss an den Weltlauf verloren zu haben scheint. So klingen diese Theorien nach ihm heute wie ferne Folkloren oder wie Tafelmusiken für die Ohren von Herren und Knechten, die es nicht mehr gibt. In diesem hyperimmanenten Raum herrscht ein erregtes Ineinander von Kraftentfaltung und Leerlauf, wobei den Kräften nirgends ein objektives Ziel gesetzt ist, vielmehr ist das Zielsetzen nach Sloterdijk eine Funktion der Kräfte selbst geworden. Alles will nur weitergehen und sich steigern.[92] Was Sloterdijk als Prozess einer radikalen Säkularisation beschreibt, hat Nietzsche als einen Prozess der Reduktion in einem Fragment im Nachlass beschrieben: Auch für ihn reduziert sich der Gegensatz der scheinbaren Welt und der wahren Welt auf den Gegensatz Welt und Nichts.[93] Die Welt ist nun nicht mehr ein Kosmos, wie noch bei den Griechen, sondern der Inbegriff des Vergänglichen. Die Frage ist allerdings, ob damit auch das duale Denken verschwunden ist, vorausgesetzt, man akzeptiert, dass auch das Nichtsein Gegenstand des Denkens ist.

---

92 Sloterdijk, Peter, in: James, William, Die Vielfalt der religiösen Erfahrung, Frankfurt am Main und Leipzig 1997, S. 19

93 Vgl. Nietzsche, Friedrich, Nachgelassene Fragmente, Abt. VIII, Kritische Gesamtausgabe der Werke Nietzsches, Berlin, New-York 1967, 14(184)

In diesem Fall hätte auch die 'alleinige' Welt so durchaus noch ihren Gegensatz: Es ist das Nichts. Was allerdings durch die Reduktion verschwunden ist, das ist die Vorstellung von einer Aufteilung in zwei Welten, die einen Gegensatz bildeten. Die Reduktion auf den Gegensatz von Welt und Nichts, wird z.B. durch die Philosophie des Pragmatismus vorausgesetzt. Auch der Pragmatismus setzt eine Veränderung der Bedeutung der Welt voraus.

Um eine solche veränderte Welt geht es, wenn z.B. James von einer Welt spricht, die eine Zukunft hat und die noch nicht vollendet ist. Es ist für ihn die Welt der wirklichen Erfahrung.[94] Neben dieser Welt der Erfahrung gibt es für das pragmatische Denken keine zweite Welt mehr. James meint sich mit dieser Auffassung auf einer Überholspur gegenüber dem Platonismus, wenn er darauf hinweist, dass seit den Griechen immer wieder gelehrt wurde, dass das, was entscheidend ist, die Wesenheit der Dinge ist und nicht deren Erscheinung. Der Platonismus kennt z.B. noch zwei Welten, eine scheinbare und eine wahre Welt.[95] Eine ähnliche Position wie James vertritt Dewey, in 'Erfahrung und Natur' wenn er schreibt, dass das Denken ein kontinuierlicher Prozess zeitlicher Reorganisation innerhalb ein und derselben Welt ist.

Aus pragmatischer Sicht kann daher Aufklärung als ein fortschreitender Prozess der Reduktion auf den Gegensatz von Welt und Nichts verstanden werden, der noch nicht vollendet ist.

Was aber wird bei einem solchen Prozess ausgeschlossen? Wie bei der traditionell platonisch aristotelisch Vorstellung, gibt es nur eine Bewegung zwischen zwei Polen. Was aber bedeutet diese Reduktion auf die 'Welt' und sonst gar nichts? Die Zeit steht nicht mehr gegen eine Ewigkeit. Aber wird dadurch nicht womöglich die Ewigkeit u.U. durch die Zeit vereinnahmt, so wie das Koselleck behauptet? Dann wären die absoluten Ansprüche, die mit dem platonisch dualen Denken verbunden sind, nicht verschwunden. Sie hätten sich sozusagen nur neu eingekleidet. Ein Indiz für diese neue 'Einkleidung' bildet die Forderung des

---

94 Vgl. James, William, Der Pragmatismus, Hamburg 1994, S.62

95 Vgl. James, William, Das pluralistische Universum, Darmstadt 1994, S. 139

Pragmatismus, dass nunmehr alle Aufgaben in der geschichtlichen Zeit und durch die geschichtliche Zeit gelöst werden sollen.[96]
Alles scheint so nunmehr möglich.

Fortschritt zum Besseren

Für Descartes war das moralische Programm noch erfüllbar. Die Verbesserung der Moral durfte noch nicht in der Dimension einer unendlichen Zeit verlaufen. Die >provisorische Moral< sollte durch eine >morale definitive< abgelöst werden. Da musste eine Unendlichkeit, die sich in der Aufklärung zunächst als Fortschritt empfahl wie eine Überraschung und Zumutung wirken. Später wurde daraus allerdings, so wie sich Blumenberg ausdrückt, ein Zwangsmittel zur Einsparung von Energie und Zeit.[97] Für Descartes ist das Unendliche ein absolutes Attribut. Die Idee des Unendlichen, die wir nach ihm nicht selbst gemacht haben können, ermöglicht uns Gott zu denken.[98]
Wie noch bei Descartes, so ist auch bei Leibniz die Idee des Unendlichen ein Erbe der platonisch-aristotelischen Metaphysik. Was kann ein Fortschritt zum Besseren bedeuten, wenn wie bei Leibniz Gott schon das Bestmögliche tut? Nach Leibniz leben wir schon in der besten aller möglichen Welten. Wäre es nicht so, hätte Gott nach ihm überhaupt keine geschaffen.[99] Der nicht gelöste Streit über die Frage, warum dann das Übel in der Welt existiert, das Theodizee Problem, ist in die Geschichte der Philosophie eingegangen. Bei Leibniz ist das Ziel allen Fortschritts schon vorgegeben und das betrifft nicht nur die Moral.
Allerdings ist dieses Ziel nicht zu erreichen; die menschliche Kreatur besitzt nach Leibniz eine ursprüngliche Unvollkommenheit.
Eine andere Bedeutung gewinnt die Idee des Unendlichen in einer Metaphysik des Fortschritts, die keine Zwei-Welten, wie im Platonismus

---

[96] Vgl. Koselleck, Reinhart, Zeitschichten, a.a.O., S. 183

[97] Vgl. Blumenberg, Hans, Höhlenausgänge, Frankfurt am Main 1996, S. 58

[98] Vgl. Descartes, Rene, Meditationen, Hamburg 1965, S.37

[99] Vgl. Leibniz, G.W., Versuche in der Theodicée über die Güte Gottes, die Freiheit des Menschen und den Ursprung des Übels, Philosophische Werke, Bd. 4, Hamburg 1996, S. 96f

kennt und die sich auch schon zur Zeit von Leibniz in der empirischen Philosophie von Locke und Hobbes andeutet. Wenn es ums Mögliche geht, so muss es z.B. auch in der Philosophie des Pragmatismus das Bestmögliche sein, das hat schon Leibniz so formuliert, allerdings mit dem Unterschied, dass bei ihm Gott immer schon das Bestmögliche tut.[100] Wenn sich die Moral nach Dewey nicht mehr an unwandelbaren Werten orientieren, wenn die Unterscheidung zwischen Idealem und Realem in diesem Sinne aufgehoben werden soll, so bedarf es einen neuen Maßstabs der Rechtfertigung, der der Orientierung dient. Danach kommt es nicht mehr darauf an, ein unwandelbares Ziel zu erreichen oder nicht, sondern auf die Richtung, in der sich bewegt wird.[101] Und das ist nicht irgendeine Bewegung, sondern eine Bewegung, die sich nach pragmatischer Vorstellung stetig vervollkommnen soll. Die Moral setzt im pragmatischen Sinne eine Idealisierung des Endlichen, der Bewegung voraus. Zum neuen Maßstab der moralischen Bewertung wird daher eine unendliche Bewegung zum Besseren. Jede Gegenwart vermag noch vollkommener bzw. besser zu werden, als sie es gerade ist. Im pragmatischen Denken zählt das, was sich verändern lässt. Das Vergangene kann man allerdings nicht ändern. Das heißt jedoch nicht, dass man das Vergangene einfach neutralisieren kann, so wie das Dewey nahe legt. Oder sollte das, worüber ich keine Macht habe, nämlich die Vergangenheit, aus diesem Grunde zur Bedeutungslosigkeit verurteilt werden können? Vorausgesetzt wird nämlich von Dewey, es zählt nur das, was in meiner Macht steht, was durch das Machen verändert werden kann.

Rationalität und Beschleunigung

Die Preisfrage der Akademie von Dijon war: Hat der Fortschritt der Wissenschaften und Künste zur Veredlung der Sitten beigetragen?

---

100 Vgl. Leibniz, G.W., Versuche in der Theodicée über die Güte Gottes, die Freiheit des Menschen und den Ursprung des Übels, Philosophische Werke, Bd. 4, Hamburg 1996, S. 165

101 Vgl. Dewey, John, Die Erneuerung der Philosophie, a.a.O ., S. 220

Für Rousseau war allein der wissenschaftliche Fortschritt kein Beweis für die Möglichkeit der Verbesserung des Sittlichen. Das Problem war für Rousseau, dass sich das Reich des Wollens von dem Reich des Wissens in der gesellschaftlichen Entwicklung getrennt hatten. Wissen ist für Rousseau ohne Gefahr, insofern es sich nicht über dem Leben erhebt und sich von ihm losreißt, sondern der Ordnung des Lebens dient. Für Rousseau darf das Wissen kein Primat beanspruchen. Er setzt noch einen sittlichen Willen voraus, dem der Vorrang vor dem Wissen gebührt.[102]

Von einem Vorrang des sittlichen Willens, von einer Dienerschaft der Wissenschaft für das Sittliche wird in der Philosophie des Pragmatismus nicht mehr die Rede sein. Wohl eher sind die Rollen vertauscht. Es ist die Moral, die mit dem Fortschritt in den Wissenschaften und der Technik nicht Schritt halten kann. Wissenschaft ist nach Dewey strikt unpersönlich, d.h. sie ist gegen ihre Anwendung gleichgültig.[103] Eine Antwort auf die Frage, wie dieses Instrument Wissenschaft verwendet wird, ist nach ihm daher eines der größten Probleme, mit der die Zivilisation bisher konfrontiert wurde. Es genügt daher nicht, lediglich den wachsenden Fortschritt der Wissenschaft in der Welt und die dadurch bedingten Veränderungen festzustellen. Die schnellen Veränderungen und Fortschritte in der Moderne gelten nach Dewey nur für die äußerlichen Anwendungen, aber nicht für unsere intellektuellen und moralischen Haltungen. Es gibt daher ein Problem der Ungleichzeitigkeit innerhalb der beschleunigten technischer Entwicklungen, das durch die Wissenschaften und den gegebenen sozialen Voraussetzungen bedingt ist. Die Kontrolle der technischen Entwicklung bleibt nach seiner Auffassung deshalb unzureichend, weil sie nicht von einer ausreichenden Entwicklung im moralischen und sozialen Bereich begleitet ist.

Um dieses Problem endlich zu lösen, soll die Spaltung von historischer Wertorientierung und wissenschaftlicher Entwicklung in einem bestimmten Sinne aufgehoben werden. Vorausgesetzt wird von Dewey,

---

102 Vgl. Cassirer, Ernst, Die Philosophie der Aufklärung, Hamburg 1998, S. 362ff

103 Vgl. Dewey, John, Wissenschaft und Gesellschaft(1931), in: ders., in: Philosophie und Zivilisation, Frankfurt am Main 2003, S.312

dass die Geschichte des Gewinns an physischer Kontrolle durch die Naturwissenschaft auch der Beweis für die Möglichkeit ist, die Kontrolle auch in sozialen Fragen zu gewinnen.[104]
Folgt man dieser Vorstellung, so befindet sich die wissenschaftliche und technische Entwicklung auf einer Art Überholspur. Die Idee des Fortschritts wird idealisiert und das Problem der Kontrolle der Entwicklung lediglich zu einem Problem der Angleichung der historischen Werte.
Nun kann man auch anders fragen, ohne das Problem einer Anpassung der historischen Werte ignorieren zu wollen. Ist der beschleunigte Wandel in der Gesellschaft mittels des technischen- und wissenschaftlichen Fortschritts nicht selbst ein Problem?
Ist das Problem des Kontrollverlusts nicht auch eine Folge der Beschleunigung der Veränderungen in der Welt? Die Zukunftsexpansion der Moderne bedingt, dass sich einmal die zeitliche Distanz, die uns vom zukünftigen Neuen trennt, verringert, und zum anderen vergrößern sich die Zukunftszeiträume, die in der Gesellschaft bei zukünftigen Planungen zu berücksichtigen sind. Die Handlungsketten, die zu berücksichtigen sind, werden zunehmend komplexer.[105]
Nach Richard Rorty dient die Geschichte als eine Art Gespräch, um sich Gewissheit zu verschaffen, dass es im Laufe der bezeugten Geschichte rationalen Fortschritt gegeben hat.
Besteht aber der rationale Fortschritt lediglich in der Korrektur der Irrtümer der Vergangenheit?[106] Fortschritt der Rationalität bedeutet bei Rorty Fortschritt zum Besseren, d.h. der bessere Grund ist das Kriterium. Fortschritt in diesem Sinne ist ein Fortschritt des Wissens und wer möchte dieses bezweifeln.
Beinhaltet jedoch die Idee des Fortschritts lediglich dieses rationale Kriterium? Gehört zur Idee des wissenschaftlichen und technischen Fortschritts nicht auch eine Idealisierung der Bewegung?

---

104 Vgl. Dewey, John, Wissenschaft und Gesellschaft(1931), in: ders., Philosophie und Zivilisation., a.a.O., S. 321

105 Vgl. Lübbe, Hermann, Zeit-Erfahrungen. Sieben Begriffe zur Beschreibung moderner Zivilisationsdynamik, a.a.O., S. 17

106 Vgl. Rorty, Richard, Wahrheit und Fortschritt, Frankfurt am Main 2003, S. 358

Ist Zeitgewinn nicht der Antrieb des technischen Willens, so wie das Blumenberg ausgedrückt hat?[107]

Zur Idee des Fortschritts gehört auch das Moment der Beschleunigung. Die zivilisatorische Evolution und ihre Dynamik kann eben nicht nur aus der Evidenz der Lebensvorzüge erklärt werden, so wie es Hermann Lübbe in einem Vortrag zu den kulturellen Folgen der Wissenschaft ausdrückt.[108]

Nach Reinhart Koselleck ist die Beschleunigung eine Zeiterfahrung, die sich von allen anderen unterscheidet. Sie ist danach mehr >als nur Veränderung und mehr als bloßer Fortschritt. Sie qualifiziert den 'Fortschritt der Geschichte'<.[109]

Wenn dem so ist, dann fallen Rationalität und Fortschritt auch auseinander, denn die Prozesse der Rationalität benötigen Zeit. Beschleunigung wäre daher ein besonderer Wert, ein Kriterium der Qualität im Zusammenhang mit der Idee des Fortschritts, deren Rationalität zunehmend in Frage steht.

In dem Spielraum des Fortschritts entziehen sich die technischen Erfindungen zunehmend ihren Erfindern. Geschichte wird zu einem Ausdruck einer Dynamik sui generis. Max Horkheimer hat die Ohnmacht, die sich in der Erfahrung einer absoluten Zeit ausdrückt und die mit der technischen Entwicklung verbunden ist, in aller Kürze in einem Bild beschrieben: >Die Maschine hat den Piloten abgeworfen; sie rast blind in den Raum.<[110]

In diesem Bild ist niemand mehr, der die Steuerung übernehmen, keiner, der einen Schalter umlegen und die Reise unterbrechen könnte. Es herrscht nach dieser Kritik von Horkheimer keine Sicherheit mehr in einem Zivilisationsprozess, der nach ihm lediglich von der instrumentellen Vernunft bestimmt wird.

---

107 Vgl. Blumenberg, Hans, Lebenszeit und Weltzeit, a.a.O., S. 147

108 Hermann Lübbe hebt selbst die Bedeutung der Beschleunigung an anderen Stellen deutlich hervor, so etwa in 'Fortschritt als Orientierungsproblem', Vgl. Lübbe, Hermann, Die Wissenschaft und ihre kulturellen Folgen. Über die Zukunft des common sense, Opladen 1987, S. 37

109 Vgl. Koselleck, Reinhart, Zeitschichten, a.a.O., S. 164

110 Horkheimer, Max, Zur Kritik der instrumentellen Vernunft, Frankfurt am Main 1974, S. 124

Erinnerung an ein Nicht-Können

Der antike Wirklichkeitsbegriff enthält nach Blumenberg noch die positive Weigerung >etwas für den Menschen Wesentliches als nicht gegenwärtig und nicht jederzeit möglich zuzugestehen.<[111] Damit wird nach Blumenberg noch ein unschätzbarer Vorbehalt gegen die Tendenz ausgedrückt, die Gegenwart zugunsten der Zukunft zu einem Mittel zu machen. Es gibt danach in dem antiken Wirklichkeitsbegriff ein Widerstand gegen diese Tendenz, die sich seit der Aufklärung mit der Idee des Fortschritts durchsetzt. Lübbe bringt eine Folge dieser Tendenz der Moderne auf den Begriff: Gegenwartsschrumpfung. Verbunden mit diesem Begriff der Gegenwartsschrumpfung ist die Erhöhung der Innovationsrate, die die temporale Extension aktueller Geltung des Neuen verkürzt.[112]

Zu Beginn der Aufklärung war das allerdings noch anders. So war noch für Fontenelle selbstverständlich, dass das, was Fortschritt heißen kann, nicht in der Dimension einer unendlichen Zeit verlaufen darf. Nach Fontenelle gibt es keine unendliche Welt, keine unendliche Zeit. Wir können nicht wissen, was dieses 'unendlich' bedeutet.[113]

Fortschrittsidee und Erfüllungsanspruch waren noch verbunden, womit indirekt auch die Bedeutung der Gegenwart hervorgehoben wurde. Der Zeithorizont der Lebenswelt galt in Bezug auf den Fortschritt noch als Grenze, die nicht überschritten werden sollte.

Mit der Entwicklung der Aufklärung steigt allerdings die Spannung zwischen Lebenszeit und Fortschrittszeit. Die Zeitschere öffnet sich und findet ihren Ausdruck in der Art und Weise, wie die Bedeutung und Wert der Gegenwart zum Problem wird. Anders ausgedrückt: Die Evolutionsdynamik führt zu einer zeitlichen Verkürzung der Extension moderner Lebenswelten.[114] Der temporalen Ausdehnung, die mit der

---

[111] Blumenberg, Hans, Lebenszeit und Weltzeit, a.a.O., S. 114

[112] Vgl. Lübbe, Hermann, Im Zug der Zeit. Verkürzter Aufenthalt in der Gegenwart, Berlin, Heidelberg 2003, S. 94 und vgl. auch Lübbe, Hermann, Zeit-Erfahrungen. Sieben Begriffe zur Beschreibung moderner Zivilisationsdynamik, a.a.O., S. 12ff

[113] Vgl. Blumenberg, Hans, Lebenszeit und Weltzeit, a.a.O., S. 197

[114] Vgl. Lübbe, Hermann, Die Wissenschaft und ihre kulturellen Folgen, Opladen 1987, S. 36

Idee des Fortschritts verbunden ist, steht faktisch eine temporale Schrumpfung der Lebenswelt gegenüber. Die bedrohliche Vorstellung drängt sich auf, dass vor der Zukunftsperspektive eines unendlichen Fortschritts die Teilnehmer und ihre Gegenwart bedeutungslos werden, dass sie nur noch Durchgangsstadium, nicht aber Nutznießer der ganzen Veranstaltung sind. Die Hinweise auf diese Spannung im Denken seit der Aufklärung sind zahlreich. So hebt schon Lessing hervor, das man den gegenwärtigen Augenblick nicht nur zum Mittel für einen künftigen machen soll. Jeder Tag hat für ihn einen selbstständigen Wert in unserem Dasein und kehrt so nicht wieder.[115] Ein Gedanke, der sich auch z.B. später bei Heine findet, der gegen den Fortschrittsbegriff die humane Forderung hervorhebt, dass die Gegenwart ihren Wert behalte und auf keinen Fall als ein bloßes Mittel für die Zukunft betrachtet werden kann. Oder da ist Helmut Plessner, der in 'Diesseits der Utopie' kritisch darauf hinweist, dass der moderne Mensch mehr in der Zukunft als im Genuss der Gegenwart lebt.

Leben als Übergang

Als eine Folge dieser Ausrichtung des Lebens auf die Zukunft in der Fortschrittswelt, kann auch der Mangel betrachtet werden, dass in der Moderne zunehmend nicht mehr verstanden wird, dass etwas Gegebenes selbst von Bedeutung sein könnte. Wer anderes behauptet, stößt in der Regel nicht nur im wissenschaftlichen Rahmen auf Unverständnis. Das Gegebene als Gegebenes, das, was einfach nur da ist, wird z.B. für den Pragmatiker Dewey einfach belanglos.[116]

Oder da ist Mead, für den die Dinge, die wir sehen, nichts anderes als Momente eines Übergangs sind, d.h. sie sind nur Abstraktionen. Dinge werden in diesem Sinne zu Geschehnissen, in denen es keine Veränderung gibt oder in denen keine Veränderung bezeichnet wird.[117]

---

115 Vgl. Dilthey, Wilhelm, Das Erlebnis und die Dichtung, Göttingen 1965, S. 106

116 Vgl. Dewey, John, Erfahrung, Erkenntnis und Wert, Frankfurt am Main 2004, S. 158

117 Vgl. Mead, George H., Wissenschaft und Lebenswelt, in: ders., Gesammelte Schriften, Band 2, Frankfurt am Main 1987, S. 53

Eine Wirklichkeit, die momentan evident ist und daher ihre Bedeutung hat wie im antiken Denken, wird im Pragmatismus ausgeschlossen. Im pragmatischen Kontext des Denkens wird Veränderung zum Maß der Wirklichkeit oder >Energie des Seins<.
Veränderung ist in diesem Sinne allgegenwärtig.[118] Anders ausgedrückt, die Kategorie der Wirklichkeit soll durch die Bewegung ersetzt werden. Wirklichkeit kann nicht gegeben sein, sondern ist in diesem modernen Sinne immer das Ergebnis einer Produktion.
Welche Bedeutung der Begriff Wirklichkeit für das Verstehen hat, dafür bietet Hegel ein Beispiel. In seiner Ästhetik findet sich eine Bemerkung, die als Ausdruck für den Wert der Bewegung in seinem Denken gelesen werden kann. Es scheint ihm selbstverständlich, dass ein Tier, das sich nur schwerfällig bewegt und langsam ist, dem Menschen missfällt.[119] Nach Hegel bekunden nämlich Tätigkeit und Beweglichkeit eine höhere Idealität des Lebens. Wie selbstverständlich wird die Zeit so zu einem Tribunal, vor dem die Natur ihre, - in diesem Fall -, negative Bewertung erhält. Diese Projektion auf die Tierwelt kann aus dem Rahmen des philosophischen Modells von Hegel selbst abgeleitet werden. Auch für Hegel ist Bewegung schon der Ausdruck eines Absoluten, allerdings noch mit der platonischen Einschränkung, d.h. Bewegung, auch die des Fortschritts ist ein endlicher Prozess und findet im Rahmen eines göttlich zeitlos Absoluten statt. Die Frage ist allerdings, ob es Hegel gelungen ist, die Idee des Fortschritts mit platonischen Mitteln einzufangen, ob diese Idee nicht auf eine Selbstständigkeit drängt, die den antiken philosophischen Voraussetzungen widerspricht.
Zur Idee des gesellschaftlich-technischen Fortschritts gehört das Schema der Unendlichkeit, d.h. es ist der lineare Fortschritt, der beherrschend ist und vermutlich auch bleiben wird.
Wie verstrickt unsere Vorstellungen mit dieser Idee der Unendlichkeit sind, die sich im Fortschrittsdenken ausdrückt, wird z.B. erkennbar an

[118] Vgl. Dewey, John, Die Erneuerung der Philosophie, a.a.O., S. 106

[119] Es geht um das Faultier. Vgl. Hegel, G.W.F., Vorlesungen über die Ästhetik I, Frankfurt am Main 1970, S.175

dem, was Odo Marquard die Endlosigkeitsillusion nennt. Nach dieser Zukunftsillusion geht die Zeit endlos weiter. Das ist natürlich für den Menschen eine Illusion; denn in Wirklichkeit ist seine Zeit endlich.[120] Tritt aber durch eine solche herrschende Illusion nicht auch die Bedeutung der Gegenwart zurück?

Zur Idee des Fortschritts gehört die Abtretung jeder erfüllenden Erfahrung: jede Gegenwart wird virtuell zum Übergang.

In einer solchen Idee drückt sich der Anspruch einer absoluten Zeit aus, vor der auch jede Pause potentiell zum Hindernis und zur Leere wird. Die Zeit wird zu einer Macht, der nunmehr alles zugetraut werden kann. Eine Frage ist allerdings, wie sich der Einzelne von diesem absoluten Anspruch entlasten kann, denn er kann ihm nicht genügen: Menschen sind endlich. Die Alternative kann jedoch nicht die Flucht vor dem Fortschritt sein, nicht eine Form der Entgegensetzung, auch wenn sich die Antithese von Fortschritt und Tradition an vielen Ecken der Gesellschaft aufdrängt.[121] Interessanter ist da schon die Frage, ob der Grund für diese Antithese nicht der beschleunigte Wandel in der Gesellschaft ist.

Kein bloßes Mittel

Zur Idee des Fortschritts gehört die Kritik von absoluten ewigen Systemen; die einflussreiche platonische Tradition des Denkens ist mit ihr nicht zu vereinbaren. An Einwänden gegen diese Idee wird es daher auch in Zukunft nicht mangeln.

Die ständige Vorläufigkeit allen Wissens ist eine Provokation, die sich nicht aus der Welt schaffen lässt.

Hat jedoch die Idee des unendlichen Fortschritts für den Einzelnen nicht auch eine Schutzfunktion, auch wenn sie mit der Enttäuschung verbunden ist, dass der Einzelne für eine Zukunft arbeitet, in deren Genuss er nicht kommen kann? Die Idee des Fortschritts kennt kein

---

120 Vgl. Marquard, Odo, Philosophie des Stattdessen, Stuttgart 2000., S. 135

121 Vgl. Lübbe, Hermann, Fortschritt als Orientierungsproblem, Freiburg 1975, S. 38

Endziel der Geschichte und legitimiert daher auch niemanden, alle anderen, die dieses Ziel nicht kennen, als bloßes Mittel zu gebrauchen. So schreibt Blumenberg: >Auch der unendliche Fortschritt mediatisiert jede Gegenwart für die Zukunft, aber er lässt jeden absoluten Anspruch hinfällig werden. Diese Fortschrittsidee entspricht am ehesten dem einzigen Regulativ, das die Geschichte menschlich erträglich machen kann, nach dem alle Handlungen so beschaffen sein müssen, dass durch sie Menschen nicht zu bloßen Mitteln werden.<[122]

Wie leicht die Idee eines unendlichen Fortschritts und die damit verbundene Enttäuschung dazu führen kann, einen neuen absoluten Anspruch in der Philosophie als Notwendigkeit einzuführen, wird z.B. am Denken von Nietzsche deutlich. In seiner Metapher vom Torweg, der den Namen 'Augenblick' trägt, wird die Idee des unendlichen Fortschritts zum Gegenbild einer erfüllten Zeit.[123]

Der Fortschritt als Identität der Geschichte wird zu einer endlosen Geraden, die eine Ewigkeit währt und das heißt nach Nietzsche: ein solcher Fortschritt führt ins Nichts. Sein Gegenentwurf gegen eine solche Ewigkeit der Zeit, seine neue Ewigkeit, wird er einmal die Lehre von der ewigen Wiederkehr des Gleichen nennen.

Nietzsches Denken ist natürlich nicht der einzige Entwurf gegen die notwendige Enttäuschung, die mit der Idee des Fortschritts verbunden ist. Die Idee des Fortschritts produziert zahlreiche Formen der Nostalgie. Oder da ist gar die Negation dieser Idee, z.B. durch das reaktionäre Denken eines Joseph de Maistre, der sich erneut ans Absolute klammert, aus Hass gegen ein Jahrhundert, das alles in Frage stellt. Konsequent ist es für ihn, alle Neuerung, alle Bewegung zu hassen. Dieser Fanatiker des Gehorsams, der sich vor der Emanzipation des Einzelnen fürchtete, weil er davon überzeugt war, dass der Mensch zu tiefst verdorben war, als dass er frei sein konnte.[124] Sieht man einmal von den Reaktionen im Denken ab, die durch die Idee des Fortschritts bestimmt sind, so melden sich dennoch Zweifel, ob mit der Idee des Fortschritts

---

[122] Blumenberg, Hans, Säkularisierung und Selbstbehauptung, Frankfurt am Main 1974, S. 45

[123] Vgl. Nietzsche, Friedrich, Also sprach Zarathustra, KSA 4, München 2005, S. 199ff.

[124] Vgl. Cioran, E.M., Über das reaktionäre Denken, Frankfurt am Main 1980, S. 39ff

selbst, so wie es Blumenberg annimmt, auch jeder absolute Anspruch hinfällig wird. Wenn durch diese Idee jede Gegenwart für die Zukunft mediatisiert wird (s.o.), so enthält diese Idee auch ein absolutes Moment, denn Unendlichkeit ist ein absolutes Attribut.

Die Unbestimmtheit des Fortschritts ist ein Surrogat: die Zeit wird dadurch zum absoluten Anspruch. Anders ausgedrückt: Die Idee des Fortschritts hypostasiert das Ideal der Naturbeherrschung; die Bewegung als solche wird damit zum Ziel. Die Zeit wird zu einer Instanz für eine Rechtsprechung, die als selbstverständlich erscheint, aber auch ein Problem ist.

Auf der einen Seite steht der permanente Fortschritt, d.h. die Idee des Unendlichen als eine Instanz der Anklage; auf der anderen Seite der Angeklagte, das Leben, die Endlichkeit des Faktischen. Um so wichtiger wird die Legitimierung des Menschenmöglichen als eine philosophische Aufgabe, denn es ist und bleibt ein Unterschied zwischen dem, was man soll und dem, was man kann.

Fortschrittsangst und Zuversicht

Prinzessin auf der Erbse

Gehört es zu den bemerkenswerten Vorgängen der Gegenwart, dass die Fortschrittszuversicht in Fortschrittsangst umkippt, so wie das Odo Marquard meint?[125] Heizt sich die Abwehr des Fortschritts in der Moderne zunehmend auf und betrifft das vor allem auch den erfolgreichen Fortschritt wie z.B. in der Medizin? Geht es dem modernen Menschen wie der 'Prinzessin auf der Erbse', die weil sie unter nichts anderem mehr zu leiden hatte, nun unter einer Erbse litt?[126]

Sollte gar die gewagte These von Marquard stimmen, dass die Menschen, je besser es ihnen geht, sie das desto schlechter finden, wodurch es ihnen besser geht?

Je mehr Übel durch den Fortschritt getilgt werden, desto unwiderstehlicher scheint es demnach, den Fortschritt selbst als Übel anzusehen.[127]

Ein anderer Grund, der nach Marquard für das Unbehagen am Fortschritt verantwortlich ist, ist die Begünstigung des Misstrauens durch Rationalisierungsexpansion.[128] Rationalisierungsfortschritt steigert so nach ihm die Notwendigkeit des Vertrauens, Vertrauen wird unvermeidlich. Nun ist jedoch nach Marquard der Rationalisierungsfortschritt so schnell geworden, dass wir mit der Einübung des Vertrauens bei diesem Tempo des Fortschritts nicht mehr mitkommen. Vertrauen wird daher zunehmend durch Misstrauen ersetzt.

Man sollte vielleicht noch hinzu fügen, das die Art des Fortschritts in der Moderne nicht nur schnell geworden ist, sondern dass der Fortschritt sich auch beschleunigt.

---

125 Vgl. Marquard, Odo, Medizinerfolg und Medizinkritik, in: ders., Skepsis und Zustimmung, Stuttgart 1994, S. 100

126 Vgl. Marquard, Odo, Medizinerfolg und Medizinkritik, a.a.O., S. 106
Odo Marquard sieht natürlich auch die Tatsache, dass der Fortschritt in der Moderne einen Doppelcharakter hat. Neben der Beseitigung von Übeln werden durch den Fortschritt auch neue Übel erzeugt. Vgl. Marquard, Odo, Medizinerfolg und Medizinkritik,a.a.O., S. 103

127 Vgl. Marquard, Odo, Medizinerfolg und Medizinkritik, a.a.O., S. 106

128 Vgl. Ebd., S. 104

Was nun, so sollte man in Bezug auf diese Gründe meinen? Auf der einen Seite spricht Marquard von der Notwendigkeit des Vertrauens, auf der anderen Seite muss er zugleich zugegeben, dass durch den beschleunigten Fortschritt eine neue Form der Unheimlichkeit entstanden ist.
Aber hier soll es nicht um ein Abwägen der Gründe gehen, wie diese Umwertung des Fortschritts in der Moderne stattfindet, sondern in Frage steht die These von der Umwertung selbst. Es geht daher nicht um das 'Umkippen' einer Einstellung zum Fortschritt. Die Angst vor dem Fortschritt ist womöglich keine Abweichung, kein Fehltritt in einer Entwicklung. Was ist, wenn das Phänomen der Angst von Anfang an die Idee des Fortschritts begleitet; ebenso wie die entsprechende Zuversicht? Hat nicht auch der Traum vom Fortschritt seine Gespenster? Die Menschen von der Furcht zu befreien, war ein Projekt der Aufklärung, aber dass heißt nicht, dass es auch bisher gelungen ist. Das wir so handeln >als ob< der Fortschritt existiert, um zuversichtlich zu bleiben, sagt nur aus, dass wir diese Idee brauchen, um überhaupt handeln zu können. In diesem Sinne kann man auch die Idee des Fortschritts als eine nützliche Fiktion bezeichnen.
Das Unbehagen am Fortschritt ist nicht nur ein Phänomen der Moderne, ein Ausdruck der Fortschrittswelt, sondern findet sich bereits bei der Geburtsstunde der Idee des Fortschritts ein. Setzt man einmal die Entstehung der Idee des Fortschritts mit der technisch-wissenschaftlichen Evolution in der Moderne an, so soll dass allerdings nicht heißen, dass die Zeit vor dieser Geburt ohne Bedeutung ist. Auch die Idee des Fortschritts hat ihre Vorgeschichte, sozusagen ihren Zeugungsakt.

Frevler oder Pionier

Zur Geschichte der Idee des Fortschritts gehört der Mythos des Prometheus. Liefert dieser Mythos nicht einen ergiebigen Stoff für alle Kulturentstehungstheorien? Eine Variante dieser Geschichte findet sich in Platos 'Protagoras'. Die Brüder Epimetheus und Prometheus sind im

Auftrag der Götter mit der Ausstattung der sterblichen Wesen für das tägliche Leben beschäftigt. Epimetheus überredet Prometheus ihm die Arbeit zu überlassen.

Als der Tag der Fertigstellung naht, stellt sich heraus, dass Epimetheus die Menschen übersehen hat. Die Menschen blieben nackt, ohne Fußbekleidung und ohne Bewaffnung. Als Prometheus das sieht, raubt er von den Göttern das Feuer und gibt es den Menschen. Damit war der Startschuss für eine menschliche Kultur, die Möglichkeit einer Kultur der Werkzeuge gegeben. Allerdings, auch das Schaffen des Prometheus bleibt nach der Erzählung des Plato unzureichend. Die staatsbürgerliche Einsicht, die sittliche Scheu und Gerechtigkeit hatte der Mensch durch den Raub des Feuers noch nicht. Diese Fähigkeiten besaß Zeus, der sie selber später zu den Menschen schickte, nachdem sich herausstellte, dass sie ohne sie dem Untergang geweiht waren.[129]

Man sollte meinen, dass mit dem Raub des Feuers durch Prometheus auch die Möglichkeit einer eigenständigen Geschichte des Menschen gegeben war. Aber bei Plato konnte der Prometheus Mythos keine Bedeutung in diesem Sinne haben, wie z.B. später in der Aufklärung, wo aus dem Frevel des Prometheus ein Wink der Vorsehung wird. Das Feuer wird noch nicht wie z.B. bei Leibniz zu einem wohltätigen Geschenk, das bei der Folterung der Dinge mitgeholfen hat, wenn sich ihr Widerstand als hartnäckig erwiesen hat.[130]

Prometheus ist auch noch nicht ein Pionier-Typ und Vorbild wie in der Philosophie des amerikanischen Pragmatismus. Die Welt der Griechen ist noch keine Welt, in der die Idee des Fortschritts von zentraler Bedeutung, eine Welt, in der die Zukunft offen ist.

Für Plato ist Prometheus kein Mann der Wahrheit, eher der Prototyp eines Handwerkers. Die Welt der Griechen ist eine geschlossene Welt, ein Kosmos, ein Reich in der jede Veränderung nur innerhalb unwandelbarer Grenzen stattfand. Jede Art von Materie hatte in diesem Kosmos ihre eigentümliche Bewegung, d.h. nur die Veränderungen der

---

129 Platon, Protagoras, in: ders., Sämtliche Werke, Erster Band, Heidelberg(Lambert Schneider) o. J., S. 72, 321A-321Eff

130 Vgl. Leibniz, G.W., Frühe Schriften zum Naturrecht, Hamburg 2003, S. 217

Materie, die zu einem definierten oder fixierten Ergebnis, also einer Form führten, waren in diesem Zusammenhang bedeutsam und der Erklärung fähig – nur von ihnen konnte es einen Vernunftgrund geben.[131]
Bei Plato steht am Anfang der Entwicklung der Kultur ein Frevel; seine Philosophie ist Ausdruck des Misstrauens gegenüber einer Kultur menschlicher Fertigkeiten. Später wird Rousseau dieses Misstrauen gegenüber der Kulturentwicklung, des Fortschritts übernehmen. Der menschliche Fortschritt wird bei ihm zum Inbegriff des Negativen, zur Fahrt ins Unheimliche; die Fähigkeit der Vervollkommnung des Menschen und seiner Werke zur Quelle allen Unglücks.[132]
Der Aufstieg der Wissenschaften führt nach Rousseau zu einem Verfall der Moral. Der ideale Wilde kennt nach Rousseau noch keine Voraussicht, das also, was die Wissenschaft auszeichnen wird. Die glückliche Unwissenheit wird zum Paradies erklärt und der Fortschritt als Gefahr an die Wand gemalt.
Nach Rousseau waren die Menschen dazu bestimmt im Zustand der Wilden zu verharren. Dieses Paradies dauerte nach Rousseau allerdings nur so lange, als bis das Eigentum eingeführt wurde, das die Gleichheit unter den Menschen aufhob.[133] Ähnlich wird später Marx argumentieren, indem er die Einführung des Privateigentums zur Ursache des Verfalls und der Entfremdung erklärt.
Für Rousseau kann der Akt des Prometheus nur der Anfang und die Ursache des Verfalls der Sitten, sozusagen die Austreibung aus dem Paradies sein, wobei die Natur als Paradies und Ursprung verklärt wird. Der Mensch ist von Natur gut, wird er behaupten, eine Voraussetzung für die Annahme, dass es anschließend zu einem Verfall der Sitten gekommen ist. Schon das Christentum geht davon aus, dass die Schöpfung und der geschaffene Mensch gut ist. Wie sonst auch sollte die bestehende Welt als eine gefallene zu verstehen sein?

---

[131] Vgl. Dewey, John, Die Erneuerung der Philosophie, a.a.O., S. 103

[132] Rousseau, J.J., Über den Ursprung der Ungleichheit unter den Menschen, in: Schriften zur Kulturkritik, Hamburg 1971, S. 109

[133] Vgl. Rousseau, J.J., Über den Ursprung der Ungleichheit unter den Menschen, a.a.O., S. 213

Die Utopie, die mit dem Denken von Rousseau verbunden ist, findet auch noch in der Moderne ihren Zuspruch.
Gerade in Zeiten, in einer Welt der zunehmenden Mobilität, in der man sich immer weniger auf die Geltung von Erfahrungen verlassen kann, erfahren sich die Einzelnen als stetig überfordert. Da mag ein Utopie-Kompensat, das an Rousseau erinnert, eine anwachsende Attraktivität gewinnen: Es ist das Bild vom einfachen Leben.[134]

Der Situationssprung

Der Eintritt in die Kultur der Fortschrittswelt ähnelt dem Übergang vom Land aufs Meer, diesem Situationssprung, so wie ihn Blumenberg bezeichnet hat.[135] Wie sich orientieren, wenn man schließlich dabei das Land aus den Augen verloren hat, auf hoher See ist und nicht weiß wohin die Reise geht, - und wer kennt schon die Zukunft? Gleicht diese Situation nicht dem Leben in der Fortschrittswelt, in der nur der Blick nach vorne zählt, in der eine neue Unvorhersehbarkeit der Zukunft(Koselleck) herrscht? Oder stellen sich diese Fragen nicht, weil es in einer solchen Welt nur darauf ankommt, das Schiff zu reparieren, in dem man sozusagen die alten Planken wie auf dem Schiff von Neurath ständig erneuert?
Der Übergang vom Land aufs Meer stellt eine Grundsituation der Angst dar; neue Mittel der Orientierung werden erforderlich.
Wie lebt es sich jedoch auf diesem Schiff des Fortschritts? Heinrich Heine schreibt: >Ich trug an Bord meines Schiffes die Götter der Zukunft<.[136] Ist das nur eine Formel, die man im Vorbeifahren denen zuruft, die nicht mitkommen oder gar Schiffbruch erlitten haben? Wie leben die Macher und Führungskräfte auf diesem Schiff des Fortschritts, die ständig in Zeit und Luftbedrängnis geraten, die sich gern

134 Vgl. Lübbe/Hennis, Rationalismus und Erfahrungsverlust in der Arbeitswelt, Köln 1981, S. 13

135 Eine andere Grundsituation ist wohl das Heraustreten aus der Geborgenheit des Urwalds auf die Savanne. Vgl. Blumenberg, Hans, Arbeit am Mythos, Frankfurt 1981, S. 10f

136 Vgl. Blumenberg, Hans, Schiffbruch mit Zuschauer, Frankfurt am Main 1979, S. 64

als die Überforderten darstellen und mit Vorliebe die Insignien der Hektik sammeln?
Die Teilhabe an der Fortschrittswelt bedeutet in einer solchen Kultur nunmehr Wirklichkeit, d.h. Existenz für den Einzelnen.
Man strebt nicht mehr danach, Teil einer Gattung oder Form zu sein; man ist nicht mehr Teil einer Natur, so wie sie im platonischen System gedacht wurde.
Was bedeutet jedoch das einzelne Leben in dieser Fortschrittswelt, in der es unendlich fort zu gehen scheint, in der die Zeit zum Tribunal wird? Das Leben ist jedoch endlich. Das philosophische Problem ist, das unter der Perspektive einer unendlichen Bewegung das endliche Leben allzu leicht nur als eine Behinderung oder als ein Ballast erscheint. Die Fortschrittswelt gleicht einem temporalen Spielraum, in dem alles möglich erscheint; nicht so steht es mit dem endlichen Leben, denn es ist begrenzt.

Blühende Landschaften

Nach John Dewey wird in der Moderne Veränderung mit Fortschritt assoziiert und nicht etwa mit Verfall oder mit Zusammenbruch.[137]
Der beschleunigte Wandel findet nicht nur statt, sondern er wird auch in einem bestimmten Horizont bewertet. Wer gegen bestimmte Veränderungen ist, ist daher im Bedarfsfall auch gegen allen Fortschritt. Nun bezieht sich der Begriff der Veränderung als eine Form der Bewegung bei Dewey vor allem auf das Verhältnis zur Natur. Veränderung heißt in diesem Sinne auch Transformation der Natur. Nur der Wilde nimmt nach ihm die Dinge wie sie sind. Aus pragmatischer Sicht geht es um Transformationen – wie es so heißt – einiger Elemente im umgebenden Medium, d.h. der Natur. Das alles geschieht danach im Interesse der Aufrechterhaltung des Lebens:
>Je höher die Form des Lebens, umso wichtiger ist die aktive Rekonstruktion des Mediums.< In einem Bild beschreibt Dewey eine solche

[137] Vgl. Dewey, John, Die Erneuerung der Philosophie, a.a.O., S. 162

Szene der Transformation. Die Wildnis soll zum Blühen gebracht werden, wie eine Rose.[138]

Die Pflege des Gartens wird zum Idealbild für den Umgang des Menschen mit der Natur. Kein Zweifel drückt sich in diesem Idealbild aus. Das Bild vermittelt Zuversicht für das eigene Können, wobei die Anleihe an idyllischen Vorstellungen unverkennbar ist und das Glück von einem künstlichen Paradies nunmehr in die Zukunft projiziert wird.

Zu Beginn der Aufklärung finden sich schon ähnliche Vorstellungen, so wie etwa bei Leibniz, der davon ausgeht, dass je größer der Naturbeherrschung durch den Menschen ist, eine wunderbare Ordnung entsteht. Bei Leibniz baut der Mensch an einer Art von neuem Paradies; der Mensch wird bei ihm zu einer Art Gärtner, der eine Verschönerung der Erdoberfläche vornimmt.[139]

Sieht die faktische Geschichte der Naturbeherrschung seit der Aufklärung nicht anders aus? In dem pragmatischen Bild von der Pflege des Gartens erscheint die Herrschaft über die Natur als sinnvoll, weil sie auch die Grenzen der Natur nicht zu überschreiten scheint. Aber beschreibt dieses Bild die pragmatische Intention des Begriffs der Transformation? Gehört das pragmatische Denken nicht eher zu einer Kultur der Mittel, die zum Umgang mit der Natur auch eine Abwendung von ihr voraussetzen?

Ist die Natur so nicht lediglich Material, auch wenn der Pragmatismus den Anspruch erhebt mit Hilfe des berechnenden Verstandes - so wie es Hannah Arendt in einer anderen treffenden Metapher ausgedrückt hat, die neue Welt wie ein Haus wachsen zu lassen, so wie der >Schnecke ihr Schneckenhaus<?

In 'Die Erneuerung der Philosophie' schreibt Dewey, dass die Natur menschlichen Zwecken unterworfen wird, weil sie nicht länger Sklave metaphysischer und theologischer Zwecke ist.[140]

Wie zu erkennen ist, geht es bei Dewey in Wirklichkeit nicht um eine Idee der Versöhnung mit der Natur oder um eine Pflege der Natur,

---

138 Vgl. Dewey, John, Die Erneuerung der Philosophie, a.a.O., S. 131

139 Vgl. Leibniz, G.W., Neue Abhandlungen über den menschlichen Verstand, Philosophische Werke, Bd. 3, Hamburg 1996, S. 411

140 Vgl. Dewey, John, Die Erneuerung der Philosophie, a.a.O., S. 116

sondern lediglich um eine Ablösung der Herrschaft. Von nun an soll nach dem pragmatischen Verständnis die Natur mechanisch im Sinne der Naturwissenschaft aufgefasst werden, um sie beherrschen zu können. Die Natur wird daher vorrangig als Material für Veränderungen begriffen.

Eine Begrenzung der Erfahrung durch die Natur wäre eine unüberschreitbare Grenze für das pragmatische Denken, das durch experimentelle Manipulation meint, die Eigenschaften der Dinge entdecken zu können.

Das Vergnügen einen Garten zu pflegen war ehemals mit der Liebe zu den Dingen verbunden, mit den Dingen, wie sie sind, und geht nach Max Horkheimer auf alte Zeiten zurück, >in denen die Gärten den Göttern gehörten und für sie bebaut wurden.<[141] Das pragmatische Gartenbild ist anders: es ist eine Szene der Transformation und der Garten eine Art Baustelle. Der Garten gehört nicht mehr den Göttern und es geht auch nicht mehr um die Dinge selbst. Der pragmatische Garten soll erst noch durch den Menschen geschaffen werden, ist ein Produkt der Zukunft. Worauf richtet sich das pragmatische Vergnügen in dieser Szene der Transformation? Es speist sich aus einer Erwartung, aus einer Fiktion. Das Vergnügen, das mit dem 'Erhalten', der Pflege verbunden ist, ist jedoch ein anderes als das Vergnügen, das sich auf ein 'Schaffen' bezieht und das die pragmatische Intention charakterisiert. Beide Vergnügen stehen unversöhnlich gegenüber, wie ein Blick in die Kulturgeschichte zeigt. Versöhnt sind sie wohl nur für die Theologie im Himmel.

Wie ein Kind in der Badewanne

In einem Bild weist James auf die Schwierigkeiten hin, die durch die Entfesslung der Naturwissenschaft in der Neuzeit entstehen. Alles scheint in diesem Bild auf die richtige Handhabe anzukommen, eine

[141] Horkheimer, Max, Zur Kritik der instrumentellen Vernunft, Frankfurt am Main 1974, S.43

mögliche Verfehlung der Herrschaft über die Natur wird zum Fehler bei der Bedienung der Mittel, die die Natur beherrschen.

Nach James wächst das naturwissenschaftliche Wissen mit einer solchen Geschwindigkeit, dass niemand seine Grenzen zu bestimmen vermag: >Ja, man muss sogar fürchten, dass die vom Menschen entfesselten Kräfte sein eigenes Wesen zermalmen. Wer weiß, ob sein Organismus dem Ansturm der zu beängstigender Größe emporwachsenden Kräfte stand zu halten vermag, ob dieser Organismus der geradezu göttlichen Schöpferkraft gewachsen ist, die sein eigener Intellekt in seine Hände legt. Er ertrinkt vielleicht in seinem eigenen Reichtum, wie ein Kind in einer Badewanne ertrinken kann, wenn es die Wasserleitung aufgedreht hat und nicht wieder abzudrehen vermag.<[142]

In eigentümlicher Weise drückt sich in dem Bild von James die Angst vor einem schrankenlosen Wachsen der eigenen Kräfte aus.

Ist das der Ausdruck eines absoluten Anspruchs der menschlichen Herrschaft über die Natur, die versucht die Zukunft zu planen und die vor der Erfahrung steht, das es eine unüberbrückbare Differenz zwischen Plan und Effekt gibt?

Das die geradezu göttliche Schöpferkraft des Menschen auch 'beinahe' ein Moment der Aggression gegenüber der Natur enthält, deutet John Dewey an, wobei das 'beinahe' nicht näher erklärt wird.[143] Von einem schonenden Umgang mit der Natur, das dieses 'beinahe' von Dewey nahe legen könnte, ist allerdings bei James nicht die Rede, wenn er schreibt: >Die Welt ist in der Tat bildsam und erwartet ihre endgültige Formung von unseren Händen. Wie das Himmelreich duldet sie bereit willigst menschliche Gewalttätigkeit.<[144] Was sollte die Welt auch machen, so könnte man meinen, wird doch die Möglichkeit der Bedeutung einer eigenen Sprache der Natur vom pragmatischen Denken prinzipiell ausgeschlossen. Warum sollte die Welt ihre Formung durch den Menschen erwarten? Weil der Mensch das Bild eines ersten Schöpfers aus dem Tempel vertrieben hat und nun selbst einziehen möchte?

---

142 James, William, Der Pragmatismus, Hamburg 1994, S. 117ff

143 Vgl. Dewey, John, Die Erneuerung der Philosophie, a.a.O., S. 161

144 James, William, Der Pragmatismus, a.a.O., S. 164

Was in dem Bild von James vor allem zum Ausdruck kommt, ist die Angst vor dem eigenen Kontrollverlust. Die Mittel, die der Herrschaft dienen, die Mittel der Verfügung über die Natur sind sozusagen ihrem Herrn und Meister davon gelaufen, weil er sie nicht richtig benutzen kann. Wie schon in Goethes Zauberlehrling steht auch bei James die Metapher des Wassers für Bewegung, für eine Entwicklung die aus den Fugen gerät, nachdem man sie in Gang gesetzt hat. Wobei die Ballade von Goethe noch auf einer magischen Bühne spielt, dort, wo die Dinge noch den Worten gehorchen sollen.

Die Instrumente der Naturbeherrschung gewinnen in der pragmatischen Vorstellung den Schein des Absoluten, den Schein der eigenen Unabhängigkeit, weil sie sich der Reichweite der menschlichen Beherrschung zu entziehen scheinen. Schon Hegel entwickelt die Idee der Entfremdung, die sich darauf bezieht, dass es – wie es Helmut Plessner ausdrückt - dem Eigensinn unserer Taten eigentümlich ist, Produkte hervorzubringen, die sich seiner Verfügungsgewalt entziehen und sich gegen sie wenden.[145] Aber ist es der Eigensinn unserer Taten oder enthüllt sich in dieser Entwicklung nicht vielmehr der Grundzug der technischen Sphäre als Autonomie? Hinzuweisen ist auf die übliche Metapher von der Dämonie der Technik und ihrer Verführung, als gäbe es eine unumgehbare Notwendigkeit.[146]

Es gibt vermutlich einen Zusammenhang zwischen der Vorstellung der wachsenden Machbarkeit der Geschichte und der Übermacht der Geschichte. Worauf z.B. Reinhard Koselleck in Bezug auf den Geschichtsbegriff hingewiesen hat, scheint die Übermacht der Geschichte in der Neuzeit paradoxerweise ihrer Machbarkeit zu entsprechen. Den Grund dafür sieht er darin, dass sich die Zukunft der modernen Geschichte ins Unbekannte öffnet, sie wird planbar und muss geplant werden: >Und mit jedem Plan wird eine neue Unerfahrenheit eingeführt. Die Eigenmacht der Geschichte wächst mit ihrer Machbarkeit.<[147]

---

145 Vgl. Plessner, Helmut, Diesseits der Utopie, Frankfurt am Main 1974, S. 17

146 Vgl. Blumenberg, Hans, Das Verhältnis von Natur und Technik als philosophisches Problem, in: ders., Ästhetische und metaphorologische Schriften, Frankfurt am Main 2001, S. 254

147 Koselleck, Reinhart, Vergangene Zukunft, Frankfurt am Main 1989, S. 61

Dieser Sachverhalt ist nach seiner Vorstellung verbunden mit der Zersetzung des überkommenden Erfahrungsraums, der bis dahin von der Vergangenheit her determiniert wurde.
Zudem ist dieser Vorgriff durch Planung auf die Zukunft nicht abzuwenden, weil sich der gesellschaftliche Wandel zunehmend beschleunigt: So wie der Autofahrer bei Tempo 200 die vor ihm liegende Fahrbahn viel weiter und genauer kontrollieren muss als bei Tempo 60.[148]
James Bild vom Kind in der Badewanne spiegelt die Tendenz zur aktiven Veränderung und Transformation der Welt wieder, die von einem schrankenlosen Wachsen der technischen Kräfte und der entsprechenden Zuversicht begleitet wird. Das Problem der Herrschaft über die Natur wird in diesem Beispiel zu einer Frage der Regelung der Quantität der Mittel, wobei die freie Verfügung über die Natur als selbstverständlich vorausgesetzt wird. Nach einer Bemerkung von Dewey in 'Erfahrung und Natur' entstehen nur dann Probleme, wenn die bewusste Kontrolle des Handelns noch nicht weit genug getrieben wurde, eine Ansicht, die auch das Bild von James umschreibt. Das Bild von James steht für Kontrollverlust aus Unreife, für eine Unfähigkeit, die behebbar erscheint. Nicht die Folgen der Naturbeherrschung, die auch aus der Art und Weise der Verfügung über die Natur resultieren, zählen in dieser Geschichte von James. Es zählt auch nicht das Problem, dass das Gehorchen der Dinge etwas anderes ist als die Herrschaft der Menschen untereinander. Selbst wenn der Traum von einem Sieg über die Natur auf dem Erdball Wirklichkeit wäre, bliebe das politische Problem einer gerechten Verteilung der Macht noch offen.

Odyssee in die Zukunft

Was den technischen Fortschritt in der Gesellschaft betrifft, so herrscht mit dem Beginn der industriellen Moderne im Vormärz etwa Mitte des

148 Vgl. Wendorff, Rudolf, Zeit und Kultur. Geschichte des Zeitbewusstseins in Europa, Opladen 1980, S. 508

19. Jahrhunderts die Poesie des Dampfes, so wie sie sich in einem Hymnus an den Fortschritt ausdrückt:
>mit jeder Schiene, die wir legen, wird neues Leben in die Welt gebracht.(Louise Otto-Peters).<[149]
Die eiserne Schiene wird zum Symbol für Beschleunigungsteigerungen, weil die Bahn, auf der die Bewegung stattfindet, dem Ideal der Geraden entspricht. Mit immer größerer Geschwindigkeit scheint die Eisenbahn als Triumphwagen des Fortschritts auf diesen Gleisen sich fortbewegen zu können. Es ist so, als könnte mit ihr die Zeit aus ihren Fesseln befreit werden. Das Dampfross wird zur Metapher des Fortschritts, zum Bild eines Steigerungsspiels, das für die zunehmende Vernetzung der Räume sorgt, so wie sich Gerhard Schulze ausdrückt.[150]
Der Fortschritt findet nicht nur statt, sondern er beschleunigt sich auch. Die Jahre überspringen die Jahrzehnte, so wird Alfred Polgar die Erfahrung ausdrücken, dass sich die Fortschritte immer schneller einstellen. Ist gar Beschleunigung mehr als nur Veränderung, d.h. qualifiziert sie den Fortschritt der Geschichte, so wie das Koselleck behauptet?[151]
Die Hymnen an den beschleunigten Fortschritt werden begleitet von einer Veränderung der Zeitbewertung in der Erfahrung. Es findet in der Gesellschaft ein Übergang von der naturgebundenen Zeit zur technisch verfügbaren Zeit statt. Es kommt zu dem, was Koselleck die Denaturalisierung der Zeiterfahrung nennt.[152]
Zeit kann modellhaft als eine gerade Linie oder als Kreis vorgestellt werden. In der platonisch-aristotelischen Philosophie wurde der natürliche biologische Zeitrhythmus als kreisförmig gedacht, wobei es daneben noch etwas gab, was außerhalb der Zeit stand, was als fest und unwandelbar galt. Damit verbunden war eine Bewertung, die alles Endliche als unvollkommen betrachtete. In diesem Sinne konnte nichts,

---

[149] Vgl. Koselleck, Reinhart, Zeitschichten, Frankfurt am Main 2003, S.151

[150] Wobei Schulze den Problemen des Steigerungsdenken als vermeintliche Rettung eine neue Ontologie des Seins gegenüberstellt, ein Denken, das sich dem Sein zuwenden soll. Vgl. Schulze, Gerhard, Die Sünde. Das schöne Leben und seine Feinde, München Wien 2006, S. 248 und S. 186

[151] Vgl. Koselleck, Reinhart, Zeitschichten, a.a.O., S. 164

[152] Vgl. Ebd., S. 153ff

was vollkommen wirklich ist, sich verändern.[153] Noch bei Descartes war die Unendlichkeit des vollkommensten Wesens nicht eine der Zeit, sondern eher die ideale Gleichzeitigkeit des Ursprungs der Dinge, >in dem alles schon vollendet gewesen war, so dass die Geschichte Wesentliches nicht hinzubringen konnte.<[154] Die Bewertung des Veränderlichen ändert sich erst mit der Entwicklung der Naturwissenschaften. Durch die Wissenschaft wird Veränderung an die Stelle von Unwandelbarkeit gesetzt: >Die Gesetze, für die sich der moderne Wissenschaftler interessiert, sind Gesetze der Bewegung, der Erzeugung und der Abfolge. Er spricht von Gesetz, wo die Alten von Art und Wesen sprachen, weil das was er anstrebt, eine Korrelation von Veränderungen ist.<[155]

Wenn sich der wissenschaftlich-technische Fortschritt beschleunigt, so stellt sich allerdings die Frage, wohin die Reise gehen, was erreicht werden soll. Aber kann man ein Ziel überhaupt angeben, wenn es in eine offene Zukunft geht? Noch bei Condorcet galt für den philosophischen Begriff der Beschleunigung, dass dieser nur sinnvoll verwendet werden konnte, wenn man auch ein Ziel angeben konnte.[156]

Aber der beschleunigte Fortschritt in der Moderne ist keine Heimfahrt, kein Hafen ist in Sicht; er ist in diesem übertragenen Sinne keine Irrfahrt des Homer mehr. Beschleunigung ist in der Moderne etwas anderes als im 13. Gesang der Odyssee, in dem der letzte Abschnitt der Heimreise des Odysseus beschrieben wird. Homer erzählt, wie es in einem Schiff der Phaiaken nach Hause geht: >Schnell und sicheren Laufes enteilten sie; selber kein Habicht hätte sie eingeholt, der geschwindeste unter den Vögeln. Also durcheilte der schneidende Kiel die Fluten des Meeres, heimwärts tragend den Mann, an Weisheit ähnlich den Göttern.< Es ist, als ob nichts mehr passieren könnte. Der Held, der göttliche Städtebezwinger wird gefahren. Die Sorge, sich auf seinem Weg nach Hause zu verirren, ist dem Helden genommen worden.

---

153 Vgl. auch Nietzsche, Friedrich, Menschliches, Allzumenschliches I und II, KSA 2, München 1988, S. 141

154 Blumenberg, Hans, Lebenszeit und Weltzeit, a.a.O., S. 234

155 Dewey, John, Die Erneuerung der Philosophie, a.a.O., S. 106f

156 Vgl. Koselleck, Reinhart, Zeitschichten, a.a.O., S. 173

Wer so schnell gefahren wird, dem kann, – so sollte man vermuten -, nichts mehr auf der Reise passieren. Der kürzeste Weg in die Heimat ist auch der schnellste und es ist zu vermuten, dass die Phaiaken einen solchen Kurs gewählt haben. Wo es auf Geschwindigkeit ankommt, werden Umwege vermieden. Schnelligkeit kann ein Mittel sein, um sein Ziel zu erreichen, auch wenn es, wie in dieser Episode, darum geht, dem Verirren ein Ende zu setzen.

Nun hat die Irrfahrt des Odysseus natürlich ihre geschichtlichen und kulturellen Voraussetzungen. Eine dieser Voraussetzungen ist, das die Irrfahrt des Homer ein Ende kennt, das die Geschichte von dem Erfüllungsanspruch geleitet wird, das dem Verirren ein Ende gesetzt werden kann.

Eine andere Form der Odyssee zeichnet sich in der Moderne ab, eine Odyssee in die Zukunft. Es ist die Idee einer Irrfahrt in die Zukunft, der radikale Aufbruch zu neuen Ufern. Es sind Ufer, die einmal erreicht, wieder verlassen werden, denn wie es Gerhard Schulze ausdrückt, wir sind es gewohnt den zentralen Sinn des Lebens in einer ständigen Fortbewegung zu suchen.[157] Ständig geht es um die Suche nach einer Verbesserung, wobei der tatsächlich erreichte technische und wissenschaftliche Fortschritt nicht zu leugnen ist. In einer solchen Odyssee ist die einzige Heimat das Medium dieser Reise, denn in der Moderne ist z.B. das Wissen, der Träger des technischen Fortschritts, auf das Endliche begrenzt und die endliche Erfahrung hat – folgt man einmal James - kein 'Heim'.[158]

Die Zukunft wird gefeiert und der Neuanfang in allen möglichen Formen zum Programm erhoben.

Die Moderne liest sich wie eine unendliche Geschichte, in der man sich fortbewegen muss; es geht um Fortschritte. Unentwegt lautet die Frage: wie weiter?

Die Zuversicht auf dieser Irrfahrt, die für Gerhard Schulze ein Steigerungsspiel darstellt, wird von der Fortsetzungsvermutung getragen,

---

[157] Vgl. Schulze, Gerhard, Die beste aller Welten. Wohin bewegt sich die Gesellschaft im 21. Jahrhundert, München Wien 2003, S. 18

[158] Vgl. James, William, Der Pragmatismus, Hamburg 1994, S. 166

dass unsere Möglichkeiten ständig wachsen werden; sonst droht Desorientierung.[159]

Anders ausgedrückt: die Idee des Unendlichen empfiehlt sich nicht nur als Fortschritt, sondern erscheint auch als Notwendigkeit.

Gerhard Schulze nennt den Glauben an die Geschichte und ihre unendliche Fortsetzbarkeit und die damit verbundene Vorstellung organisierter Möglichkeitserweiterung eine Hintergrundstheorie unserer Kultur. Das stimmt allerdings so nicht. Bei den alten Griechen wurde das 'possibile' noch von der 'potentia und den entsprechenden Ideen her definiert. Erst in der Moderne, im Fortschrittsdenken soll die 'potentia' nunmehr durch die 'possibile' bestimmt werden. Erst in einem solchen Denken wird der logische Umfang des Möglichkeitsbegriffs maßgebend.

Man irrt sich nach Schulze in der modernen Gesellschaft vorwärts bzw. aufwärts und kennt kein zurück. Bilder der Ruhe oder Kontemplation wirken in einer solchen Welt potentiell als Bedrohung und finden ihren Platz vorrangig in einem Museum, Bibliothek oder in einem Freizeitpark. Ein solches Bild entwickelt z.B. noch Adorno in dem Aphorismus 'Sur l'eau' der 'Minima Moralia'. Es ist das Bild einer erfüllten Utopie:

>Rien faire comme une bête, auf dem Wasser liegen und friedlich in den Himmel schauen, 'sein, sonst nichts, ohne alle weitere Bestimmung und Erfüllung'.<

Die Abwendung von der Kontemplation zieht sich nicht erst seit der Aufklärung durch die europäische Kulturgeschichte. Nach Weber gilt z.B. im Rahmen einer Protestantischen Ethik: Die Zeitvergeudung ist die erste und prinzipiell schwerste aller Sünden.[160]

Der beschleunigte Fortschritt, diese Odyssee in die Zukunft, ist eine Reise in einen expandierenden Spielraum, der immer mehr Möglichkeiten zu bieten scheint. Zum Irrtum wird in einem solchen Spielraum nach James, was der Ausrichtung auf die Zukunft widerspricht. Es ist diese Ausrichtung auf die Zukunft, die nunmehr eine neue Sicherheit

159 Vgl. Schulze, Gerhard, Die beste aller Welten. Wohin bewegt sich die Gesellschaft im 21. Jahrhundert, a.a.O., S. 18

160 Vgl. Weber, Max, Die protestantische Ethik und der Geist des Kapitalismus, in: ders., Gesammelte Aufsätze zur Religionssoziologie I, Tübingen 1988, S. 167

verspricht, und die die Ausrichtung auf das Vergangene, auf die Erinnerung wie z.B. bei den Griechen, ablösen soll. Nach James Vorstellung existieren daher 'wirklich' nicht die Dinge, die schon geworden sind, sondern Dinge, die noch im Werden(in the making) begriffen sind.[161]
Dieses Modell einer Bewertung, das James als gegeben betrachtet, dieses Tribunal des Denkens, das allerdings auch auf einer Entgegensetzung basiert und in der Regel nicht thematisiert wird, ist der Ausdruck für eine Veränderung der Maßstäbe unter dem Zepter des Fortschrittsdenkens. Es verdeutlich die Schwierigkeit, die diejenigen haben können, die gegen bestimmte Veränderungen sind, ist ihre Kritik auch noch so berechtigt. Wer gegen Veränderungen ist, ist im Bedarfsfall auch gegen allen Fortschritt.

Desorientierung durch Beschleunigung

Das Problem der Desorientierung, das dadurch entsteht, dass das Steigerungsspiel in der Fortschrittswelt gehemmt oder gar unterbrochen wird, greift für sich so formuliert allein genommen zu kurz, auch wenn es in der Realität nach wie vor entscheidend wirksam ist. Übersehen wird in der Regel, das auch dieses Spiel seine Grenzen hat.
Wenn sich alles beschleunigt verändert, drängt sich die Frage auf: worauf kann ich mich noch verlassen? Wie kann man sich orientieren, wenn einem ständig der Boden unter den Füßen weggezogen wird, wenn alle Haltegriffe ihre Funktion zu verlieren scheinen? Gerhard Schulze bezieht sich auf dieses Problem, wenn er aus existenzphilosophischer Perspektive das Vertrautwerden mit dem Terrain, auf dem wir uns bewegen, zur Existenzfrage erklärt.[162]
In Zeiten, wo es unheimlich ist, wo einem im übertragenen Sinn ständig der Boden unter den Füßen weg gezogen wird, versprechen Denkkonzepte Erfolg, die dem Bedürfnis sich zu orientieren, zu genügen

161 Vgl. James, William, Das pluralistische Universum, Darmstadt 1994, S. 169

162 Vgl. Schulze, Gerhard, Die beste aller Welten. Wohin bewegt sich die Gesellschaft im 21. Jahrhundert, a.a.O., S. 39

scheinen. Man möchte sich jemanden anzuvertrauen, der weiß, wo es lang geht. Autoritäres oder reaktionäres Denken bekommt in solchen Situationen eine besondere Chance.
Wenn Gerhard Schulze meint, dass je weiter sich der Horizont der Könnens erweitert, sich das Denken desto mehr dem Sein zuwendet, so entspricht dieser Gedanke vermutlich einem ontologischen Bedürfnis und Wunsch nach etwas Festem, das nicht zuletzt durch das Problem der Desorientierung und der damit verbundenen Angst in einem beschleunigten Wandel hervorgerufen wird. Nach Schulze erweitert schlicht das könnensgerichtete Denken den Möglichkeitsraum, das seinsgerichtete Denken nimmt ihn in Besitz.[163]
Vom Begriff des Seins, wie er in der philosophischen Tradition bei Plato oder Heidegger verwendet wird, grenzt er sich dabei allerdings ausdrücklich ab. Sein in soziologischer Perspektive heißt nach ihm subjektbezogenes Denken.[164] Allerdings haben die Begriffe auch ihre Geschichte und die Frage ist, ob der Begriff Sein hier nicht missverständlich ist. Wieso der Begriff Sein dem Alltagsbewusstsein nahe sein soll, wie Schulze behauptet, wird nicht erklärt.
Der Begriff ist wohl in diesem Kontext eher eine Erfindung des Autors für verschiedene soziale Zusammenhänge, sozusagen die Brille, mit der er die Wirklichkeit sehen möchte. Was auffällt, ist allerdings die Ähnlichkeit der Fassung des Begriffs von Schulze zum 'Jargon des Eigentlichkeit', den Adorno beschrieben hat. So wie Schulze den Begriff verwendet, wird das ontologische Bedürfnis nach einem Festen im Alltagsbewusstsein fixiert als wäre es das Selbstverständlichste von der Welt. Die Fortschrittswelt ist jedoch kein Warenladen, der einem nur etwas anbietet, wo man nur zugreifen muss, keine Einladung zum Auskosten eines gegebenen Handlungsspielraums, so wie sie Schulze beschreibt, sondern ein Welt, die sich auch beschleunigt verändert und sich zunehmend der Beherrschung entzieht. Sie läuft auf ihren eigenen Beinen. Wer meint, den letzten Sinn des Könnens zu kennen, begibt

---

163 Vgl. Schulze, Gerhard, Die Sünde. Das schöne Leben und seine Feinde, München Wien 2006, S. 216

164 Vgl. Schulze, Gerhard, Die Beste aller Welten. Wohin bewegt sich die Gesellschaft im 21. Jahrhundert, a.a.O., S. 181

sich auf das Gebiet der Schwärmerei.[165] Der Eigensinn bzw. die Autonomie des technischen Fortschritts lässt sich so nicht erklären. Die Schere von Fortschrittswelt und Lebenswelt öffnet sich weiter.

Zum Fortschrittsgedanken gehört die Überschreitung lebenszeitlicher Horizonte und eine zunehmende Unabhängigkeit der Erkenntnisprozesse in Wissenschaft und Technik.

Vor die Wahl gestellt, als Metapher für diese Welt zwischen dem Bild eines Hauses oder das Bild eines Hochgeschwindigkeitszuges zu wählen, so ist nach Schulze klar, für welches sich die Menschen entscheiden würden. In diese Welt passt nach ihm das Bild eines riesigen Vehikels, das sich schneller und schneller fortbewegt. Aber basiert die Kultur des Steigerungsspiels, die sich in diesem Bild ausdrückt, auf dem Schema einer geordneten Transformation, so wie es Schulze meint? Fallen nicht gerade bei diesem Steigerungsspiel der Kultur regelmäßig Plan und Effekt auseinander?

Die eiserne Schiene als Symbol des Fortschritts, wird als Medium des Steigerungsspiels von Schulze vorausgesetzt. Sie ist der Ausdruck für einen Formalismus, d.h. sie ist indifferent gegen den Vorgang, der sich auf ihr abspielt, und dessen Schnelligkeit.[166] Vielleicht gibt es ja noch ein besseres Bild für diese Fortschrittswelt? Der wachsende beschleunigte Wandel in der bestehenden Gesellschaft ist wohl kaum der Ausdruck einer geordneten Transformation. Eher gleicht dieses exponentielle Wachstum einer Wendeltreppe, deren Stufen nach oben hin immer schmaler werden. Unten beim Betreten herrscht noch Zuversicht, nach oben hin wird jeder Schritt unsicherer und schwieriger, - eben virtuos.

---

165 Vgl. Schulze, Gerhard, Die beste aller Welten. Wohin bewegt sich die Gesellschaft im 21. Jahrhundert, a.a.O., S. 199

166 Vgl. Blumenberg, Hans, Lebenszeit und Weltzeit, a.a.O., S. 248

Bergsons Suche nach der verlorenen Zeit

Temporaler Komparativ

Wie die Ressource Erdöl, so wird auch die Zeit immer knapper, je mehr sich das wirtschaftliche und technologische Wachstum auf dieser Welt beschleunigt. Auch die Zeit scheint daher immer kostbarer zu werden, je weniger es von ihr in vielen Bereichen des Lebens gibt. Hektik und Stress sind Merkmale einer globalen Welt. Im Unterschied zu den Rohstoffen, scheint es für die Zeit allerdings keine Alternative zu geben, keinen Ersatz. Der temporale Komparativ kennt keine Grenzen. Die Devise heißt: Zeit zu gewinnen. Es geht um Zeitvorsprünge und das nicht nur im Sport und unter Konkurrenzverhältnissen. Man geht mit der Zeit, fürchtet sich hinter der Zeit zurück zu bleiben, ist auf der Höhe der Zeit; und das sind nur einige Formel der Anpassung ans lineare Zeitbewusstsein.

Die Frage ist allerdings, ob der Begriff des Wachsens in diesem Zusammenhang nicht fehl am Platze ist, wenn es darauf ankommt, Zeit zu gewinnen. Schließlich wird der Lauf der Dinge wie nie zuvor auch mit Gewalt vorwärts gedrängt.[167]

Wie verarbeitet die Philosophie diese Tatsache des beschleunigten Wandels seit der industriellen Revolution?

Da musste ein Vortag von Henri Bergson 1911 in Oxford schon damals für die einen wie eine Provokation, für die anderen wie eine Bestätigung wirken.[168] Dort behauptet Bergson, dass wir für gewöhnlich wohl die Veränderung konstatieren aber nicht eigentlich wahrnehmen:

>Wir sprechen von Veränderung, aber wir denken nicht wirklich daran. Wir sagen, dass die Veränderung existiert, dass alles sich verändert, dass die Veränderung sogar das Gesetz der Dinge ist: ja, wir sagen und wiederholen es, aber das sind nichts als Worte, und wir denken und

167 Vgl. auch Glasser, Richard, Studien zur Geschichte des französischen Zeitbegriffs, München 1936, S. 233

168 Ein Vortrag, der die Trennung von Spekulation und Praxis affirmativ hervorhebt. Zur erinnern sei an das Lachen der Thrakerin

philosophieren, als ob die Veränderung nicht existierte.<[169] Mit anderen Worten, die Zeit, die wir wahrnehmen ist nach ihm nicht die wahre Zeit. Eine solche Zeit ist, wie Bergson es ausdrückt, nur der Schatten ihrer selbst, eine Zeit die durch unser Bewusstsein und unsere Sinne pulverisiert ist.[170] Auch das, was z.B. Kant als Zeit angesehen hat, ist nach Bergson eine Zeit, die weder fließt noch sich verändert.[171]

Wer ständig bemüht ist, keine Zeit zu verlieren, der meint zu wissen, was Zeit bedeutet. Bergson kennt jedoch noch eine andere Zeit, eine Zeit, die nicht auf der Bühne des temporalen Komparativs der Zeit zu finden ist, eine Zeit jenseits der messbaren Zeit, fern ab der alltäglichen Erfahrung. Bergson denkt eine Form des temporalen Komparativs, die verborgen sein soll und die es nun gilt, zu entdecken. Die Philosophie wird zum Wegweiser, zu einem Übergang, der zur wahren Zeit führen soll.

Die Philosophie als methodische 'Suche nach der verlorenen Zeit', das ist nach ihm - in Anspielung auf den Roman von Proust - ein Ansatz, den vorher noch niemand versucht hat.[172] Zu erinnern ist jedoch daran, dass es in seiner Zeit zahlreiche ähnliche philosophische Versuche gibt, die Vorstellung und Bewertung der Zeit im Ansatz neu zu denken, etwa bei Nietzsche oder im amerikanischen Pragmatismus.

Nur ein Schatten der Zeit

Wie schon Plato, so setzt auch Bergson in seinem Denken zwei Welten voraus: die Welt der Erscheinungen und eine andere Welt, auch wenn diese Welt bei Bergson keine Welt jenseits der Zeit ist.

In Platos Höhlenmythos sind die Einzelnen gefesselt und können ihre Köpfe wegen der Fesselung nicht umdrehen. Die Dinge, die auf einem

---

[169] Bergson, Henri, Die Wahrnehmung der Veränderung, in: ders., Denken und schöpferisches Werden, Meisenheim am Glan 1948, S. 150

[170] Vgl. Bergson, Henri, Die philosophische Intuition, in: ders., Denken und schöpferisches Werden, a.a.O., S. 147

[171] Vgl. Bergson, Henri, Die Wahrnehmung der Veränderung, in: ders., Denken und schöpferisches a.a.O., S. 161

[172] Vgl. Bergson, Henri, Denken und schöpferisches Werden, a.a.O., S. 38

Querweg über Ihnen vorbei getragen werden, können sie nur als Schatten auf einer Wand wahrnehmen.[173] Platos Gefangene leben in einer Welt der Erscheinungen. Auch Bergson arbeitet mit dem Bild einer Gefangenschaft. Seine Gefangenen sehen allerdings nicht die Schatten der Dinge, sondern die Schatten der Zeit.[174]

Vorausgesetzt wird nach ihm die Möglichkeit einer Anschauung 'der' Zeit. Die Zeit entzieht sich nach Bergson deshalb nicht der Anschauung, weil sie kein diskursiver Begriff ist. Zeit ist bei Bergson auch nicht eine reine Anschauungsform wie bei Kant.

Es sind die Wissenschaftler, die nach Bergson zu Höhlenbewohnern werden; sie leben in einer angeblichen Erscheinungswelt, die für sie eigens zugerichtet ist.

Was sich in dieser Welt nicht ins Räumliche übersetzen lässt, ist für sie unerkennbar.[175] Für Bergson ist die Eliminierung der Zeit allerdings der gewöhnliche Akt des Verstandes. Die Zeit wird in diesem Sinne nur als Medium benutzt, d.h. sie ist nach ihm nichts anderes als der Raum. Nach Bergson projizieren wir die Zeit in den Raum, wir drücken danach das, was er die Dauer nennt, durch Ausgedehntes aus. Die Sukzession in der Zeit bekommt nach ihm dadurch die Form einer stetigen Linie.[176] Die Dauer wird demnach durch die Projektion in den homogenen Raum fixiert. Das bedeutet nach ihm nicht, dass die Projektion der Zeit in den Raum auch falsch ist. Sie ist die normale Zeitvorstellung und nach ihm nur richtig, wenn sie sich auf die abgelaufene Zeit bezieht und nicht etwa auf die ablaufende Zeit.

Bergson will mit seiner Philosophie also mehr als die moderne Wissenschaft zu leisten vermag, denn diese kann ihre Phänomene nur dadurch identifizieren, das sie die Regelmäßigkeit ihres Auftretens feststellt, um dann eine Voraussage machen zu können.

Für die Wissenschaft ist es mittels ihrer Verfahren nur möglich, ähnlich wie Platos Gefesselte, den Erscheinungen der Dinge zu folgen.

---

173 Vgl. Platon, Der Staat, Siebentes Buch, in: ders., Sämtliche Werke, Zweiter Band, Heidelberg o. J., S.248ff (Lambert Schneider Verlag)

174 Vgl. Bergson, Henri, Denken und schöpferisches Werden, a.a.O., S. 147

175 Vgl. Bergson, Henri, Zeit und Freiheit, Hamburg 2006, S. 172

176 Vgl. Ebd., S. 78

Für Bergson kann die Wissenschaft daher nicht in das einzudringen, was erst wird, sie vermag >nicht der Bewegung zu folgen, das Werden zu erfassen, das das Leben der Dinge ist.<[177]

Schattennahrung

Wie schon Plato, so beschreibt auch Bergson Gefangene, die nicht wissen, dass sie gefangen sind. Sie sind womöglich durchaus mit der Nahrung zufrieden, die ihnen vorgesetzt wird, auch wenn es nur Schattennahrung ist. Warum sollten sie mit dieser Nahrung auch nicht zufrieden sein? Das ist eine Frage, die weder bei Plato noch bei Bergson ausreichend beantwortet wird. Es bedarf eines Winks von außen, um die Unzufriedenheit bei den Höhlenbewohnern einzuführen, um dieses Versprechen von einem Aufstieg in die Welt zu setzen.

Auch bei Bergson geht es um den Aufstieg in eine andere zweite Welt, von denen die Gefangenen selbst nichts wissen können, auch wenn diese zweite Welt nicht mehr als ein überzeitliches Jenseits im platonischen Sinne vorgestellt wird.

Es ist die Philosophie, die den Faden liefert, dem gefolgt werden soll. Mit anderen Worten: Es wird zu ihrer Aufgabe, die gewohnte Richtung unserer Denkarbeit umzukehren.[178] Zum metaphysischen Anspruch gehört nach Bergson die Selbstverständlichkeit, dem natürlichen Gefälle unseres Denkens entgegengesetzt zu sein.[179] Das Versprechen von einem Jenseits der Schattenwelt ist auch bei ihm Teil eines philosophischen Programms.

Was fängt man mit einem solchen Versprechen an, nachdem man ans Licht gekommen ist und darauf sinnt, zurückzukehren und die anderen zu belehren? Sowohl bei Plato als auch bei Bergson geht es schließlich nur um eine Evidenzverheißung, die nicht erfüllt werden kann, die nur als Versprechen existiert.

---

177 Bergson, Henri, Denken und schöpferisches Werden, Meisenheim am Glan 1948, S. 145

178 Vgl. Ebd,, S. 214

179 Vgl. Ebd., S. 206

Damit ist nicht gesagt, das diese philosophischen Fiktionen geschichtlich ohne Bedeutung sind, sowenig wie das Bedürfnis den endlichen Horizont der Erfahrung zu überschreiten, um eine Art der Vollkommenheit zu suchen. Das die Philosophie eine Art Kredit für die Zukunft verspricht, ist nicht zu beanstanden und gehört zu ihrem Geschäft. Wohl aber ist es ein Problem, wenn für diesen philosophischen Kredit eine absolute Garantie abgegeben wird, wie bei Plato und Bergson.

Ontologie mit umgekehrtem Vorzeichen

Was aber ist eine Schattennahrung? Die Antwort auf diese Frage ist bei Plato und Bergson verschieden. Zwar gehen beide von Erscheinungen als Schatten aus, wobei die Zeit die Erscheinungsform der Schatten ist, aber die Bewertung der Zeit wird bei Bergson gegenüber Plato umgewertet. Der Maßstab der Zeit ist bei Plato eine Metaphysik des Bleibenden, bei Bergson eine Metaphysik des Werdens. Das, was Bergson kritisiert, setzt die platonische Metaphysik voraus: die Suche nach der Wirklichkeit der Dinge jenseits der Zeit.[180]

Für Bergson ist es ein Grundgedanke der traditionellen Metaphysik, dass es gilt die Sphäre der Veränderungen zu verlassen, um sich über die Zeit zu erheben.[181]

Ähnlich wie Nietzsche möchte Bergson die traditionelle Metaphysik des Bleibenden auf den Kopf stellen, die Nietzsche in einem kurzen Satz in ihrer Intention in seinem Buch 'Götzen-Dämmerung' skizziert: >Was ist, wird nicht; was wird, ist nicht.<[182] Nach Bergson heißt es seit Plato in der Philosophie, dass im Unveränderliche mehr ist als im Bewegten. Das Gegenteil aber ist jedoch nach Bergson die Wahrheit. Die Wandelbarkeit soll nach im nicht länger ein Defizit sein: die Zeit ist kein Mangel an Ewigkeit.[183]

---

180 Vgl. Bergson, Henri, Denken und schöpferisches Werden, a.a.O., S. 28

181 Vgl. Ebd., S. 160f

182 Nietzsche, Friedrich, Die 'Vernunft' in der Philosophie, in: ders., Götzen-Dämmerung, München 1964, S. 56

183 Vgl. Bergson, Henri, Die beiden Quellen der Moral und der Religion, Jena 1933, S.. 242

Wenn Bergson davon spricht, dass wir an einem transzendenten Prinzip teilhaben, so meint er ein anderes als bei Plato, eines, das sich auf eine Ewigkeit bezieht, die nicht die Ewigkeit der Unveränderlichkeit ist.[184] Bergson geht in seinem Denken von der Bewegung und Veränderung als den eigentlichen Realitäten aus. Die Wirklichkeit ist für ihn in der Bewegung, die ihr Wesen ist.[185] Bewegung ist in diesem transzendenten Sinn allerdings nicht als eine einfache Veränderung gemeint, sondern als eine unabhängige Wirklichkeit.[186]

Für Bergson wie schon für Plato ist die richtige Erkenntnis, eine Art Reinigungsprozess, ein Weg, der aus der Schattenwelt führen soll. Beide rüsten in ihrem Denken ihre Expeditionen aus; es geht in die terra incognita des Seinsverständisses, wenn dieses auch unterschiedlich ist. Für Bergson ist die Welt des Werdens nicht mehr eine Welt des Vergehens und der Zerstörung wie bei Plato, die es gilt hinter sich zu lassen.

Spekulation und Praxis

Bergson unterscheidet zwischen dem, was als Denken in der Praxis berechtigt ist und dem in der Spekulation.[187] In seinem Denken sind Rationalität und Sinnlichkeit, Theorie und Praxis getrennt. Was aber ist der Grund dieser Trennung? Die Wirklichkeit, die wir wahrnehmen, ist eine entstellte Konstruktion, die wir nach Bergson selbst gemacht haben; daneben gibt es noch eine andere, eine wahre Wirklichkeit, die wir wieder finden sollen. Wobei er allzu leicht davon ausgeht, dass man das, was man selbst gemacht hat, auch wieder auflösen kann.[188]

Warum wurden jedoch diese zwei Wirklichkeiten nach Bergson überhaupt erfunden? Odo Marquard hat zwei unterschiedliche Wirklichkeiten in der Geschichte der Moderne als Antwort auf die eschatologische Weltvernichtung interpretiert.

---

184 Vgl. Bergson, Henri, Denken und schöpferisches Werden, a.a.O., S. 179

185 Vgl. Ebd., S. 43

186 Vgl. Bergson, Henri, Materie und Gedächtnis, Hamburg 1991, S. 200

187 Vgl. Bergson, Henri, Denken und schöpferisches Werden, a.a.O., S. 164

188 Vgl. Ebd., S. 40

Danach gibt es eine Wirklichkeit, die entweder Natur durch wirklichkeitsmaximierende Seinsteilhabe wird oder die Wirklichkeit ist ein Produkt durch Fiktionen.[189] Folgt man dieser geschichtlichen Interpretation von Marquard, so kann das Denken von Bergson als Abkehr von einer Wirklichkeit verstanden werden, die sich selbst nur noch als ein Fiktionsprodukt begreift und sonst nichts. Für Bergson ist aber eine Welt, die ausschließlich eine Welt der Erscheinungen, eine Fiktion ist, unerträglich. Was aber begründet seine Annahme, dass es noch etwas anderes gibt?

Vor dem Philosophen kommt das Leben, schreibt Bergson, und das Leben verlangt, dass wir uns Scheuklappen anlegen.[190]

Wie schon bei Plato ist es die Philosophie, die allein Zugang zur wahren Wirklichkeit haben soll. Sucht Plato die wahre Wirklichkeit in dem, was sich nicht verändert, so Bergson in dem was sich verändert.[191]

Die Lebensphilosophie setzt die platonische Metaphysik fort, eben nur mit umgekehrten Vorzeichen, d.h. mit anderen Mitteln. Sie wird zum Organ einer Verzauberung, verbunden mit einem absoluten Anspruch. Bergson lässt keinen Zweifel daran, dass die Entdeckung einer wahren Wirklichkeit auch möglich ist.[192] Dieser Zugang ist allerdings nach ihm nur für die Spekulation möglich.

Bergson teilt den Anspruch der platonischen Metaphysik, der mit der Erfindung einer zweiten Welt einhergeht, der eine Dualität von Theorie und Praxis impliziert und der zum Scheitern verurteilt ist. Auch er geht von einer Suprematie der Erkenntnis aus, insofern es nur der philosophischen Spekulation in einem Ausnahmefall erlaubt ist, über das Wesen der Handlung nach zu denken.[193] Zu vermuten ist, dass die Trennung von Rationalität bzw. Theorie und Praxis als Erfindung eine Antwort auf ein Problem ist, vor dem schon die griechische Philosophie steht. Nach John Dewey ist der Grund dieser Trennung: die Suche

---

189 Vgl. Marquard, Odo, Aesthetica und Anaesthetica, Philosophische Überlegungen, Paderborn, München, Wien, Zürich 1989, S. 87

190 Vgl. Bergson, Henri, Denken und schöpferisches Werden, a.a.O., S. 157

191 Vgl. Ebd., S. 161

192 Vgl. Ebd., S. 49

193 Vgl. Bergson, Henri, Materie und Gedächtnis, Hamburg 1991, S. 183

nach Sicherheit.[194] Dabei sollte es nicht irgendeine Sicherheit sein, nein, es sollte eine Sicherheit sein, die unerschütterlich ist. Diese Sicherheit ist in der platonischen Metaphysik nur mittels des Erkennens möglich. Wer vollkommene Gewissheit verlangt, der kann diese nicht im praktischen Tun suchen. Womit zugleich in der platonischen Philosophie auch ein Wertverhältnis begründet wurde: das Erkennen hatte dort Vorrang vor dem Handeln.

Kunst des Übergangs

Bei Plato geschieht der Übergang aus der Höhle in eine höhere Welt – wie erwähnt - mit Zwang. Der Einzelne, der Schattenseher, der aus der Höhle geschleppt und zu seinem Glück gezwungen werden muss, ist ein Auserwählter im Sinne von Platons Staat, d.h. er ist ein Philosoph.

Bergsons Schattenseher leben in einer modernen Höhle; sie sind wie Zuschauer in einem Kino.

Es sind Höhlenbewohner, deren Bewusstsein und Leben ausgeschaltet ist. Die Bilder, die die Einzelnen sehen, sind wie bei einem Film alle schon im voraus vorhanden.[195]

Bergsons Einzelne leben in der Zeit, von der die Physik spricht; von der wahren Dauer im Bewusstsein wissen sie nichts.[196]

Wie aber sollen die Einzelnen bzw. der Einzelne nach Bergson einen Zugang zu einer anderen Wirklichkeit finden, die auch hier ganz im Sinne der platonischen Tradition eine höhere Wirklichkeit ist?

Mittels von Begriffen lässt sich nach ihm ein solcher Zugang nicht gewinnen: Begriffe können – so wie er sich ausdrückt - nur den Schatten dieser anderen Wirklichkeit wiedergeben.[197]

Wie aber soll eine Wirklichkeit erfasst werden, die nur in einer Art unmittelbarer Anschauung erscheint?

---

194 Vgl. Dewey, John, Die Suche nach Gewissheit, Frankfurt am Main 2001, S. 11

195 Vgl. Bergson, Henri, Denken und schöpferisches Werden, a.a.O., S. 112

196 Vgl. Bergson, Henri, Materie und Gedächtnis, a.a.O., S. 204

197 Vgl. Bergson, Henri, Denken und schöpferisches Werden, a.a.O., S. 189

Bergson nennt die besondere philosophische Methode, die einen Zugang zu dieser anderen und höheren Wirklichkeit gewährleisten soll: Intuition. Sie soll nunmehr das direkte Anschauen der wahren Dauer ermöglichen.[198] Vorausgesetzt, es gelingt vorher den Geist zur wahren Dauer zurückzuführen. Dann soll er an der Stelle von Diskontinuitäten von Momenten, die sich in einer unendlich teilbaren Zeit nur nebeneinander setzen, das kontinuierliche Fließen der wirklichen Zeit wahrnehmen können.[199] Es scheint, dass nicht nur bei Proust in der 'Recherche' ein Grundmuster des Imaginären wirksam ist, die Heimkehr ins Ursprüngliche, d.h. in diesem Fall die Suche nach der wahren Dauer mittels der Arbeit der Erinnerung.[200]

Bergson meint, dass ein jeder zumindest eine Möglichkeit hat, diese andere Wirklichkeit zu entdecken. Durch Intuition und nicht durch eine einfache Analyse soll es diesen Zugang zum Innern der eigenen Person, in ihrem Fluss durch die Zeit, geben.[201] Nach Bergson ist es nur mittels der Intuition möglich, einen Zugang zum Absoluten zu finden. Der Bezug des Bergsonschen Begriffs der Intuition zur Mystik und seine Verwendung ist nicht zu übersehen. Die mystische Intuition strebte ein Teilhaben am göttlichen Wesen an. Ein Unterschied in Bezug auf das platonische Streben nach Einheit ist allerdings bei Bergson von Bedeutung. Wenn z.B. im 'Eupalinos' von Paul Valery Sokrates vor dem Fluss der Zeit steht, so ist für die Figur des Sokrates der Fluss der Zeit eine ungeheure und bewegliche Oberfläche, >die ohne Aufenthalt dahin stürzt< und alle Farben, die es gibt, in das Nichts rollt.[202]

Das Bild drückt in aller Kürze die abwertende platonische Sicht in Bezug auf den Fluss der Zeit aus. Bei Bergson wird diese Sicht umgewertet und zum >an sich< erhoben; die Sicht auf diesen Fluss in seinem Denken zur philosophischen Kunst. Der Fluss der Zeit, d.h. das Veränderliche selbst, wird zum Inbegriff des Absoluten.

---

198 Vgl. Bergson, Henri, Denken und schöpferisches Werden, a.a.O., S. 42

199 Vgl. Ebd., S. 146

200 Vgl. Jauß, Hans Robert, Ästhetische Erfahrung und literarische Hermeneutik, Frankfurt am Main 1982, S. 310

201 Vgl. Bergson, Henri, Denken und schöpferisches Werden, a.a.O., S. 184

202 Vgl. Valery, Paul, Eupalinos, Frankfurt am Main 1973, S. 42

Nicht mehr das platonisch Unveränderliche wird in einem Marmortempel gefeiert, sondern nunmehr das Veränderliche, das zur ontologischen Vorzugsverfassung wird. Bergsons Umwertung der platonischen Einheit überwindet jedoch diese ontologische Struktur nicht. Auch bei ihm wird die Suche nach dieser Einheit zum Ziel und damit eine ruhelose Bewegung gesetzt, die kein Ende nimmt. Es ist die Suche nach der Kontinuität des Werdens, welche für ihn die wahre Wirklichkeit ist.[203]
In der Perspektive dieser Wirklichkeit ist nichts so wenig, wie der gegenwärtige Augenblick; die Gegenwart ist in diesem Sinne nicht das, das ist, sondern nur einfach das, was geschieht.[204] Bei Bergson wird das Werden zum Tribunal für das Leben. Sein philosophisches Programm einer Rückkehr zum Leben ist nicht weit entfernt von einer Art Appell an den Kultus des Lebens. Ähnlich wie William James gibt er vor zu wissen, was das Leben ist. James schreibt z.B.: >Das Wesen des Lebens besteht darin, sich ununterbrochen zu verändern.<[205]
Aber was heißt das? Die Forderung, sich zu verändern, wird zum Prinzip des Lebens erhoben. James und Bergson gehen über den Widerspruch hinweg, in einem Zusammenhang Prinzipien als starr und unveränderlich zu kritisieren und zugleich das Veränderliche selbst zum Wesen, d.h. Prinzip zu erheben.

---

[203] Vgl. Bergson, Henri, Materie und Gedächtnis, Hamburg 1991, S. 133

[204] Vgl. Ebd., S. 145

[205] James, William, Das pluralistische Universum, Darmstadt 1994, S. 161

Alles hat seine Zeit. Zeitordnung und Wert

Unter dem Himmel

Aber alle Dinge unter dem Himmel gehen zu Ende, so heißt es bei John Updike in 'Der weite Weg zu zweit'. Es ist die Geschichte vom langsamen Verfall einer Ehe. Dass jedoch etwas zeitlich begrenzt ist, soll nach Updike einer Sache nicht ihren Wert nehmen, denn sonst könnte nichts im Leben wirklich gelingen.[206] Verliert eine Beziehung zwischen zwei Menschen allein schon deshalb ihren Wert, weil sie vorzeitig endet? Updike drückt sich in einem Vorwort zu seiner Geschichte ausdrücklich dagegen aus. Was Updike wohl herausheben möchte, ist der Wert des Endlichen und Vergänglichen, auch wenn dieser Wert womöglich keinen Bestand hat.

Es ist jedoch ein Wunsch, dass die Zeit dem, was von Wert ist, nichts anhaben soll.

Dem Endlichen und Vergänglichen sitzt die Frage nach dem Wert im Nacken. Auch in der Geschichte von Updike nagt der Zahn der Zeit an den Figuren und sei es nur in einem Moment, wo ein alter Bekannter wieder getroffen wird und man erschreckt, weil erkennbar ist, wie alt er geworden ist.[207]

Updikes 'Szenen einer Liebe' sind ein Plädoyer für das Endliche und Vergängliche, auch wenn er scheitert. Warum aber muss das Endliche als Endliches überhaupt verteidigt werden?

Die Frage nach dem Wert des Lebens als Zeitfrage versteht sich nämlich alles andere als von selbst.

Da schreibt ein Autor über das Vergehen einer Ehe und hebt gleichzeitig in einem Vorwort hervor, dass die Zeit dem Endlichen nichts anhaben kann. Die Bedingung der endlichen Zeit ist jedoch eine Bestimmung des Lebens, auch wenn sie für den Moment nicht bemerkt wird und auch nicht durchdringend für das Bewusstsein werden muss.

---

[206] Vgl. Updike, John, Der weite Weg zu zweit, Frankfurt am Main 1996, S. 7

[207] Vgl. Ebd., S. 69

Allerdings, über die Begrenztheit des Lebens nachzudenken, ist etwas anderes, als sich das Ende des Lebens vorzustellen. Vor letzterem auszuweichen, dafür gibt es einen guten Grund.[208]

Alles hat seine Zeit meint in Updikes Geschichte, der rechte Augenblick ist für ihre Liebe verstrichen ohne dass beide wissen warum. Man hatte zwanzig Jahre dazu Zeit, nun ist die Ehe vorbei. Da gibt es zwei Reisende in Sachen Liebe, die nach Erfüllung streben und scheitern auch wenn sie die Kriterien der Vollendung nicht kennen. Sollte die Enttäuschung, die mit dem Anspruch der Liebe verbunden ist und die nach Updike der Beziehung nicht ihren Wert nehmen soll, nicht ein Ausdruck für den Versuch sein, dem Ephemeren Dauer zu verleihen?[209]

Wo findet denn diese Geschichte einer Liebe bei Updike statt? In einer Welt, die von einer bestimmten Zeiterfahrung geprägt ist, einer Nation der temporären Abkommen, wie es an einer Stelle heißt.[210]

>Da ist's vorbei<

Mephisto in Goethes Faust beantwortet die Frage nach einem Zusammenhang von zeitlicher Begrenztheit und Wert auf seine Art:

>'Da ist's vorbei!' Was ist daran zu lesen? Es ist so gut, als wär es nicht gewesen<.[211] An anderer Stelle heißt es von ihm: >denn alles was entsteht, ist wert, dass es zugrunde geht: Drum besser wärs, dass nichts entstünde<.[212]

Goethe bannt mit dieser Figur des Mephisto ein Gespenst auf die Bühne, das durchaus moderne Züge trägt. Mephisto erscheint als ein Extremist, als ein Nihilist, wenn auch noch von Gottes Gnaden.

---

208 Sollten wir nach Blumenberg nicht vielmehr 'gnädig' unfähig sein, uns ein Zukünftiges zu vergegenwärtigen, das keine Zukunft hat? Vgl. Blumenberg, Hans, Ein Instinkt der Uneigentlichkeit?, in: ders., Die Verführbarkeit des Philosophen, Frankfurt am Main 2005, S. 67

209 Vgl. auch die Passion Swanns in Prousts Roman, siehe auch Jauß, Hans Robert, Zeit und Erinnerung in Marcel Prousts 'A la recherche du temps perdu', Heidelberg 1955, S. 94

210 Vgl. Updike, John, Der weite Weg zu zweit, a.a.O., S. 198

211 Goethe, J. W., Faust, Zweiter Teil, München 1962, S. 325, 11587-11611

212 Ebd., S. 41, 1315-1345

Zugleich ist diese Figur ein Ausdruck für das Leiden am Vergänglichen und was aus diesem Leiden folgen kann, aber nicht muss. >Alles hat seine Zeit< bedeutet in diesem Kontext: alles ist vergänglich. Und wenn alles vergeht und nichts bleibt, wie kann dann das Werden gerechtfertigt werden? Mephisto steht als Prototyp für eine Verlorenheit in der Zeit, die kein Jenseits als letzte Rechtfertigung des Endlichen mehr kennen wird. Der Versucher spielt seine Rolle im Faust; wenn er an die Tür zu einer anderen Welt klopft, dann ist dahinter nichts. Es gibt für ihn nur noch die Welt mit ihrer endlichen Zeit und sonst nichts. Die Zeitordnung der Dinge spiegelt für ihn keine Natur wie bei den alten Griechen oder ein höheres Wesen wie im Christentum wieder.

Goethes Mephistospruch taucht an anderer Stelle und zeitversetzt als Zitat wieder auf: In Nietzsches 'Unzeitgemäße Betrachtungen'.[213]

Auch wenn sich kein ausdrücklicher Hinweis auf Goethe bei diesem Zitat findet, wird die Stelle so verwendet, als ob jeder sie kennen müsste. Das Zitat zeigt, wie früh in seinen Schriften sich Nietzsche mit der Frage beschäftigt hat, wie das Werden gerechtfertigt werden kann, vor allem unter der Voraussetzung, dass es eine oberste Legitimationsinstanz, genannt Gott, nicht mehr gibt. Nicht verständlich ist allerdings, warum Nietzsche diesen Spruch des Mephisto als Argument für die kritische Art ansieht, die Vergangenheit zu betrachten. Nachdem Nietzsche die monumentalische und die antiquarische Art der Historie abgehandelt und abgewiesen hat, wendet Nietzsche sich in seiner Schrift der kritischen Historie zu. Auch diese Art soll im Dienste des Lebens stehen. Kritik bedeutet nach ihm, man müsse auch von Zeit zu Zeit die Kraft haben, die Vergangenheit zerbrechen und auflösen zu können, um leben zu können: >jede Vergangenheit aber ist wert, verurteilt zu werden.<[214]

Wie aber begründet Nietzsche diesen Schluss?

Er geht davon aus, dass über den menschlichen Dingen nicht die Gerechtigkeit zu Gericht sitzt, sondern das Leben, d.h. eine unersättliche

---

213 Vgl. Nietzsche, Friedrich, Unzeitgemäße Betrachtungen II, Vom Nutzen und Nachteil der Historie für das Leben, Abschn. 3, München 1964, S. 91

214 Ebd., S. 91

und dunkle Macht. Der Spruch des Lebens ist nach ihm immer ungnädig und ungerecht. Leben und Recht sind nicht identisch; man braucht daher Kraft, um leben und vergessen zu können. So schreibt jemand, dem wohlgemerkt später das Werden zur Metaphysik werden wird. Da mag der Ausspruch von Mephisto in Goethes Faust passen, zumindest auf den ersten Blick. Für Nietzsche ist Mephisto ein Bürge für eine kritische Art die Geschichte zu betrachten, und nicht ein Vertreter für das was, was man Zerstörung nennt. Nicht ohne Absicht, so ist zu vermuten, wird von Nietzsche diese Rolle einfach provokativ umbesetzt. Für denjenigen, der den 'Faust' allerdings nicht kennt, diese Stellen nicht in der Erinnerung hat, bleibt diese Umbesetzung allerdings unbemerkt.

In 'Die fröhliche Wissenschaft' schreibt er, dass man den Deutschen ihren Faust und Mephistopheles ausreden muss.[215]

Das kann wohl kaum dadurch gelingen, dass man die Mephisto-Rolle einfach affirmativ umbesetzt bzw. einsetzt, so wie das in den >Unzeitgemäßen Betrachtungen< geschieht.

Dass dieses Ausreden, das Nietzsche beabsichtigt, nicht so leicht ist, gilt wohl nicht nur in Bezug auf das deutsche Publikum, sondern er selbst wird es am eigenen Denken als Problem erfahren.

Denn im Zarathustra wird die Mephistofigur in anderer Gestalt wieder auftauchen, diesmal allerdings nicht affirmativ besetzt und auch nicht im Dienste einer höheren Macht. Es ist nicht Faust, dem Mephisto erscheint, sondern es ist nunmehr der >Geist der Rache<, der Zarathustra heimsucht, der Wiedergänger von Mephisto.

Der Stoff, das Leiden am Vergänglichen, hat nicht nur Goethe beschäftigt, sondern auch Nietzsche. Der >Geist der Rache< ist für Nietzsche der Antipode, der große Widersacher in seinem Denken, der Anlass und Ansporn für das, was er einmal seine >Philosophie der Zukunft< nennen wird.[216]

---

215 Vgl. Nietzsche, Friedrich, Die fröhliche Wissenschaft, KSA 3, München 1988, S. 501, Abschn. 178

216 Vgl. Nietzsche, Friedrich, Also sprach Zarathustra, KSA 4, München 2005, S. 180f

Platos kosmische Uhr

Der Satz >Alles hat seine Zeit< bedeutet in der Moderne in der Regel, alles ist vergänglich, nichts bleibt für die Ewigkeit. Die Möglichkeit bleibt allerdings offen, ob eine solche Ewigkeit überhaupt noch eine Bedeutung hat. Bekanntlich haben nicht nur die philosophischen Systeme des Ewigen ihre allgemeine Gültigkeit verloren, sondern auch der Glaube daran ist auf dem Rückzug begriffen. Die traditionellen Reden vom Transzendenten scheinen nach Sloderdijk den Anschluss an den Weltlauf verloren zu haben. Nach ihm ist das Merkmal einer authentischen Philosophie der Moderne nunmehr die Hermeneutik des Ungeheuren als Theorie der alleinigen Welt, wobei er mit 'Ungeheuren' das unverfasste Ganze bezeichnet.[217]

So mag es nicht wundern, dass eine andere Bedeutung des Satzes >Alles hat seine Zeit< zunehmend aus dem Blick geraten ist. Der Satz drückt im antiken und religiösen Denken nicht nur Vergänglichkeit aus, sondern auch den rechten Augenblick. Die Griechen kannten neben Chronos noch den Gott Kairos, den Gott des rechten Zeitpunkts, der günstigen Gelegenheit. Aber auch noch z.B. im religiösen Sozialismus spielt der Begriff Kairos als ein Erbe des Neuen Testaments eine bedeutsame Rolle.

Nach Tillich muss sich jede Ethik als eine Ethik des Kairos verstehen. Nur so kann es nach ihm eine Lösung geben, die der Alternative von Absolutismus und Relativismus in der Ethik entgeht.[218]

In der platonischen Welt hatte alles seine Zeit und darin drückt sich die Vertrauenswürdigkeit des Kosmos aus. Nach dieser Vorstellung konnte man das Rechte nur tun, weil es auch die rechte Zeit dafür gab. Nach Plato entstand die Zeit zugleich mit der Welt nach dem Urbild der ewigen Natur.[219]

---

217 Vgl. auch Peter Sloterdijks Vorwort in William James Buch, Die Vielfalt der religiösen Erfahrung, Frankfurt am Main und Leipzig 1997, S. 20

218 Eine Aufgabe ist es nach Tillich, dem Relativismus zu entgehen, der den Wandel zum Prinzip erhebt. Vgl. Tillich, Paul, Das religiöse Fundament des moralischen Handelns, Ges. Werke, Band III, Stuttgart 1965, 75ff

219 Vgl. Platon, Timaios, Sämtliche Werke, Dritter Band, o.J.(Lambert Schneider), S. 117, 38A-38D

Die Zeit war ein bewegliches Abbild des Äon. An den Sternen konnte man nach Plato die Umläufe der Vernunft im Weltgebäude betrachten. Die Sterne wurden hervorgebracht, damit die lebendige Welt dem nur in Gedanken erfassbaren Lebendigen so ähnlich als möglich werden konnte; in Nachahmung einer schlechthin ewigen Natur.[220] So gab es Sterne, die nach Plato wandellos, göttlich und unsterblich waren, die Fixsterne, und daneben Sterne, welche ihre Stellung veränderten.

Aber die Menschen sahen nach der platonischen Vorstellung nicht nur in den Bewegungen der Sterne die Ordnung der Vernunft, sondern sie hatten auch Anteil an dieser Ordnung. Den Kreisläufen des Alls verwandt war das unsichtbar Göttliche im Menschen.[221] Dabei hatte jede Art von Materie auch noch ihre eigentümliche Bewegung und nur für Veränderungen, die zu einer Form führten, konnte es einen Logos oder Vernunftgrund geben.

Das platonische Denken lebt in der Dualität der Zwei-Welten: Seele und Körper, den Ideen, die ewig sind und den zeitlichen Phänomenen. Platos Geschichte erzählt nicht nur davon, wie der Kosmos hervorgebracht wurde, sondern vermittelt sogleich auch ein Bild von seiner Vorstellung, wie man sich das immer Seiende, welches kein Werden zulässt und ein immer Werdendes zu denken hat, welches niemals zum Sein gelangt.[222]

Das wirft allerdings die Frage auf, welche Folgen ein solcher Kulturprozess hat, der niemals zum Sein gelangen kann?

Ein solcher Prozess impliziert die Abwertung des Endlichen als Selbstverständlichkeit. Alsberg sieht allerdings noch in der Neuzeit in der Geschichte eines solchen Kulturprozesses, im Gegensatz etwa zu Nietzsche, keinen Anlass zur Kritik.[223] Alsberg instrumentalisiert dabei schlicht die platonischen Ideen. Für ihn wird das, was er die Körperausschaltung mittels der Ideen des Guten, des Wahren und Schönen, nennt, zum Symbol des menschlichen Fortschritts. Für Plato lag das

---

220 Vgl. Platon, Timaios, Sämtliche Werke, Dritter Band, o.J.(Lambert Schneider), S. 117, 39C-40A

221 Vgl. Ebd., S. 189, 90C-91A

222 Vgl. Ebd., S. 106, 27A-28A

223 Vgl. Alsberg, Paul, Das Menschheitsrätsel, Dresden 1922, S. 159

Denken greifbar im Bild des Kosmos vor Augen, aber wie sich später am Beispiel der Fixsterne zeigen sollte, eben nur scheinbar. Zeit war im Platonismus Mimesis der Ewigkeit. Die Zeit hatte als solche keine eigene Rationalität, sie war Teil einer übergeordneten Vernunft. In jedem Platonismus steckt daher auch Gleichgültigkeit gegen die Zeit. Das Vollkommene konnte nicht geworden sein. Nicht zu verwechseln ist diese Gleichgültigkeit gegen die Zeit mit der Erfahrung der Zeit als temporale Indifferenz in der Neuzeit, die im Denken eine Umwertung des Zeitlichen voraussetzt. Aus der Gleichgültigkeit gegen die Zeit, wird in der Neuzeit die gleichgültige Zeit, die zum Inbegriff aller Ordnung wird und keine Instanz neben sich duldet. In einer Kultur, in der es nur noch die Welt und sonst nichts gibt, so wie es Nietzsche einmal ausgedrückt hat, wird die Zeit absolut.[224]

In der Moderne verschwindet die Vertrauenswürdigkeit des platonischen Kosmos. Als neue Drohung zeigt sich das Problem der temporalen Indifferenz am Horizont des modernen Denkens. Die Zeit nimmt die Form des Unwiederbringlichen an. Schon der Übergang zur Moderne wird daher nicht von ungefähr zu einem Ort der Herausforderung: So ist es z.B. das Schweigen der unendlichen Räume, das Pascal schaudern lässt.[225] Die Welt zeigt sich nunmehr durch die Wissenschaft in einem anderen Gesicht, nicht mehr als sinnvolles strukturiertes Ganzes, sondern als ein Ort von Prozessen, die keinen Abschluss mehr kennen.

Rhythmus als Schema

Für den Pragmatiker John Dewey ist Rhythmus ein allgemeingültiges Daseinsschema, das einer jeglichen Verwirklichung von Ordnung innerhalb des Wandels zugrunde liegt. Dieses Schema durchzieht nach ihm nicht nur die Natur, sondern auch sämtliche Gattungen der

---

224 Vgl. Nietzsche, Friedrich, Nachgelassene Fragmente, Abt. VIII, Kritische Gesamtausgabe der Werke Nietzsches, Berlin, New-York 1967, 14(184)

225 Vgl. Pascal, Blaise, Pensées, Über die Religion und über einige andere Gegenstände, Heidelberg 1978, S. 115

Kunst.[226] Wenn Veränderungen am rechten Ort stattfinden, dann entsteht nach Dewey Rhythmus.

In pathetischen Ton formuliert Dewey: >Da der Mensch nur etwas vollbringt, wenn er seinen Lebensstil der Ordnung der Natur anpasst, so werden seine Errungenschaften und Siege, wie sie auf Widerstand und Kampf folgen, zum Mutterboden jeglichen ästhetischen Stoffes.<[227] Offenbar geht er davon aus, dass in jeder Kunst und in jedem Kunstwerk der Rhythmus das Substrat, das Schema der Beziehungen des Lebewesens zu seiner Umwelt ist. So schreibt jemand, der seine Beziehungen zur Natur feiern möchte, und zwar so, als hätte sie die >Freiheit ihres Reiches auf ihn übertragen<. Die Idee der Freiheit ist jedoch wohl eher eine menschliche Erfindung und keine Gabe der Natur.

Dewey versucht die Freiheit so zu feiern, >als ob< sie eine Sache der Natur sei. Ein merkwürdiges Argument für einen Pragmatiker: Die Freiheit soll nicht geworden sein; sie wird zu einem Geschenk. Nimmt dieses Argument von Dewey nicht eine Anleihe an der platonischen Metaphysik und ihrer Logik der Argumentation, um so als gültig zu erscheinen?[228]

In der Natur finden sich zahlreiche Beispiele für Rhythmus: Ebbe und Flut, der Zyklus des Mondes, usw.. Was nach Dewey allerdings nicht so allgemein bekannt sein soll, ist die Tatsache, dass eine >jede Gleichförmigkeit und Regelmäßigkeit des Wandels in der Natur einen Rhythmus darstellt. Die Begriffe 'Naturgesetz' und 'Naturrhythmus' sind nach ihm als synonym anzusehen.<[229] Die Formel für diese natürlichen Rhythmen bilden nach Dewey die Richtschnur für die Wissenschaft. Das soll sich allerdings an dem Punkt der Geschichte ändern, wo sich Wissenschaft und Kunst trennen.

Die Rhythmen, die die Naturwissenschaft in der Moderne untersucht, sind nur dem Denken aber nicht mehr der Wahrnehmung in der unmittelbaren Erfahrung zugänglich. Die Sprache der Wissenschaft ist eine

---

226 Vgl. Dewey, John, Kunst als Erfahrung, Frankfurt am Main 1988, S. 174

227 Vgl. Ebd., S. 174

228 >Wir sind gewöhnt, bei allem Vollkommenen die Frage nach dem Werden zu unterlassen<, schreibt Nietzsche in: Menschliches, Allzumenschliches I und II, KSA 2, München 1988, S. 141

229 Dewey, John, Kunst als Erfahrung, a.a.O., S. 173

Sprache der Symbole, die nach Dewey für die Sinneswahrnehmung keine Bedeutung haben.[230] Warum aber nennt Dewey die Naturgesetze, die die moderne Wissenschaft untersucht Rhythmen? Gehört nicht der Begriff Rhythmus lediglich zur sinnlichen Wahrnehmung?

Die Natur, die die Naturwissenschaft erschließt, ist jedenfalls nach Kant eine Natur nach Begriffen und ohne Kontinuität zu der Natur, wie man sie sieht.[231]

Dass die Natur auch ein Modell für die Kunst ist, das mag auf den ersten Blick selbstverständlich für ein Denken erscheinen, das sich an den Naturwissenschaften orientiert. Aber ist das pragmatische Denken selbst konsistent in Bezug auf dieses Ideal einer Harmonie zwischen Kunst und Natur? Wie sieht es mit der Kunst der Wissenschaft aus? Steht nicht dieser Blick auf den Wandel der Natur , der als Vorbild dienen soll, dem Wandel gegenüber, den Dewey an anderer Stelle von der menschlichen Einstellung gegenüber der Natur fordert. In 'Die Erneuerung der Philosophie' spricht er von der Bedeutung einer Modifikation der menschlichen Einstellung gegenüber der natürlichen Welt. Er selbst beschreibt diese veränderte Einstellung gegenüber der Natur als 'beinahe' aggressiv. Die Natur wird als bildbar verstanden, als etwas, was den menschlichen Zwecken unterworfen ist. Die Welt wird in diesem Sinne nur als Material für Veränderungen akzeptiert und hingenommen. Das Rezept der Beherrschung wird in Kürze so ausgedrückt: Nur infinite Ersetzung und Konvertierbarkeit, unabhängig von der Qualität macht die Natur beherrschbar.[232] Was bedeutet diese Auffassung für die Kategorie der Form, die sowohl in der Naturwissenschaft als auch in der Ästhetik von besonderer Bedeutung ist? Die Kategorie der Form wird, was die Naturwissenschaften betrifft, in der pragmatischen Perspektive vorrangig als eine Kategorie der Umformung verstanden. Immer wird das Rohmaterial so umgeformt, dass es als Mittel dienen kann. Für Dewey ist Umformung eine fundamentale Kategorie.[233]

---

230 Vgl. Dewey, John, Kunst als Erfahrung, a.a.O., S. 174

231 Vgl. auch Ritter, Joachim, Die Aufgabe der Geisteswissenschaften in der modernen Gesellschaft, Münster 1961, S. 31

232 Vgl. Dewey, John, Die Erneuerung der Philosophie, a.a.O.., S. 117

233 Vgl. Dewey, John, Logik. Die Theorie der Forschung, a.a.O., 446ff

Das mag viele Fragen aufwerfen. Hier interessiert vor allem die geschichtliche Tatsache, dass die Bewegung, die die Naturwissenschaft untersucht, eine andere Struktur als einen natürlichen Rhythmus besitzt, der in der pragmatischen Ästhetik eine zentrale Rolle spielen soll. Es besteht ein Widerspruch zwischen dem ästhetischen Ideal der Natur von Dewey, das eine Anpassung an Naturvorgänge fordert und der Tatsache, dass auf der anderen Seite, die Natur als ein Widerstand begriffen wird, der von der Wissenschaft überwunden werden soll. Zu erinnern ist daran, dass die ästhetische Form von Dewey als das allgemeine Ideal der pragmatischen Erfahrung herausgestellt wird, also auch für jede Art von Erfahrung gelten soll. Dieser Widerspruch ist wohl um so bedeutsamer, wenn man ihn auf dem Hintergrund einer technischen Entwicklung sieht, deren Wandel durchaus nicht rhythmisch ist, sondern sich vielmehr durch ein beschleunigtes Wachstum auszeichnet. In der westlichen Moderne wird vielmehr Geschichte zu einem Steigerungsspiel und die Wissenschaft zu ihrem wichtigsten Träger; es herrscht die Vorstellung einer ständigen Möglichkeitserweiterung mit dem Glauben, dass diese sich unendlich fortsetzen lässt.[234]
Das Wort Rhythmus passt wohl eher zu einem romantischen Zeitgefühl, zu einem Protest gegen das lineare Denken, in eine Zeit, in der man noch meinte, das >ruhige Verfließen der Tage< genießen zu können. Damals versuchte man noch, sich ganz von der Zeit und ihrem Rhythmus tragen zu lassen.[235]

Immer wieder die Zeit

Eine Welt, die ein Übermaß an Zeit zur Verfügung hat, steht das begrenzte endliche Leben gegenüber, eine Bedingung für die Erfahrung des Problems der temporalen Indifferenz in der Moderne.

---

234 Vgl. Schulze, Gerhard, Die Beste aller Welten. Wohin bewegt sich die Gesellschaft im 21. Jahrhundert, München Wien 2003, S. 312

235 Vgl. Glasser, Richard, Studien zur Geschichte des französischen Zeitbegriffs, München 1936, S. 204

Was passieren kann, wenn die Erfahrung dieses Konflikts blockiert ist, hat Hans Blumenberg an einer dämonischen Figur der deutschen Geschichte beschrieben, die dem Wahnsinn verfallen war: Hitler.
Das Besondere ist, dass Blumenberg den übersteigerten Narzissmus, der sich in Hitlers Person verkörpert nicht aus einer geistigen Verwirrung erklärt, sondern aus einem Weltverhältnis.[236]
Die Bedingung der endlichen Zeit gehört mit zur Bestimmung des menschlichen Lebens, was die Möglichkeit nicht ausschließt, dass das einzige Leben das man hat, zum absolut Bestimmenden wird. Was, wie die Geschichte zeigt, dazu führen kann, dass man die Verfehlung seines Lebensziels zu der des Weltsinns macht. Hitler steht nach Blumenberg für eine äußerste Gewalttat, nämlich des Versuchs, die Weltzeit auf die Dimension der Lebenszeit zurück zu zwingen. Der objektive Zeitbedarf sollte dem subjektiven Zeitbesitz untergeordnet werden. Innerhalb eines Lebens sollte über die Geschichte entschieden werden. Wie es in einem der Bormann-Diktate heißt: >Ich hingegen stehe unter dem Schicksalsgebot, alles innerhalb eines einzigen kurzen Menschenlebens zu vollenden.<[237]
Vielleicht liegt in einer solchen Ankündigung auch die Kraft der Verführung, die Hitler gegenüber den Massen ausübte; in der Magie des Versprechens als Messias der Geschichte, im Schein absoluter Macht. Für Hitler konnte es nach Blumenberg für nichts, was er tat, so etwas wie den rechten Zeitpunkt geben. So hatte er den russischen Feldzug im Mai 1941 beginnen wollen und ihn um einen Monat verschoben, was sich dann wegen des Winterausbruchs als Fehler herausstellen sollte.
Es ist immer die Zeit, die ihn betrügt, die sich gegen seinen 'großen' Willen stellt.[238] Es muss für Hitler unerträglich gewesen sein, dass die Welt gleichgültig gegen sein Leben war, dass sie auch ohne ihn eine Geschichte hatte und haben würde. Hitlers Person kann als ein Ausdruck für das Leiden an der temporalen Indifferenz gelesen werden;

---

236 Vgl. Blumenberg, Hans, Lebenszeit und Weltzeit, Frankfurt am Main 1986, S. 82

237 Vgl. Ebd., S. 83

238 Vgl. Ebd., S. 82

mit der fatalen Konsequenz, dass er nicht die Fähigkeit besaß, mit diesem Leiden umzugehen.
Folgt man Blumenberg, so ist die Fähigkeit zur Relativierung des eigenen Lebens erforderlich, um dieses Leiden zu ertragen. Eine Form der Relativierung besteht wohl in dem, was man Institutionalisierung der Geschichte nennen kann, z.B. in den Wissenschaften. Was der Einzelne aufgrund seiner begrenzten Zeitspanne in der Wissenschaft nicht erreichen kann, wird im Idealfall zur Aufgabe der nächsten Generation.
Aber stimmt die These von Blumenberg, dass Hitler keine Welt hatte?[239] Das mag zutreffen, wenn man unter Welt einen Begriff versteht, der nur in der Reflexion zugänglich ist.
Dennoch hatte wohl auch Hitler seine Vorstellung von einem Ganzen, auch wenn sich dieses Ganze nur um seine Person drehte. Sicher kannte Hitler keine Welt im Sinne Platos, für den die Welt ein vernunftbegabtes Lebewesen war, ein Abbild des Äon. Wohl kaum auch gleicht seine Welt dem platonischen Gegenteil, dem Horizont des Sinns, diesem Inbegriff der Totalität des Möglichen, so wie sie Luhmann beschrieben hat.[240] Für Hitler vertrat nicht die Welt die Totalität des Möglichen, sondern sein Ich; die Welt war für ihn sein einziges Eigentum, ein Objekt über das man verfügen konnte. Die Welt war der Spielball seiner Möglichkeiten; sie war eine Art aufgeblasener Luftballon wie die Erde im Film 'Der große Diktator', den man leicht mit einem Arm in die Luft werfen konnte.

[239] Vgl. Blumenberg, Hans, Lebenszeit und Weltzeit, a.a.O., S. 84
[240] Vgl. etwa Luhmann, Niklas, Vertrauen, Stuttgart 1973, S. 3

Soweit die Erinnerung in Betracht kommt

Vom Nutzen der Geschichte

Vor dem Verlust der Erinnerung steht, wenn die Zeit noch bleibt, der Schrecken von der Vorstellung, was dann kommen mag. Vorausgesetzt, man gehört nicht zu denen, die vergessen wollen. Und dafür kann es ja auch einen guten Grund geben, z.B. ein furchtbares Ereignis, ein traumatisches Erlebnis.

Die Erinnerung dient in der Regel der Orientierung, nicht nur im Alltag. Wenn man sich nicht mehr erinnern kann, entfällt dieses Mittel der Orientierung. Was passiert, wenn der eigene Namen mit einem Mal vergessen wird, man nicht weiß, wer man ist, wo man wohnt, usw.? Wer sich erinnert, kann auf seine Erfahrungen zurückgreifen, auf einen Schatz an Orientierungen, der sich bewährt hat. Die Erinnerung verspricht, was in Wirklichkeit ein Axiom ist: Nichts geht verloren. Wer kennt nicht den Satz: >Was bleibt, ist die Erinnerung.< Und das ist ein Satz, der wie ein Trost klingt, gerade dann, wenn etwas unwiderruflich verloren wurde.

Es gibt auch Situationen, wo der einzelne an seinen Erinnerungen festhält, sich an ihnen klammert. Wer kennt nicht den Spruch: Früher war alles besser. Die Häufigkeit mit der ein solcher Spruch ausgesprochen wird, ist wohl der Ausdruck dafür, dass auch im Denken nicht selten gewünscht wird, in Traditionen unbeweglich zu verharren.

Für Nietzsche wäre dies wohl ein Versuch gewesen, die Vergangenheit zu mumisieren, ein Ausdruck der antiquarischen Art – so wie er sie bezeichnet – die Geschichte zu betrachten. In seiner Schrift 'Vom Nutzen und Nachteil der Historie für das Leben' geht es um die Bedeutung des historischen Sinns. Umfasst diese Bedeutung nicht auch den Sinn für die Erinnerung? Nietzsche stellt der Kraft des Erinnerns die Kraft des Vergessens gegenüber. Seine Frage ist, wie sieht die Grenze aus, an der das Vergangene vergessen werden muss: >Dass das Leben aber den Dienst der Historie brauche, muss ebenso deutlich begriffen werden als der Satz, der später zu beweisen sein wird – dass ein Übermaß der Historie dem Lebendigen schade.< Die Kunst besteht darin, eine Grenze im Verneinen des Vergangenen zu finden und das ist nach Friedrich Nietzsche eine durchaus gefährliche Sache. Wer nach ihm z.B. die Kraft des Vergessens nicht besäße, der wäre verurteilt, >überall ein Werden zu sehen: ein solcher glaubt nicht mehr an sein eigenes Sein, glaubt nicht mehr an sich, sieht alles in bewegte Punkte auseinander fließen und verliert sich in diesem Strom des Werdens: er wird wie der rechte Schüler Heraklits zuletzt kaum mehr wagen, den Finger zu heben.<[241] Das schreibt der frühe Nietzsche. Später wird er Heraklit in einem ganz anderen Lichte sehen. Man kann in diesem Sinne zwar glücklich wie ein Tier ohne Erinnerung leben, aber es ist nach ihm unmöglich ohne Vergessen zu leben. Das schreibt - wohlgemerkt - der Nietzsche der 'Unzeitgemäßen Betrachtungen'.

Nun kennt Nietzsche auch noch eine kritische Art die Vergangenheit zu betrachten, die nicht mit dem Vergessen-Können zu verwechseln ist. Der Mensch muss nach ihm diese kritische Art verwenden, um eine Vergangenheit zu zerbrechen und aufzulösen, um leben zu können.

Vorausgesetzt wird von ihm: >jede Vergangenheit aber ist wert, verurteilt zu werden.< Wenn dem aber so ist, wird die Kunst, eine Grenze im Verneinen des Vergangenen zu finden, nur unter Vorbehalt ausgeübt werden können. Wird dadurch nicht jede Erinnerung virtuell wertlos? Merkwürdig an dieser Stelle ist, wie er zu der Begründung kommt, dass jede Vergangenheit es wert ist, verurteilt zu werden. Dieses Urteil – wie er es nennt – wird vom Leben selbst verkündet, >jene dunkle, treibende, unersättlich sich selbst begehrende Macht.< Was er jedoch als Spruch des Lebens bezeichnet, ist fast identisch mit den Worten Mephistos in Goethes 'Faust':

> Denn alles, was entsteht, ist wert, dass es zugrunde geht.<

In den 'Unzeitgemäßen Betrachtungen' steht jedoch leider kein Hinweis auf den Urheber dieses Satzes. Die Tatsache bleibt jedoch an dieser Stelle aufschlussreich, dass das, was bei Nietzsche den Spruch des Lebens

[241] Nietzsche, Friedrich, Vom Nutzen und Nachteil der Historie für das Leben, in: ders., Unzeitgemäße Betrachtungen, München 1964, S. 76

ausdrückt, bei Goethe durch die Figur des Mephisto verkörpert wird, durch eine Figur, die für Goethe genau das Gegenteil darstellte. Verkehrte Welt, so möchte man meinen, aber für Nietzsche ist sie wohl nichts anderes als die Folge einer Umwertung der Werte, die er selbst in seiner Philosophie anstrebt.

Pragmatische Erinnerung

Welchen Begriff der Erinnerung hat die pragmatische Philosophie, die sich die Aufgabe stellt, eine neue Fassung des Begriffs der Erinnerung zu formulieren, der den modernen gesellschaftlichen Gegebenheiten angepasst ist? Es geht dabei um einen Begriff der Erinnerung, der sich in der veränderten Wirklichkeit bewähren soll. Diese Wirklichkeit selbst steht dabei für das pragmatische Denken nicht in Frage.
Wem die Vergangenheit dagegen ein unverrückbarer Maßstab der Orientierung ist, – und das gilt z.B. für die traditionelle platonische Philosophie und ihre Nachfolger -, dem ist ein anderer Begriff der Erinnerung unerlässlich. Die Erinnerung ist im Platonismus wie ein Organ der Tradition. Ähnlich verhält es sich später mit einer 'Phänomenologie des Geistes', die sich die Aufgabe stellte, die Vergangenheit mittels einer richtigen Interpretation von allen Irrtümern zu befreien. Die Aufklärung der vergangenen Geschichte wurde zum Moment einer Geschichte, die zum wahren Wissen führen sollte. Anders sieht es im Kontext des pragmatischen Denkens aus, für dass die Zukunft der Maßstab der Orientierung ist, das sich auf eine Art Odyssee in die Zukunft begibt und das in einem bestimmten Sinne 'heimatlos' ist? So schreibt etwa Herbert Mead: >Wir wissen, dass wir auf dem Weg sind, nicht jedoch, wohin wir gehen.<[242] Ist die pragmatische Philosophie nicht wie ein Reiseführer auf einer Odyssee in die Zukunft? Bezieht sie sich nicht auf ein Denken, in der die alte Welt sozusagen aufgegeben ist und eine neue noch nicht existiert? Oder anders als Problem ausgedrückt: Wie

---

[242] Mead, George H., Der Experimentalismus als eine Geschichtsphilosophie, in: ders., Gesammelte Schriften, Band 2, Frankfurt am Main 1987 , S. 256

sich orientieren, wenn das feste Land für immer verlassen wurde und man sich auf das feste Treiben auf dem Meer einzurichten hat? Wenn von einem sicheren Hafen nicht mehr die Rede ist? Unter dieser Voraussetzung, wird es philosophisch zur Aufgabe, sich in einer Wirklichkeit zurecht zu finden, für die – wie es Hans Blumenberg ausdrückt - Realität immer das Resultat einer Realisierung ist, aber nie definitive Verlässlichkeit.[243] Die Möglichkeit scheint dabei unverständlich geworden zu sein, dass etwas Gegebenes gültig sein könnte und als das eigentlich Seiende wahrgenommen werden kann.

Platon ging noch davon aus, dass sich das Gegebene als solches von sich her darbietet. Nach Dewey hingegen, nimmt nur der Wilde die Dinge so wie sie sind, wie er in 'Die Erneuerung der Philosophie' schreibt. Auch wenn er bei diesem Satz womöglich nicht unmittelbar an Platon gedacht hat, wird der Unterschied in der Sache deutlich. Die Kritik zielt bei Dewey auf ein Denken – wie das platonische -, dass noch die Betrachtung der Dinge in den Mittelpunkt der Bemühungen stellt. An einer anderen Stelle spricht er von der trügerischen Idee des Gegebenen, die zur Quelle der Schwierigkeiten und des Irrtums der klassischen Theorie wird. John Dewey lehnt das Wort ab, weil es etwas suggeriert, dem es gegeben ist, >Geist oder Denken oder Bewusstsein oder was auch immer.<[244]

Erinnerung als Leitfaden

Bei den Alten, z.B. in der Odyssee des Homer ist die Erinnerung wie eine Spur, wie ein Leitfaden, der eine sichere Heimfahrt verspricht. Dieser Spur zu folgen, ist allerdings, wie die einzelnen Episoden zeigen, alles andere als leicht. Wer von den Lotusfrüchten kostete, der dachte z.B. nicht mehr an Kundschaft oder an Heimkehr, der wollte die Lotophagen nicht mehr verlassen, sondern der Heimat entsagen.

---

[243] Blumenberg, Hans, Wirklichkeitsbegriff und Wirkungspotential des Mythos, in: ders., Ästhetische und metaphorologische Schriften, Frankfurt 2001, S. 362

[244] Dewey, John, Qualitatives Denken(1930), in: ders., Philosophie und Zivilisation, Frankfurt am Main 2003, S.107

So steht es im Neunten Gesang der Odyssee. Als Odysseus es bemerkt, fesselt er diejenigen, die davon probiert hatten. Was ihm bleibt, ist: >von dannen zu fliehen und sich in die Schiffe zu retten.<

Die Auflösung der Erinnerung ist in dieser Geschichte gleichbedeutend mit der Drohung: das Ziel, die Heimat, zu vergessen. Lotos ist eine orientalische Speise.

Nach Horkheimer und Adorno ist es kein Zufall, dass die Odyssee die Vorstellung des Schlaraffenlebens an das Essen von Blumen heftet. Die Blumen versprechen einen Zustand, in dem die Reproduktion des Lebens von der bewussten Selbsterhaltung unabhängig erscheint. Was als Drohung erscheint, ist ein Urzustand ohne Arbeit und Kampf in der >fruchtbaren Flur<, denn für die sich selbst erhaltende Vernunft gilt das Gegenteil: es gibt kein Glück an den Rändern der Welt.[245]

Wie auch in der Ideenwelt von Plato war die Seele in der Odyssee gefährdet vom Vergessen ihrer Herkunft in der Welt der Erscheinung. Wer im Genuss des 'Hierseins' versank, dem drohte der Verlust der memoria.[246] In der Odyssee gibt es allerdings auch Situationen, wo auch die Erinnerung nicht mehr weiterhilft, z.B. dann, wenn man an einen Ort gelangt, an dem man vorher noch nicht war. Als Odysseus in einer solchen Schwierigkeit ist, bedarf er der Hilfe von Kalypso. Es sind nach dieser Geschichte die griechischen Götter, die in einer solchen Ausweglosigkeit weiterhelfen. Sie wissen den Weg – so scheint die Geschichte zu sagen – auch dann, wenn man mittels eigener Erfahrung nicht mehr weiter weiß.

Erinnerung als Wiedererinnerung

Unter der Perspektive, dass die Philosophie auch eine Kunst der Orientierung ist, entwickelt schon der Platonismus die geeigneten Mittel, die diesem Zweck dienen. Deutlich wird dieser Zweck in der Bedeutung

---

245 Horkheimer, Max, Adorno, Th. W., Dialektik der Aufklärung, Frankfurt am Main 1969, S.70ff

246 Vgl. Blumenberg, Hans, Nachdenklichkeit als Bedenklichkeit, in: ders., Die Vollzähligkeit der Sterne, Frankfurt am Main 1997, S. 324

seines Begriffs der Erinnerung. Erinnerung ist im Platonismus Wiedererinnerung und ein Vermögen; sie wird zu einem Maßstab der Orientierung. Das wahre Wissen ist in diesem philosophischen Zusammenhang Erinnerung und nicht etwa die unmittelbare Erfahrung. Im Dialog 'Phaidros' wird die Erinnerung als eine besondere Fähigkeit beschrieben. Ist das Auge auch das schärfste der Sinne, so wird doch damit die 'Weisheit' nicht erblickt. Es ist nach Platon der Philosoph, der ununterbrochen in der 'Wiedererinnerung' verweilt, um göttlich zu sein. Die Erinnerung 'befiedert' den Geist. Nach dieser Vorstellung ist und bleibt die Welt der unmittelbaren Erfahrung daher eine Irrwelt und die Erinnerung das Mittel, um sich in ihr zu orientieren, d.h. die Erfahrung ist lediglich eine Durchgangsstation. Die Kunst besteht demnach darin, einen Weg mittels der Erinnerung zurück zu finden. Auch die Philosophie Platons beschreibt daher auf ihre Weise eine Heimfahrt, die eine Irrfahrt ist, eine Reise, für die die Zeitdimension der Vergangenheit von besonderer Bedeutung ist. Bei Kierkegaard heißt es in den 'Philosophischen Brosamen': Das griechische Pathos konzentriert sich auf die Erinnerung. Die sokratische Frage war, wie kann die Wahrheit gelernt werden und die Antwort war, dass alles Lernen und Suchen nur ein Erinnern sei. Der Einzelne hatte in diesem Sinne die Wahrheit schon immer, er hatte sie nur noch nicht entdeckt. Die Erinnerung ist in diesem Sinne ein Vermögen. Durch sie erschließt sich das, was letztlich als wirklich gilt.

Wie weit die platonische Idee von der Erinnerung die Geschichte der Philosophie noch beeinflusst hat, wird z.B. deutlich in einer frühen Schrift von Gehlen, der im Kontext mit dem Problem der Freiheit unter dem Gesetz, einen synthetischen Begriff der Freiheit entwickelt. Nach Gehlen muss die Bestimmung meines Willens dasselbe sein wie die Aneignung meines Wesens, woraus er folgert, dass ich eigentlich schon bin, was ich sein sollte. Sich-selbst-bestimmen bedeutet daher, dass man die Bestimmung seines Willens in sich selbst zu finden habe. Die eigentliche Aufgabe besteht damit nach ihm in einer Wiederholung und der Aufnahme dieser Bestimmung in das handelnde Dasein.[247]

---

[247] Vgl. Gehlen, Arnold, Theorie der Willensfreiheit, Berlin 1933, S. 127ff

Ein weiteres Beispiel ist die Phänomenologie von Husserl, die, was den Begriff der Erinnerung betrifft, noch einmal die Erbschaft von Plato antritt. Auch soll die platonische Einsicht gelten, dass wir eine Vergangenheit haben, die noch niemals unsere Gegenwart war.
Nach Husserl ist jede Wahrnehmung Erinnerung. Die Erinnerung an abgelaufene Erlebnisse wird zur individuell anschauenden Tätigkeit, auf deren Grundlage sich die phänomenologische Wesensanschauung vollzieht.[248]

Die Zukunft feiern

>Die Zukunft feiern, nicht die Vergangenheit. Den Mythos der Zukunft dichten!<[249] Diese Überlegungen von Nietzsche in seinen Vorarbeiten zu 'Also sprach Zarathustra' beschreiben eine Position des Denkens, die sich als Übergang versteht. Sie setzen eine neu erfahrene Zukunft voraus, die auf einer Denaturalisierung platonisch-aristotelischer Zeiterfahrung basiert. Schon Dilthey behauptet, dass wir uns passiv verhalten, wenn wir auf die Vergangenheit zurückblicken, als sei sie das Unabänderliche. Verhalten wir uns dagegen zur Zukunft, dann sollen wir uns frei fühlen. Die Perspektive der Zukunft erscheint in diesem Zusammenhang als Besitz unendlicher Möglichkeiten.
Das Denken wird bei Nietzsche zu einer Art Fest, zu einer Siegesfeier über eine Vorstellungswelt, die ehemals gültig war und nicht mehr gültig sein soll. Es ist die Geschichte einer Gefangenschaft mittels Begriffen, deren Ende von Nietzsche verkündet wird. Es geht um eine neue Freiheit, um eine Freiheit auch von einem bestimmten traditionellen Begriff der Erinnerung. Nietzsches Hymnus an den Fortschritt setzt den Prozess der Säkularisation als selbstverständlich voraus. Er ersetzt folgerichtig das, was Koselleck in seinem Buch 'Zeitschichten' als eine Opposition bezeichnet und einen Gegensatz bildete. Aus der traditionellen Opposition Diesseits und Jenseits, Zeit und Ewigkeit wird die

---

[248] Vgl. Sommer, Manfred, Lebenswelt und Zeitbewusstsein, Frankfurt am Main 1990, S. 188
[249] Nietzsche, Friedrich, in: Heidegger, Martin, Was heißt Denken? Tübingen 1984, S. 46

Opposition der Moderne, Vergangenheit und Zukunft. Durch den Prozess der Säkularisation verändert sich auch die Bedeutung der Erfahrung. War es bis zur Aufklärung üblich, dass die Begriffe im politischen Bereich vorrangig Erfahrung registriert und verarbeitet haben, so werden sie nunmehr zu dem, was Koselleck einen Bewegungsbegriff nennt, weil sie auf eine offene Zukunft ausgerichtet sind.
Er führt als Beispiel den Begriff der Republik an. Nach Koselleck stellte die Aufklärung alle Verfassungstypen unter eine Zwangsalternative. Es gab nur noch die Republik, alles andere wurde zur Despotie: >Das entscheidende an diesem neuen Oppositionspaar ist nun ihre Temporalisierung. Alle Verfassungstypen erhalten einen zeitlichen Indikator. Der geschichtliche Weg führt fort von der Despotie der Vergangenheit – hin zur Republik der Zukunft. Aus einem erfahrungsgesättigten Begriff 'Republik' wird ein Erwartungsbegriff.<[250]
Bedeutsam ist dieses Oppositionspaar von Vergangenheit und Zukunft auch in der Philosophie des Pragmatismus. Dort findet nämlich eine Umformung des Erfahrungsbegriffs statt, die für die Richtung dieses Denkens entscheidend wird. Erfahrungen gelten in diesem Sinne primär in Verbindungen mit Tätigkeiten, deren Bedeutungen in ihren objektiven Konsequenzen liegt, d.h. in Bezug auf die Zukunft.
Nach Dewey ist das, was erledigt und einfach nur da ist, nur in seinen Möglichkeiten von Interesse. >Als beendet, als gänzlich gegeben, ist es belanglos.<[251] Das pragmatische Denken verändert nach Morris die empirische Bedeutungstheorie. Es kommt zu einer Erweiterung der Bedeutung als Erwartung.[252] Aus dem Begriff der Erfahrung wird ein Bewegungsbegriff. Wie aus dem Satz von Dewey hervorgeht, wird damit zugleich auch eine Rangordnung, ein neues Wertverhältnis ausgedrückt.
In diesem Sinne verändert z.B. Rorty auch den Begriff der Transzendenz. Das Wort 'transzendent' kann nach ihm nicht mehr meinen als

---

[250] Koselleck, Reinhart, Zeitschichten, a.a.O., S. 333

[251] Dewey, John, Erfahrung, Erkenntnis und Wert, Frankfurt am Main 2004, S. 158

[252] Vgl. Morris, Charles W., Pragmatische Semiotik und Handlungstheorie, Frankfurt am Main 1977, S. 106

>'über unsere derzeitigen Praktiken hinausgehend in Richtung möglicherweise anderer Zukunftspraktiken.'<[253]
Es gibt nach ihm danach keine transzendente Ratio im Sinne Putnams, bei dem sich die Philosophie als kulturgebundenes Reflektieren und Argumentieren über zeitlose Fragen in der Zeit bewegt.
Auch Blumenberg hat auf die Veränderungen der philosophischen Begriffe durch die Säkularisation hingewiesen. Ein Beispiel dafür ist der Begriff der Wirklichkeit, der sich nach ihm entscheidend durch die Säkularisation verändert hat. Es gibt keine Wirklichkeit mehr, die momentan evident ist, so wie etwa bei Plato. Bei Plato gibt es noch die Vorstellung einer Wirklichkeit, die in einer Beziehung zur Erinnerung steht, die momentan evident ist.
Nach Blumenberg geht Platon davon aus, dass dem menschlichen Geist beim Anblick der Ideen sofort klar ist, dass er es mit einer letztgültigen und unüberschreitbaren Wirklichkeit zu tun hat. Das Wirkliche präsentiert sich in diesem Sinne von selbst. Im Augenblick seiner Präsenz ist es in seiner Überzeugungskraft unwidersprechlich da. Sehr gut passt in eine solche Vorstellungswelt die Metaphorik des Lichtes. Man denke etwa auch an die biblischen und anderen Berichte von der Erscheinung Gottes. In solchen Berichten ist für die Vermutung oder Befürchtung einer Illusion kein Platz.[254]
Die Wirklichkeit ist in diesem Sinne immer schon da, man muss sie nur wieder entdecken. Die Wirklichkeit im letzten Sinne ist vorgegeben und nicht etwas, was sich ändern könnte.
In dieser Tradition waren Licht und Arbeit daher zwei unverträgliche Vorstellungen. Das Licht war eine Metapher für eine Erleuchtung oder eine innere Vernunftnatur. Eine Erleuchtung, die erst durch Arbeit zu gewinnen wäre, war in diesem Zusammenhang kein rechtmäßiger Begriff.[255]
Eine andere Vorstellung von Wirklichkeit bildet sich im Prozess der Säkularisation heraus. Die Wirklichkeit, um die es seit der Aufklärung

---

[253] Rorty, Richard, Wahrheit und Fortschritt, Frankfurt am Main 2003, S. 90

[254] Blumenberg, Hans, Wirklichkeitsbegriff und Möglichkeit des Romans, in: ders., Ästhetische und metaphorologische Schriften, 1. Aufl., Frankfurt am Main 2001, S.49

[255] Vgl. Blumenberg, Hans, Die Verführbarkeit des Philosophen, Frankfurt am Main 2005, S. 189

geht, die liegt in der Zukunft. Sie ist eine, die nicht vorgegeben ist, sondern, die noch erst hergestellt werden muss.

In seiner Schrift 'Wirklichkeitsbegriff und Möglichkeit der Romans' spricht Blumenberg von einem Wirklichkeitsbegriff, der sich auf die Realisierung eines in sich einstimmigen Kontextes bezieht. In diesem Sinne wird Wirklichkeit zum Ergebnis einer Produktion. Hier gibt es keine momentane Evidenz mehr.

Die sich konstituierende Verlässlichkeit ist niemals endgültig. Wirklichkeit wird zum Grenzbegriff, zu einem Bestätigungswert der in der Intersubjektivität sich vollziehenden Erfahrung.[256]

In 'Erfahrung und Natur' heißt es aus pragmatischer Sicht, es gibt keine adäquaten Beglaubigungen für Eigenschaften mehr, die den Dingen >ins Gesicht geschrieben steht<.

In Bezug auf die Veränderung des Wirklichkeitsbegriffs schreibt John Dewey, dass durch das moderne naturwissenschaftliche Denken die Kategorien Potentialität und Wirklichkeit durch physischen Kontakt und Bewegung ersetzt wurden.

In dem naturwissenschaftlichen Diskursuniversum macht es nach ihm keinen Sinn, das eine exklusiv als das Wirkliche und das andere als dessen Erscheinung aufzufassen.

Erscheinungen beruhen auf Veränderungen. Psychologisch gesehen, ist die aktuelle Gegenwart nach Mead nichts anderes als eine zeitliche Dichte, d.h. die wirkliche Dauer von Dingen ist ein Geschehnis über das sich andere Geschehnisse erstrecken.

In der Reflexion löst sich diese zeitliche Dauer nach ihm in Augenblicke ohne zeitliche Dichte auf, zwischen denen nur die Relation des Aufeinanderfolgens besteht.[257]

Erscheinung bedeutet nach Dewey Wirkung. Der Begriff Wirklichkeit soll durch den Begriff der Tatsache abgelöst werden.

>Jede denkbare Form oder jeder Aspekt kann nach der Formel der Serie der Reihe nach als wirklich und die anderen als ihre Erscheinungen

---

256 Vgl. Blumenberg, Hans, Wirklichkeitsbegriff und Möglichkeit des Romans, in: ders., Ästhetische und metaphorologische Schriften, a.a.O., S. 52

257 Vgl. Mead, George H., Körper und Geist, in: ders., Gesammelte Schriften, Band 2, Frankfurt am Main 1987, S. 95f

aufgefasst werden. Aber die durch diese Sprache bezeichnete Tatsache ist einfach die Existenz einer Reihe von einem bestimmten Typ.<[258]
Falsch ist allerdings die pragmatische Behauptung an dieser Stelle, dass damit auch der Begriff Wirklichkeit abgelöst wird. Vielmehr wird der Begriff verändert, ist doch der einzige Maßstab der Wirklichkeit, die das naturwissenschaftliche Denken aus pragmatischer Sicht anerkennt, der Prozess.

Erinnerung und Erkenntnis

Der Bruch mit dem traditionellen platonischen Begriff der Erinnerung wird deutlich im analytischen Denken von Gilbert Ryle hervorgehoben. Nach ihm ist das Gedächtnis kein Vermögen oder eine Fähigkeit der Erkenntnis. Falsch ist nach ihm auch, das >sich an etwas erinnern< neben der Wahrnehmung und der Deduktion als ein Erkenntnisakt oder Vorgang zu betrachten. In 'Der Begriff des Geistes' schreibt er:
>Wenn ein Zeuge gefragt wird, woher er weiß, dass sich etwas zugetragen hat, dann wird er vielleicht antworten, er habe es gesehen oder es sei ihm erzählt worden (...). Er könne nicht erwidern, er habe dadurch entdeckt, was sich zutrug (...) Die Erinnerung und das Nichtvergessen sind weder 'Quellen' des Wissens, noch wenn das etwas anderes ist, Arten in denen wir Wissen erwerben.<[259]
Das Kriterium für Ryle ist: die Erinnerung ist kein Lernen, Entdecken oder Beweisen. Das Erinnern ist nach ihm wie das Wiederholen von etwas schon Gelerntem: >Es ist wie erzählen, nicht wie nachforschen.<
Wer noch davon ausgeht, dass die Erinnerung eine 'Quelle' der Erkenntnis ist, der befindet sich nach ihm im Irrtum.
Interessant ist, wenn man sich zum Vergleich und zur Unterscheidung die klassische griechische Position in dieser Frage vor Augen führt.

---

[258] Dewey, John, Eine naturalistische Theorie der Sinneswahrnehmung, in: ders., Philosophie und Zivilisation, Frankfurt am Main 2003, S. 193

[259] Ryle, Gilbert, Der Begriff des Geistes, Stuttgart 1997, S. 375

Die Wiederholung ist nämlich bei den Griechen ein Ausdruck für Erinnerung und das Erinnern ein Erkennen.

Zum Bau von Luftschlössern

Gleich zu Anfang seines Buchs 'Die Erneuerung der Philosophie' hebt Dewey den Begriff der Erinnerung hervor. Nach ihm ist Erinnerung etwas, was den Mensch vom Tier unterscheidet: >Bei den Tieren vergeht eine Erfahrung, sowie sie gemacht wird, und jedes neue Tun oder Leiden steht für sich allein.< Der Mensch hingegen kann nach ihm in der Erinnerung die Vergangenheit noch einmal erleben. Die Tiere leben danach lediglich in einer Welt physischer Gegenstände, der Mensch hingegen zusätzlich in einer Welt der Zeichen und Symbole. In diesem Sinne ist eine Flamme >nicht lediglich etwas, das wärmt oder versengt, sondern ein Symbol des fortdauernden Lebens des Haushalts.... sie ist der Herd, an dem man die Gottheit verehrt und für den man kämpft.< Der Unterschied zwischen Tierheit und Menschheit, zwischen Kultur und bloß physischer Natur besteht nach Dewey nur deshalb, weil sich der Mensch erinnern kann.

Aber, und das ist wichtig für seine weiteren Überlegungen: Erinnern ist nicht gleich Erinnern. Es kommt auf das 'wie' der Erinnerung an. Die Fähigkeit der Erinnerung wird nochmals unterteilt. Dewey nimmt an, dass Erinnerungen in der Frühzeit selten buchstabengetreu waren. Das primäre Leben des Gedächtnisses ist daher nach ihm eher emotional als intellektuell und praktisch. Man interessierte sich für die Geschichte, für das Drama. Was das Gedächtnis betraf, so ging es um Phantasie und Imagination und nicht um eine genaue Erinnerung.[260]

Der Urmensch lebt danach in einer Welt der Erinnerungen, die eine Welt der Gedankenanklänge (suggestions) war: >Ein Gedankenklang unterscheidet sich von einer Erinnerung dadurch, dass kein Versuch gemacht wird, seine Korrektheit zu überprüfen.<[261]

---

260 Vgl. Dewey, John, Die Erneuerung der Philosophie, a.a.O., S. 50ff

261 Vgl. Ebd., S.51ff

Tiererzählungen, Mythen und Kulte gehören demnach zu einer Welt der Gedankenanklänge. Unverkennbar ist das Schema dieser Überlegungen, die den Logos dem Mythos entgegenstellt, den Mythos zur Vorgeschichte des Logos macht, in diesem Falle dem Logos des naturwissenschaftlichen Denkens. Das Vorbild der exakten Erfahrung wird in die Vergangenheit projiziert.

Die Frage, ob auf diesem Weg vom Mythos zum Logos auch etwas auf der Strecke geblieben ist, ist dem pragmatischen Denken fremd. Der Mythos wird im Pragmatismus zum träumerischen System, das sich durch Inkonsistenz auszeichnet.

Ähnlich drückt sich Mead aus, wenn er die Mythen einfach als unmittelbare Apperzeptionen von unkritischer Wesen charakterisiert und dabei den Maßstab der naturwissenschaftlichen Erklärung und Reflexion auf den Mythos überträgt.

Nach Dewey sind die Quellen des Mythos noch in Kraft, die Mythen haben noch ihre Macht behalten, auch wenn die Entwicklung der Industrie und der empirischen Forschung es augenfällig macht, dass sie in der wirklichen Welt weder akzeptiert noch ertragen werden. Mythen sind in der pragmatischen Perspektive Phantasieprodukte, d.h. Luftschlösser. Ihre Berechtigung finden sie danach nur noch in den Ressorts Drama, Roman und Poesie, auch wenn, wie Dewey betont, an ihre Objekte nicht mehr geglaubt wird. Mythen besitzen demnach nicht mehr ihre poetische Qualität, die sie einmal besessen haben.

Unter primitiven Bedingungen sind sie nach Dewey Ideen über Natur, Träumereien im Interesse von Emotionen. Mythen waren Produkte der Phantasie, aber kein Wahnsinn. Sie stellten die einzige Antwort auf die Herausforderung der Natur dar. Daraus schließt Dewey, dass die Behauptung ähnlicher Ideen heute Wahnsinn ist, >weil die verfügbaren intellektuellen Ressourcen und Kräfte radikal andere Anpassungen möglich machen und erfordern.<[262]

Etwas als Wahnsinn zu etikettieren, erklärt allerdings nicht, warum es auch moderne Formen des Mythos gibt. Sollte der Mythos noch heute eine Verarbeitungsform der Wirklichkeit sein, die von Bedeutung ist?

---

[262] Dewey, John, Erfahrung und Natur, a.a.O., S. 221

Die Argumentation von Dewey erinnert an den Beginn der Aufklärung, an Fontenelle, der sich darüber verwundert zeigte, dass die Mythen der Griechen immer noch nicht aus der Welt verschwunden waren. Auch für Fontenelle haben nur Dichtung und Malerei den Mythen zum Überleben verholfen.[263]

Auch wenn der Pragmatismus den Mythos als träumerisches System abwertet, so ist doch nicht zu übersehen, dass der Pragmatismus selbst eine Arbeit am Mythos des Prometheus leistet und darstellt. Seine Gestalt des Prometheus tritt allerdings nun wie schon in der Aufklärung als Pionier des Neuen auf. Es ist eine Figur, die dabei eine Betriebsamkeit verkörpert, die keine Grenzen kennt und dessen Feuerraub längst entfrevelt ist.

Statt das Ende des Mythos zu verkünden, so wie es im Pragmatismus geschieht, ist es wohl besser, über die Arbeit am Mythos nachzudenken, die dem pragmatischen Denken selbst zu Grunde liegt.

Prometheus, aber auch Homo Faber sind in der abendländischen Kulturgeschichte Prototypen des Pragmatismus.

Das menschliche Gedächtnis ist begrenzt, aber nach Dewey ist diese Begrenzung auch eine Qualitative. In der Regel besteht nach ihm das Gedächtnis nicht aus Erinnerungen an wirkliche Tatsachen, sondern aus Assoziation, Gedankenanklang, dramatischer Phantasie. Nur in einer Zeit der wirklichen Arbeit und des Kampfes ist danach die Welt der Träume zurückgedrängt. Aus pragmatischer Sicht sind solche Täuschungen durch die Erinnerung nichts Ungewöhnliches. Die Erinnerungen werden durch das Sieb der Phantasie gefiltert, um den Forderungen der Emotionen zu genügen.

Nach Dewey ist es daher kein Wunder, das die Poesie der Prosa vorausging. Vergangene Erfahrungen werden in diesem Sinne überarbeitet, >um zu glätten, was sie an Unannehmbaren, und zu vergrößern, was sie an Erfreulichem enthalten.<[264]

In 'Erfahrung und Natur' wird Demokrit zitiert, um eine Variante dieser Transformation auszudrücken:

---

[263] Vgl. Blumenberg, Hans, Arbeit am Mythos, Frankfurt am Main 1979, S. 290

[264] Dewey, John, Die Erneuerung der Philosophie., a.a.O., S.149

>Die Menschen haben sich vom Zufall(tyche) ein Bild geformt zur Beschönigung ihrer eigenen Unberatenheit.< Spontan erweckte Gedanken sollen die Tendenz beinhalten, die Erfahrung zu idealisieren. Der Erfahrung wird Qualitäten verliehen, die sie in Wirklichkeit nicht hat. Danach arbeiten Zeit und Gedächtnis wie ein Künstler, d.h. sie formen die Realität nach Herzenslust um.
Vorausgesetzt, und das betont Dewey, die Imagination wird nicht durch die Zügel der prosaischen Welt daran gehindert. Erfahrungen werden in diesem Sinne durch die Imagination umgeformt und das betrifft vor allem Dinge, die in Wirklichkeit fehlen. Was in Wirklichkeit schwierig und enttäuschend ist, wird von der Phantasie zu einem positiven Bild gemalt. Aus der Sicht des Pragmatismus ist diese Tendenz zur Idealisierung nicht nur eine Frage der individuellen Psychologie, sondern stellt auch einen stark ausgeprägten Zug der klassischen Philosophie dar. Das gilt für die Auffassung einer letzten, höchsten Realität, die ihrem Wesen nach idealer Natur ist: >Die Götter waren wie Sterbliche, aber Sterbliche, die ausschließlich das Leben führten, das Menschen gerne führen würden.<[265] In diesem Zusammenhang war auch die Philosophie eine Erzählung, eine Geschichte, die im Interesse einer verfeinerten Art von Genuss komponiert wurde.
Der Stoff war nach Dewey dabei dialektisch geordnet und mündete in einer Kosmologie und Metaphysik.[266] Die Welt der Tatsachen ist aus pragmatischer Sicht – und das ist eine Konsequenz dieser Überlegungen - ein Gegensatz zu der Welt des Traums. Das heißt nicht, das nach dieser Vorstellung auch eine persönliche Hingabe an die Welt der Phantasie möglich ist – so wie das Dewey formuliert – aber man sollte diese Hingabe nicht mit dem Resultat einer objektiven Erfahrung verwechseln.[267] Das Ideal des naturwissenschaftliche Denken ist für den Pragmatismus das Modell der Erfahrung.
Aber werden nicht die Maßstäbe des pragmatischen Denkens in die Vergangenheit projiziert? Ist die Phantasie, was z.B. die kulturellen

[265] Dewey, John, Die Erneuerung der Philosophie., a.a.O., S. 151
[266] Vgl. Dewey, John, Erfahrung und Natur, a.a.O., S. 97
[267] Vgl. Dewey, John, Die Erneuerung der Philosophie., a.a.O., S.54

klassischen Institutionen betrifft, lediglich eine Fälscherwerkstatt? Sind ihre Produkte eine Art Likör, um die Realität zu verschönern, indem man die Sorgen vergisst?

War das Gedächtnis ehemals in diesem Sinne wirklich ein wahrer Künstler? Reine Fakten der Erinnerung gibt es nicht. Das kann zu dem Schluss führen, das dasjenige, was kein Faktum ist und nicht der exakten Messung unterliegt in den Bereich des Narrativen gehört. Damit scheint die Frage auch über den Standard der Wirklichkeit entschieden, wenn da nicht der Zweifel sich melden würde, ob das Faktische selbst diesem Anspruch genügen kann. Die Möglichkeit, die Vergangenheit zu idealisieren, besteht. Aber trifft diese Möglichkeit nicht auch für ein Denken zu, das die Zukunft zum Mittelpunkt des Interesses macht? Es ist daher kein Zufall, dass Mead z.B. bei einem Vergleich von Spielformen die Bedeutung des Wettkampfs für die Gesellschaft hervorhebt, denn nach ihm hat der Wettkampf eine Logik, die eine bestimmte Identität ermöglicht. Bei einem Wettkampf sind die Handlungen aller Personen auf ein bestimmtes Ziel miteinander verbunden. Sie sind folglich zukunftsorientiert. Der Gegensatz zu dieser Form des Wettkampfs bildet nach ihm das einfache Spiel, in dem es nur eine Folge von verschiedenen Rollen gibt, das für die Persönlichkeit des Kindes entscheidend ist: >Das Kind ist in einem Moment dieses, im anderen jenes. Was es in diesem Moment ist, entscheidet nicht darüber, was es im nächsten Moment sein wird. Das macht sowohl den Charme als auch die Mängel der Kindheit aus. Man kann sich nicht auf das Kind verlassen; man kann nicht annehmen, dass alle Aktionen die darauf folgenden Aktionen bestimmen werden.<[268] Nach Mead besitzt das Kind noch keine definitive Persönlichkeit.

Das pragmatische Denken idealisiert nicht die Erfahrung, die sich auf die Vergangenheit bezieht, wohl aber die zukünftige Erfahrung. In seinem Aufsatz 'Die Notwendigkeit einer Selbsterneuerung der Philosophie(1917)' schreibt Dewey: >was sollte die Erfahrung anders sein als eine Zukunft, die in einer Gegenwart enthalten ist!< Das schließt nach ihm nicht aus, dass die Rückgewinnung der Vergangenheit in der

---

[268] Mead, George H., Geist, Identität und Gesellschaft, a.a.O.., S. 201

Phantasie für die Eroberung der Zukunft unentbehrlich ist, aber sie ist nur ein Mittel.

Eigene und bestehende Welt

Was hat die neuzeitliche Naturwissenschaften verbindlich gemacht, so fragt Blumenberg in seinem Aufsatz 'Wirklichkeitsbegriff und Wirkungspotential des Mythos'?
Es ist eine Vorgehensweise in denen jedes Resultat über einen Gegenstand seine Vorgänger verdrängt und einem nur noch historischen Interesse überliefert. Damit stellt sich die Frage, welcher Wert die Vergangenheit überhaupt im naturwissenschaftlichen Denken noch beigemessen werden kann? Wenn z.B. Dewey davon spricht, dass eine neue Richtung des Denkens möglich sei, dann bezieht er das auf ein solches Modell des naturwissenschaftlichen Denkens, indem das Alte und Neue in einem bestimmten Sinne als unverträglich erscheinen. Der kosmologische und ontologische Schutt des Denkens ist nach Dewey beiseite zu kehren, sonst gibt es nach ihm keinen Fortschritt.
Den Erfolg der naturwissenschaftlichen Methode der Erkenntnis vor Augen behauptet er, dass die Aufdeckung des Neuen und das Zurücklassen des Alten als selbstverständlich hingenommen wird.[269]
Eine Selbstverständlichkeit, die er sich wohl eher herbeiwünscht, denn im nächsten Satz korrigiert er sich, wenn er diese Art des Denkens als noch weit davon entfernt sieht, sich allgemeiner Anerkennung zu erfreuen. Ein besonderer Aspekt ist, das dieser Wunsch nach einem Vorrang des Neuen in dieser Form auch eine Trennung von eigener und bestehender Welt impliziert. So schreibt Herbert Mead: >Die Welt, die aus der Vergangenheit auf uns kommt, beherrscht und kontrolliert uns. Wir beherrschen und kontrollieren die Welt, die wir entdecken und erfinden.<[270]

---

269 Vgl. Dewey, John, Die Erneuerung der Philosophie, a.a.O., S. 33

270 Mead, George H., Wissenschaftliche Methode und wissenschaftliche Behandlung moralischer Probleme, in: ders., Gesammelte Schriften, Band 1,Frankfurt am Main 1987, S. 370

Für den Pragmatismus wird die Einführung der naturwissenschaftlichen Methode zur Revolution des Denkens, dazu passt auch der pragmatische Traum eines Ministeriums für Ruhestörung.

Fortschritt des Denkens setzt in diesem Sinne immer die Destruktion oder Desintegration des alten Wissens voraus, bevor das neue geschaffen werden kann. Das es sich bei diesem Vorgang um einen permanenten Prozess handeln soll, wird deutlich, wenn John Dewey behauptet, dass nur dann Sicherheit erreicht werden kann, wenn der Fortschritt der Erkenntnis kontinuierlich ist. Nur das sei eine Möglichkeit altes Wissen vor dem Verfall in dogmatische, auf Autorität hin übernommene Lehren oder vor einem unmerklichen Abgleiten in Aberglauben und Alt-Weiber-Geschichten zu sichern.[271]

Aber geht es wirklich um den Schutz des alten Wissens?

Francis Bacon ist ein Vorbild dieses Denkens. Der Satz >Wissen ist Macht< beinhaltet das Ziel einer fortschreitenden Herrschaft über die Naturkräfte. Ein anderes Erbe ist die evolutionäre Biologie von Charles Darwin. Nur die Gattung überlebt, deren Verhalten eine bestimmte Beziehung zu einer spezifischen Zukunft hat, die durch die Umwelt der Gattung charakterisiert wird. Es ist die Gattung, die die Zukunft sicherstellt. Pragmatischer Empirismus ist im wesentlichen ein biologisch orientierter Empirismus.[272]

Dewey schreibt: >Die Zukunft beherrscht jetzt die Vorstellungen, nicht mehr die Vergangenheit.<[273] Und das ist eine Zukunft, die als eine lediglich vom Menschen Gemachte verstanden wird.

Das Programm beinhaltet nichts weniger als die Neuerschaffung der Welt. Wie soll dies möglich sein? Indem die Welt in ein Werkzeug und Besitztum der Intelligenz umgewandelt wird.

Der Mensch ist nach Dewey verantwortlich für diese Neuerschaffung der Welt. Wenn der Mensch schon bisher nicht das Maß aller Dinge war, so soll er es offenbar nunmehr in Zukunft sein. Das schließt wohl auch die Möglichkeit ein, dass die zweite Natur zu einem Prototyp der

---

[271] Vgl. Dewey, John, Die Erneuerung der Philosophie, a.a.O., S.81f

[272] Vgl. Morris, Charles, pragmatische Semiotik und Handlungstheorie, a.a.O., S. 197

[273] Dewey, John, Die Erneuerung der Philosophie, a.a.O., S. 95

bestehenden Welt wird. Ein warnendes Beispiel aus der Geschichte, wozu dieser Schein der Machbarkeit u.U. in der Politik verführen kann, wobei zugleich die Vergangenheit in ihrer Relevanz herabgesetzt wird, bietet die triumphierende Äußerung eines Satrapen Napoleons:
>in einem Staat wie dem unsrigen, auf Sieg gegründet, gibt es keine Vergangenheit. Er ist eine Schöpfung, in welcher, wie bei der Schöpfung des Weltalls, alles was vorhanden ist, nur als Urstoff in der Hand des Schöpfers und aus ihr vollendet in das Dasein übergeht.<[274]

Formen der Potentialität

Ich hatte nur ein Thema vor Augen, schreibt Dewey in 'Die Erneuerung der Philosophie': Es ist sein Ziel, die Auffassung von der Natur zu revolutionieren. Dazu gehört auch, was die Sache betrifft, eine Veränderung des Begriffs der Potentialität.
Was ist möglich? Kann ich mich an das Mögliche erinnern? Aber was soll diese Frage? Nun, diese Frage macht Sinn, wenn das Mögliche durch das Vergangene bestimmt wird, wenn es z.B. einer zyklischen Bewegung untergeordnet ist. Etwas kann zum Fall der Vergangenheit werden, z.B. als Fall ewiger Formen. So bedeutet nach Dewey Potentialität bei den Griechen, die Leichtigkeit, mit der ein bestimmtes Ding die wiederkehrenden Prozesse seiner Art wiederholt. Der Begriff Potentialität drückte für ihn eine geschlossene Welt aus, ein Reich in der jede Veränderung nur innerhalb unwandelbarer Grenzen stattfand. So hatte jede Art von Materie ihre eigentümliche Bewegung:
>Nur Veränderungen, die zu einem definierten oder fixierten Ergebnis, also einer Form führen, sind bedeutsam und der Erklärung fähig – nur von ihnen kann es einen logos oder Vernunftgrund geben.<[275]
Die Bewegung von der Eichel zum Eichenbaum ist in diesem Sinne vorherbestimmt. Der Begriff der finalen Ursache drückt diesen Sachverhalt aus. Dieser Formbegriff wirkt bis in die Aufklärung hinein.

---

274 Vgl. Koselleck, Reinhart, Vergangene Zukunft, Frankfurt am Main 1989, S. 61

275 Dewey, John, Die Erneuerung der Philosophie, a.a.O., S. 103

In der Philosophie von Shaftesbury wird z.B. die Ästhetik hervorgehoben, d.h. auch die Wahrheit kann in ihrem Kern nur vom Sinn der Form her bestimmt werden. Vorausgesetzt wird, dass alles Wirkliche an der Form teilhat, dass es keine ungefügte Masse ist, sondern ein Ebenmaß besitzt. Werden und Bewegung bewahren so in diesem Sinne immer eine rhythmische Ordnung und Regel.[276]

Oder da ist Herder, für den der Mensch die letztmögliche Form der Natur darstellt. Der aufrechte Gang des Menschen wird zur Auszeichnung vor allen anderen Geschöpfen erklärt, der Mensch zum Gott der Tiere ernannt.[277]

Spuren der griechischen Auffassung von Potentialität finden sich auch noch in neuerer Zeit z.B. in der Anthropologie von Rothacker.

So erklärt es Rothacker zu einer Eigenschaft des Verstandes, dass er das Werden von Neuem nicht verständlich machen kann, d.h. wenn etwas Neues entsteht, sagt der Verstand: also war es potentiell, virtuell schon da.[278]

Der griechische Begriff der Potentialität zieht sich in seinen Formen durch die Geschichte der Philosophie wie ein roter Faden. Aber nicht nur in der Philosophie findet man ihn, sondern auch noch in der Religionswissenschaften, so etwa bei Paul Tillich, für den die Aufgabe des moralischen Imperativs noch darin besteht, das zu verwirklichen, was der Mensch essentiell und potentiell ist, nämlich eine 'Person-sein'.[279]

Der moderne Begriff der Potentialität kennt nach Dewey hingegen die Möglichkeit der Neuheit, der Erfindung, der radikalen Abweichung, der Mutation. Es ist nach ihm ein Begriff, der im Kontext der modernen Wissenschaft bestimmt wird. Eine Potentialität nicht nur neben der Natur, sondern der Natur entgegengesetzt, wird denkbar. Das 'possibile' soll nicht mehr von der 'potentia' und den entsprechenden Ideen her definiert werden, sondern die 'potentia' soll sich nunmehr durch die

---

276 Vgl. Cassirer, Ernst, Die Philosophie der Aufklärung, Hamburg 1998, S. 202f

277 Vgl. Herder, Johann Gottfried, Ideen zur Philosophie der Geschichte der Menschheit, Wiesbaden 1971, S. 100

278 Vgl. Rothacker, Erich, Philosophische Anthropologie, Bonn 1966, S. 183

279 Vgl. Tillich, Paul, Das religiöse Fundament des moralischen Handelns, Ges. Werke Band III, Stuttgart 1966, S. 18

'possibile' bestimmen. Für das pragmatische Denken wird der logische Umfang des Möglichkeitsbegriffs maßgebend. Es ist die Potentialität einer mechanischen Welt, die im pragmatischen Denken an Bedeutung gewinnt. Der Begriff der Qualität soll in einem bestimmten Sinne seine Relevanz verlieren. Was in diesem Sinne in Bezug auf die Natur zählt, das ist die Quantität. Die Frage der Macht wird zum Leitprinzip.

Die Wege der Macht und der Wissenschaft sind schon bei Bacon aufs engste miteinander verbunden. Daedalus ist z.B. für Bacon der Erfinder, der die Kunst des Fliegens den Vögeln abguckt. Für Daedalus war jede Kunst nur als Nachahmung der Natur möglich. Wenn die Leistungen der Natur an Formen gebunden war, - und das war die griechische Annahme -, galt es, um diese Leistungen künstlich zu erreichen, die Formen der Natur möglichst genau nachzubilden. Hier sieht Bacon auch den Grund, warum die Griechen mit ihrer Theorie keine technischen Effekte hervorbringen konnten. Der griechische Begriff der substantiellen Formen fesselte nach Bacon den Begriff von dem, was der Mensch bewerkstelligen könnte. Mimesis als Norm führte in diesem Sinne 'naturgemäß' zu Misserfolgen.[280] Qualitäten sind, wie Dewey aus der pragmatischen Perspektive schreibt, nicht länger Dinge, mit denen etwas zu tun ist; sie sind schon getane Dinge, d.h. Wirkungen, die erfordern, dass man sie durch Formulierung und Beschreibung in mathematischen und mechanischen Relationen erkennt.[281]

Die Natur und ihre Herrlichkeit ist durch diese Sichtweise dahin. Ein Umstand, der den Einzelnen nach Dewey – wie er in 'Die Erneuerung der Philosophie' schreibt – deshalb nicht zu quälen hat, weil es um die mechanische Kontrolle natürlicher Energien geht. Ziel ist es, die Natur in mechanischen Begriffen zu konstruieren. Nur so soll die Natur menschlichen Zwecken zu unterwerfen sein. Die Herrlichkeit der Natur, auf die von Dewey angespielt wird, war allerdings schon zum Ausgang des Mittelalters in Europa dahin. Die Natur erschien zu dieser Zeit schon zunehmend gleichgültiger und rücksichtloser gegenüber

---

280 Vgl. Blumenberg, Hans, Der Sturz des Ikarus, in: ders., Die Vollzähligkeit der Sterne, Frankfurt am Main 1997, S. 50

281 Vgl. Dewey, John, Erfahrung und Natur, a.a.O., S. 137

dem Menschen, was bedeutete, dass die Natur selbst ein Gegenstand des Interesses wurde. Die Natur musste für den beherrschenden Zugriff materialisiert werden, d.h. sie sollte verfügbar gemacht werden. Mechanische Potentialität gewinnt ihren Spielraum aus dem Angriff auf die Natur. Unter dieser Voraussetzung machte die Suche nach einem konstanten Faktor in einer Veränderung keinen Sinn mehr, eine Vorstellung, die davon ausgeht, dass es etwas Festes in der Natur gibt, das im Wechsel unverrückbar ist. Vielmehr geht es nach Dewey darum, eine konstante Ordnung des Wechsels zu bestimmen.

Alles wird zum Fall der Veränderung, des Wechsels. Nicht das >Erinnern können< ist in diesem Zusammenhang eine Fähigkeit, sondern das >Vergessen können<. Zum Problem wird die mangelnde Anpassung an Prozesse, die sich beschleunigt verändern.

Die Erinnerung an eine eigentümliche Bewegung wird in dieser Perspektive zu einem altertümlichen Relikt.

Bedeutet Potentialität gar aus pragmatischer Sicht die Potenz zur Aufhebung der Natur? Wird die Natur nicht zu einem bloßen Rohstoff der 'ars humana'? Potentialität der Natur und mechanische Potentialität sind im Pragmatismus entgegengesetzt. Folgt man dem pragmatischen Denken, so drängt sich die Frage auf, ob nicht das eine auf die Auflösung des anderen hinstreben muss?

Erfahrung aus pragmatischer Sicht

Die Erinnerung, der Blick zurück, was kann er auf dieser Geschichte einer Odyssee in die Zukunft zählen, die das pragmatische Denken auszeichnet? Gibt es für dieses Denken einen Verlust, den man in der menschlichen Geschichte zu beklagen hätte? Oder befindet sich die Geschichte seit ihren Anfängen auf einen Weg ins Bessere?

Wird Geschichte nicht im Pragmatismus als Fortschritt idealisiert?

Diese Fragen sind interessant im Zusammenhang mit dem pragmatischen Erfahrungsbegriff.

In 'Der Pragmatismus' beschreibt James den Prozess der subjektiven Erfahrung als einen Lernvorgang. Der Einzelne hat danach einen Vorrat an alten Ansichten. Dann stößt er auf eine neue Erfahrung, die das vorhandene Wissen in Bewegung setzt, vielleicht, weil ein Widerspruch existiert: >Das Resultat ist eine Verwirrung in unserem Innern, die unserm Geiste bis jetzt fremd war, von dem wir uns nun befreien wollen, indem wir unsere früheren Meinungen modifizieren. Wir retten davon, soviel wir können, denn in solchen Glaubenssachen sind wir alle extrem konservativ.<[282]
Was er damit wohl sagen möchte, ist, das selbst größte Umwälzungen in unseren Überzeugungen, den größten Teil des alten Wissen bestehen lässt. Die Rolle der alten Wahrheiten ist danach maßgebend für neue Erfahrungen. Wenn Phänomene auftreten, die eine Neugestaltung unserer Auffassungen erfordern, kann es passieren, dass der Einzelne seine Vorurteile ignoriert oder gar denjenigen schlecht behandelt, der für diese drohende Veränderung verantwortlich scheint. Was die subjektive Perspektive betrifft, so wird eine neue Ansicht erst dann akzeptiert, wenn sie sich sowohl an die alten Vorstellungen anlehnt als auch neue Tatsachen in sich begreift.
Der Erfolg einer neuen Wahrheit ist von einer subjektiven Bewertung abhängig. Diese Hervorhebung des Subjektiven in Bezug auf den Wahrheitsbegriff heißt bei Schiller 'Humanismus', ein Begriff, dem später das Wort 'Pragmatismus' folgte.[283] Aber wie wird die Vergangenheit bei der Verarbeitung der Erfahrung berücksichtigt, so wie es nach diesen Sätzen von James nahe liegt? Ist die Rolle der alten Wahrheiten gar maßgebend? Auch der Pragmatismus hebt die Bedeutung der Vergangenheit z.B. bei der Erforschung des Verhaltens des Menschen hervor, weil das Verhalten auch die Umwelt und die Geschichte des Menschen mit einschließt. In diesem Sinne kann aus pragmatischer Sicht auch nicht das Geistige von einer Theorie eliminiert werden, falls sie nicht versucht, das Geistige als etwas zu verstehen, was sich über der Empirie erhebt. Wenn das Geistige irgendwo gefunden werden kann, so

---

282 Vgl. James, William, Der Pragmatismus, a.a.O., S. 38

283 Vgl. Ebd., S. 41

schreibt John Dewey in 'Körper und Geist (1928)', dann muss es im Verhalten gefunden werden, welches Gegenstände der Begierde, des Denkens und der Zuneigung umfasst. Wie Dewey schreibt, wird das viele Menschen nicht davon abhalten, zu glauben, dass geistige Phänomene wirkliche Tatsachen sind und sie als Beweis einer mysteriösen Substanz, genannt Geist, Seele oder Bewusstsein zu behandeln.
Das Geistige ist für den Pragmatismus jedoch keine wirkliche Tatsache, sondern eine Ableitung oder Faktor z.B. aus Umwelt und Geschichte.
Wie schon in der Geschichtsphilosophie von Hume wird im Pragmatismus der Substanzbegriff kritisiert. Als pragmatischer Betrachter der Geschichte erfreut man sich an der Anschauung des Werdens als solcher ohne auf eine Substanz oder Wesen zu spekulieren.
Für den Pragmatismus macht es keinen Sinn im Werden noch nach einer 'Vernunft' zu suchen. Auch wenn man den pragmatischen Begriff des Geistigen voraussetzt, so ist damit noch nicht die Frage beantwortet, welche Bedeutung dieses Geistige in der Gesellschaft besitzt.
Vergleichbar ist der Begriff des Geistes von Dewey auch mit dem Begriff von Mead. Auch nach Mead ist der Geist nicht etwas in einem Organismus, sondern er ist eine Verhaltensweise, in der die Relation des Organismus zu der Welt, die da ist, durch signifikante Symbole vermittelt wird.[284]
Im Unterschied zu Wundt, der den Begriff des Geistes voraussetzt, um den gesellschaftlichen Erfahrungsprozess zu erklären, wird bei Mead der gesellschaftliche Erfahrungsprozess zeitlich dem Auftreten des Geistes vorangestellt. Mit anderen Worten, Geist entsteht danach durch die Kommunikation, der Übermittlung von Gesten innerhalb des gesellschaftlichen Prozesses und nicht etwa die Kommunikation durch den Geist.[285] An einer anderen Stelle bezeichnet er die reflexive Intelligenz als typisch für das, was mit dem Wort 'Geist' in pragmatischer Sicht beschrieben werden kann. Es ist diese Intelligenz, die es dem Menschen ermöglicht, sich auf die in Ideen gegenwärtige Zukunft zu

284 Vgl. Morris, Charles W., Pragmatische Semiotik und Handlungstheorie, a.a.O., S. 169f.

285 Vgl. Mead, George H., Geist, Identität und Gesellschaft, Frankfurt am Main 1973, S. 89

beziehen. Im Unterschied zum Tier kann sich nach Mead der Mensch zukünftige Ereignisse vorstellen.[286]

Experimentelle Intelligenz

Es gibt für das pragmatische Denken ein entscheidendes Kriterium für die Bedeutung der Vergangenheit. >Soweit die Vergangenheit in Betracht kommt< schreibt William James in 'Der Pragmatismus', >ist kein Unterschied.< , d.h. es macht danach keinen Unterschied, ob man die Welt als ein Produkt der Materie oder als eine Schöpfung Gottes betrachtet. Schon anders sieht es aus, wenn man die Dimension der Zukunft in die Betrachtungen einbezieht. Denken ist in dieser Perspektive nur relevant, wenn es auch praktische Konsequenzen hat.
In diesem Sinne ist auch der Begriff Gott für William James noch von Bedeutung. Gott ist ein Wort der Verheißung: >Kehren wir damit zur Erfahrung zurück, so können wir vertrauensvoller in die Zukunft blicken. Wenn eine sehende und nicht eine blinde Kraft den Lauf der Welt bestimmt, so können wir vernünftigerweise einen besseren Endausgang erwarten.<[287] Das Vertrauen zur Welt hat eine praktische Bedeutung. Aber für wen gilt diese praktische Bedeutung? Wohl kaum für den Pragmatisten selbst. Nicht jeder braucht daher nach James diese Medizin. Der Pragmatiker hat seine eigene Religion: Gott ist für ihn in seinem Himmel, und so ist in der Welt alles in Ordnung.[288]
Für das wissenschaftliche Denken bedeutet die Vergangenheit noch etwas anderes, etwas, das man zurücklässt. In 'Die Erneuerung der Philosophie' schreibt Dewey: >Erfahrung bedeutet das Neue, das, was uns von dem Festhalten an der Vergangenheit wegreißt, das, was neue Tatsachen und Wahrheiten enthüllt. Vertrauen in die Erfahrung erzeugt nicht Hingabe an den Brauch, sondern Fortschrittseifer.< Aber nicht jede Erfahrung führt zu diesem Resultat.

---

[286] Vgl. Mead, George H., Geist, Identität und Gesellschaft, a.a.O. S. 160

[287] James, William, Der Pragmatismus, a.a.O., S. 72

[288] Vgl. Ebd., S. 77

Das pragmatische Denken unterscheidet daher zwischen der empirischen und der experimentellen Erfahrung. Erst die experimentelle Erfahrung der Wissenschaft verwendet die alte Erfahrung, um Ziele und Methoden einer verbesserten Erfahrung vorzuschlagen. Die Erfahrung wird zu einem Gegenstand experimenteller Intelligenz.[289]

An einer anderen Stelle spricht er von einer pragmatischen Intelligenz, die sich dadurch auszeichnet auf Ziele gerichtet zu sein, an die sich der Handelnde früher nicht gebunden hat. Nach ihm bringt eine solche Befreiung unvermeidlich einen belebten und erweiterten Geist mit sich.[290]

Wenn Dewey die experimentelle Erfahrung als eine Art Befreiung versteht, so hängt das mit dem Umstand zusammen, das die Naturwissenschaft seit der Aufklärung von der Maxime beherrscht wird, dass man nur das richtig wissen kann, was man selbst gemacht hat. Herstellen und Erkennen werden verbunden. Der Mensch versucht in diesem Sinne den Anspruch zu verwirklichen, den Naturprozess zu wiederholen und zwar so, als ginge es darum, die Naturdinge und Prozesse noch einmal herzustellen.[291]

Wenn man also danach fragt, was zählt der >Blick zurück< für diesen pragmatischen Odysseus, dessen Reise in die Zukunft geht, so ist dieser bestimmte Begriff der Erfahrung von besonderer Bedeutung.

Es gibt für den Pragmatismus die Erfahrung des gesunden Menschenverstands (common sense), eine Erfahrung, die sich auf das Wissen von Generationen bezieht, aber auch eine Erfahrung des naturwissenschaftliche Wissen.

In der Regel denkt man in Methoden, die ein kulturelles Erbe sind. Das Neue wird >in der Brühe des Alten gekocht.< Sinneseindrücke werden so in Begriffsysteme eingeordnet und wenn dies an einer bestimmten Stelle geschieht, eben verstanden. Sie liegen dann in einer bestimmten Schublade. James zählt eine Reihe solcher Begriffe auf, die der gesunde Menschenverstand, diese Erfahrung mit Mutterwitz regelmäßig anwendet.

---

289 Vgl. Dewey, John, Die Erneuerung der Philosophie, a.a.O., S. 141

290 Vgl. Dewey, John, Erfahrung, Erkenntnis und Wert, Frankfurt am Main 2004, S. 192

291 Vgl. Arendt, Hannah, Vita activa oder vom tätigen Leben, München 1981, S. 288

Dazu gehören Begriffe wie 'Ding', 'Identität' und 'Verschiedenheit', 'Geister', 'Körper', 'Eine Zeit', 'Ein Raum', usw..[292] In die Welt des gesunden Menschenverstands gehören wohl auch die moralischen Werte, die sich nach Mead auf eine Vergangenheit als Maßstab beziehen und die dem moralischen Bewusstsein selbst zeitlich voraus liegen. In diesem Rahmen kontrolliert eine Gemeinschaft ihre Mitglieder mittels von Gewohnheiten.[293] Verlässt man jedoch den Boden des gesunden Menschenverstands, dann verändert sich mit einem Male die Sichtweise.
So wird nach James der Begriff 'Ding' z.B. in den Naturwissenschaften überflüssig und das Wort 'Ding' bedeutet dann nur das Gesetz und die Regel der Verbindung, nach der gewisse Gruppen von Empfindungen nebeneinander auftreten. Das Ding wird zu einem Objekt der Naturwissenschaften oder kritischen Philosophie.
Mit einem Male bedeuten die Kategorien des gesunden Menschenverstands nichts Wirkliches mehr: >Sie sind nichts als schlaue Maßnahmen des menschlichen Denkens, sie sind unser einziges Mittel, um der Unruhe zu entgehen, in die uns der unaufhörliche Strom der Empfindungen versetzt.< [294] Zu vermuten ist, dass James die pragmatische Philosophie als eine kritische Philosophie in diesem Sinne betrachtet. Allerdings, seine Kritik bezieht sich auf naturwissenschaftliche Maßstäbe und eben nicht auf die Wissenschaft im Allgemeinen, wie viele Bemerkungen von ihm nahe legen. Wer hier das, was Wirklichkeit bedeuten soll für sich pachten möchte, ist nicht zu übersehen.
Ein Blick in die 'Negative Dialektik' oder in Hegels 'Phänomenologie' genügt allerdings, um z.B. die spezifische Bedeutung des Begriffs der Identität auch als einen philosophischen Gegenstand zu erkennen, auch wenn er vor allem in der platonisch geprägten Tradition des Denkens seine Heimat hat und dem pragmatischen Denken widerspricht. Identität gehört als Begriff, durchaus nicht nur zum natürlichen und alltäglichen Bewusstsein, sondern auch in die Begriffswerkstatt der Philosophie. Im Sinne des Pragmatismus ist es allerdings konsequent

---

292 Vgl. James, William, Der Pragmatismus, a.a.O., S. 108f

293 Vgl. Mead, George H., Die philosophische Grundlage der Ethik, in: ders., Gesammelte Schriften, Band 1, Frankfurt am Main 1987, S. 359

294 James, William, Der Pragmatismus, a.a.O., S.117

einen bestimmten Begriff der Identität abzulehnen, der sich durch die Beziehung zu den Dingen definiert; nach John Dewey ein veraltetes Erbe der platonischen Philosophie.
Wobei anzumerken ist, dass mit diesem Perspektivwechsel auch die Frage nach der Bedeutung der Dinge ihre Relevanz verliert.
Das pragmatische Denken fragt nicht mehr nach einem Wesen der Dinge. Das bedeutet auch, dass die Scheidung von Wesen und Existenz, die in der Geschichte der Philosophie eine große Bedeutung hat, im Pragmatismus keine Rolle mehr spielt.
Es entfällt im pragmatischen Kontext auch der Begriff der Entfremdung und damit auch das damit verbundene Problem, das im Marxismus und z.B. auch im Christentum ein zentrales Problem darstellt.
So klar ist es also nicht, wenn z.B. Dewey schreibt, dass der Pragmatist von einem gewöhnlichen Begriff der Erfahrung bei seinen Überlegungen ausgeht, von einem Erfahrungsbegriff des gewöhnlichen Menschen, denn zugleich wird die naturwissenschaftliche Erfahrung zum Maßstab aller wirklichen Erfahrung erklärt.[295] Damit ist nicht gesagt, dass die gewöhnliche Wahrnehmung ihre Bedeutung verliert. Die Objekte der Physik und die Dinge der gewöhnlichen Wahrnehmung konkurrieren nicht in Bezug auf den Platz um die Besetzung des Platzes der realen Erkenntnis. Dewey geht von der Überzeugung aus, >dass die qualitativen Züge der Dinge des gewöhnlichen Alltagswissens nicht nur legitim, sondern im Zusammenhang mit einer Art von Problemen – den Gebrauch und Genuss – notwendig sind, während die so genannten 'begrifflichen' Gegenstände der Wissenschaft für die Art von Problemen legitim und notwendig sind, mit denen sich die wissenschaftliche Forschung befasst.<[296]
Dewey übernimmt die Position, die bei der Frage nach dem Stellenwert der realen Erkenntnis, die Erkenntnis in eine wahre oder objektive Form und in eine scheinbare oder subjektive Form aufteilt.

---

295 Vgl. Dewey, John, Ein kurzer Katechismus, die Wahrheit betreffend, in: ders., Erfahrung, Erkenntnis und Wert, Frankfurt am Main 2004, S. 220

296 Dewey, John, Erfahrung, Erkenntnis und Wert, in: ders., Erfahrung, Erkenntnis und Wert, a.a.O., S. 383

Allerdings lehnt das pragmatische Denken in der eigenen Theorie eine solche Konkurrenz der Erkenntnisformen ab.
Für das pragmatische Denken gibt es auf der theoretischen Ebene keine Konkurrenz der Erkenntnisformen mehr, denn Wirklichkeit ist für dieses Denken selbst keine Sache der Übereinstimmung mit der Realität mehr. Wirklichkeit wird im Pragmatismus zum Ergebnis einer Produktion. Die daraus resultierende Verlässlichkeit ist in diesem Sinne niemals endgültig. Wirklichkeit wird, obwohl sie niemals zu erreichen ist, zu einem Bestätigungswert der Erfahrung. Die vorrangige Bedeutung der naturwissenschaftlichen Erkenntnis vor allen anderen Formen ist durch die Definition des pragmatischen Denkens selbst gegeben.

Erlebnisintensität und Erfahrung

Erlebnis- und Erfahrungsbegriff

Der Begriff 'Erlebnis' soll nach Hans Blumenberg in Jahrhunderten zunehmend an Gewicht gegenüber dem der Erfahrung gewonnen haben. Ablesbar ist das nach ihm an der Zunahme der Bedeutung von subjektiver Intensität, nachdem die Subjektivität aus den Inhalten objektiver Erfahrung herausgefiltert worden ist.[297] Zugleich soll es simultan zu diesem Prozess zu einer Gleichgültigkeit der Gegenstände zugunsten der bloßen Intensität ihres Erlebtwerdens kommen; im Zusammenhang mit den wachsenden technischen und industriellen Möglichkeiten zur Erlebnisherstellung.

Die Behauptung vom Vorrang des Erlebnis- gegenüber dem Erfahrungsbegriffs widerspricht auf den ersten Blick manchem Selbstverständnis, auch jenem philosophischen Denken, das seine Grundlagen in der naturwissenschaftlichen Methode findet, wie das z.B. in der Philosophie des Pragmatismus der Fall ist. Dem pragmatischen Denken kommt es gerade darauf an, Subjektivität aus dem objektiven Erfahrungsbegriff herauszufiltern. Wie sollte es zugleich, sozusagen neben dieser pragmatischen Wirklichkeit einer objektiven Erfahrung noch zu einer Zunahme der Bedeutung subjektiver Intensität kommen können? Aber was heißt jedoch im pragmatischen Denkrahmen >subjektive Intensität<? Das, was >subjektive Intensität< heißt, ist hier nicht mit den subjektiven Inhalten der Erfahrung zu verwechseln. Was als Ideal der Erfahrung verstanden wird, soll im Pragmatismus mit der Erlebnisform der Erwartung identisch sein. Aus der Erfahrung wird ein Bewegungsbegriff, ein intensives Erlebnis, wobei die Bedeutung sedimentierter Erfahrung ihr Gewicht verliert.

Was aber ist ein Grund für diese Veränderung des Erfahrungsbegriffs?

Reinhart Koselleck hat auf die allgemeine Veränderung des Erfahrungsbegriffs hingewiesen, die nach ihm auf eine Zunahme der Kluft

[297] Vgl. Blumenberg, Hans, Höhlenausgänge, Frankfurt am Main 1996, S. 676

zwischen Erwartung und Erfahrung in der Neuzeit zurück zu führen ist. Was in der Zukunft zu erwarten war, ließ sich so zunehmend nicht mehr aus der Erfahrung ableiten.[298] Ähnlich drückt sich Plessner aus, wenn er von der Zunahme von Erfahrungen spricht, die in einem Horizont der Erwartung unbekannter Zukunft stattfinden.[299]

Ablesbar ist diese Intention auch aus dem pragmatischen Umbau des Wahrnehmungsbegriffs. Wahrnehmung wird zur Musterung, zur Vorsicht, sie wird prognostisch. Wahrnehmung wird im pragmatischen Denken zu einem Erwartungsbegriff. Herbert Mead beschreibt den Wahrnehmungsgegenstand als die existierende Zukunft der Handlung, d.h. Nahrung ist das, was das Tier fressen wird.[300] Wie Dewey in seinem Aufsatz 'Die Notwendigkeit einer Selbsterneuerung der Philosophie(1917)' schreibt, ist die Erfahrung nichts anderes als eine Zukunft, die in einer Gegenwart enthalten ist. Erleben und Tun sollen dabei im Pragmatismus nicht länger getrennt sein. Die traditionelle Rolle des Zuschauers, der lediglich aus der Distanz erlebt, ist obsolet geworden und damit auch der Begriff einer Reflexivität, der die Fähigkeit zur Kontemplation voraussetzt und sich als eine Distanz zur Situation versteht. Zum pragmatischen Ideal der Erfahrung wird eine Kunst, die aktives Tun und passives Erleben, zur Erfahrung macht. Als Vorbild gilt für Dewey der Künstler, der, während er arbeitet zugleich die Rolle des Betrachters übernimmt.[301]

Im pragmatischen Denken sollen die Unterschiede von Erleben und Erfahren verschwinden, insofern sie noch ein Außen und Innenverhältnis ausdrücken. Diese Aufhebung einer Unterscheidung kommt zum Ausdruck z.B. im Vorrang der naturwissenschaftlichen >experimentellen Methode< für den Pragmatismus, in der Erleben und Erfahren sich in einer Situation verbinden.

Denn für das pragmatische Denken setzt wirkliches Erkennen die Veränderung voraus, den Eingriff. Mit anderen Worten: das experimentelle

---

298 Vgl. Koselleck, Reinhart, Zeitschichten, a.a.O., S. 164

299 Vgl. Plessner, Helmut, Diesseits der Utopie, Frankfurt am Main 1974, S. 12

300 Vgl. Mead, George H., Die Genesis der Identität und die soziale Kontrolle, in: ders., Gesammelte Schriften, Band 1, Frankfurt am Main 1987, S. 324

301 Vgl. Dewey, John, Kunst als Erfahrung, Frankfurt am Main 1996, S.62

Verfahren impliziert immer auch eine Transformation der Natur zu Zwecken der Erkenntnis. Die Dinge selbst haben nach dem pragmatischen Verständnis keine Bedeutung. Nicht die Welt zu erkennen, wie sie ist, ist in diesem Sinne als Ziel des Erkennens von Bedeutung, vielmehr soll die Welt verändert werden. Realität ist für den Pragmatismus das Resultat einer Realisierung; die Realität ist nicht mehr der Inbegriff einer definitiven Verlässlichkeit.[302]
Aber wie die Wirklichkeit zeigt, geht es auch in der Gesellschaft nicht nur um die stetigen Forderungen nach Veränderungen, sondern die tatsächliche Beschleunigung dieser Veränderungen werden zu einem Problem. Sollte das >intensive Erleben< nicht deshalb zunehmende Bedeutung gewinnen, weil sich die moderne Gesellschaft nicht nur verändert, sondern auch einer zunehmenden Beschleunigung unterworfen ist?

>Erlebe dein Leben<

Nach Schulze ist das Leben schlechthin zum Erlebnisprojekt geworden. Erlebnisorientierung wird nach ihm zum dominanten Einfluss in der Gesellschaft.[303] Seine Theorie ist nicht nur ein Ausdruck dafür, dass der Erlebnisbegriff gegenüber dem Erfahrungsbegriff an Gewicht gewonnen hat, sondern dieser Vorrang wird auch zum theoretischen Programm erhoben. Schulze geht dabei davon aus, dass sich das Grundverhältnis von Subjekt und Welt als subjektzentriert beschreiben lässt. Im Unterschied zum Pragmatismus wird sein analytisches Instrumentarium allerdings noch durch die Differenz von Innen und Außen bestimmt, die im pragmatischen Denken aufgehoben wird. Erleben ist für Schulze eine innenorientierte Lebensauffassung, die das Subjekt selbst ins Zentrum des Denkens stellt und die außenorientierte Lebensauffassungen zunehmend verdrängt hat. Wobei allerdings die Begriffe Außen

---

302 Was das für den Begriff des Gegebenen bedeutet vgl. Blumenberg, Hans, Wirklichkeitsbegriff und Wirkungspotential des Mythos, in: ders., Ästhetische und metaphorologische Schriften, Frankfurt am Main 2001, S. 362

303 Vgl. Schulze, Gerhard, Die Erlebnisgesellschaft, Frankfurt am Main, New York 2005, S. 13ff

und Innen bei Schulze nicht räumlich zu verstehen sind; die Differenz ist eine der Semantik. Danach wird die außenorientierte ökonomische Semantik zunehmend durch eine innenorientierte psychophysische Semantik abgelöst. An anderer Stelle vergleicht er die Differenz von Außen und Innen mit der von Subjekt und Situation. Prozesse(Körper-Bewusstsein) des Subjekts sind nach dieser Vorstellung innen; das, was das Subjekt umgibt, der Ausschnitt der objektiven Wirklichkeit ist die Situation, d.h. außen.[304] Schulze verwendet dabei einen interimistischen Bewusstseinsbegriff, d.h. Bewusstsein wird lediglich als ein episodisches Instrument aufgefasst. Wenn es zur Hemmung der Lebensbewegung kommt oder der Handlungskontext gestört ist, bedarf es eines Mittels zur Rückgewinnung der Lebendigkeit.[305]
Es hat sich nach Schulze eine Erlebnisrationalität herausgebildet, d.h. die äußeren Umstände werden für das Innenleben funktionalisiert. Was er als Innenorientierung bezeichnet, ist Erlebnisorientierung, ist das, was er auch als Projekt des schönen Lebens bezeichnet, das Projekt >etwas zu erleben<. Das Schöne wird zu einer Art Sammelbegriff für positiv bewertete Erlebnisse.[306] Heißt das, dass es beim Erleben nicht vorrangig auf den Inhalt ankommt? Wird so nicht der Körper lediglich als ein reiner Ausdrucksträger gesehen? Die damit gegebene Möglichkeit zur Intensivierung der Erlebnisse, die mit einer Indifferenz der Gegenstände in Verbindung steht, so wie das Blumenberg vermutet, sie wird von Schulze an dieser Stelle als gegeben vorausgesetzt. Erst der eigene Körper, der zum indifferenten Gegenstand wird, kann einer beliebigen Erlebnisintensivierung dienen. Eine Wirkung der Innenorientierung soll nach Schulze die Ästhetisierung des Alltagslebens sein. In diesem Sinne werden gezielt Situationen zu Erlebniszwecken instrumentalisiert.[307] Erleben ist nach Schulze nicht passiv, sondern eine Aktivität, die subjektiv gestaltet wird.

---

304 Vgl. Schulze, Gerhard, Die Erlebnisgesellschaft, a.a.O., S. 35 und S. 172

305 Sowohl die Lebensphilosophie als auch der Pragmatismus haben auf ihre Art einen solchen Bewusstseinsbegriff vertreten. Vgl. Blumenberg, Hans, Zu den Sachen und zurück, Frankfurt am Main 2002, S. 146

306 Vgl. Schulze, Gerhard, Die Erlebnisgesellschaft, a.a.O., S. 38ff

307 Vgl. Ebd., S. 40

Die Gefangenen in Platos Höhle sahen die Erscheinungen der Dinge an einer Wand gegenüber nur vorbeiziehen. Sie waren nur passive Zuschauer. Bei Schulze werden die Zuschauer aktiv und bauen sich selbst die Maschinerie, mit der sie die Bilder sehen wollen.
In diesem 'Kino' werden Filme nach dem 'Hochkulturschema' und 'Trivialschema' produziert; vor allem aber nach dem 'Spannungsschema'. >Man setzt sich unter Strom<, wie es so schön heißt und damit diese Spannung erhalten bleibt, muss es immer etwas Neues geben.[308]
Die Zuschauer von Schulze handeln dabei zunehmend erlebnisrational, d.h. sie nehmen die Erlebnisse nicht mehr als unentrinnbar hin, sondern versuchen, sie selbst zu regulieren.[309] In diesem Sinne produziert man nach ihm das Gefühl der Konformität, wenn man es braucht, indem man das Bild einer herrschenden gesellschaftlichen Normalität konstruiert.[310]
Die These von Schulze, dass das Leben schlechthin zum Erlebnisprojekt geworden ist, bietet eine Erklärung für die Zunahme >subjektiver Intensität< in der modernen Gesellschaft. Nach seinen Vorstellungen entwickelt sich die Welt zunehmend zu einem Erlebnispark des Subjekts. Neben den früher dominierenden Wachstumspfad der Expansion in der Ökonomie ist der Wachstumspfad der Intensivierung der Erlebnisse getreten.[311]
Wie kommt es aber nach Schulze zu dieser Dominanz der Erlebnisorientierung? Wie es in 'Die Erlebnisgesellschaft' heißt, ist an die Stelle von Gesellschaftsbildung durch Not, eine Gesellschaftsbildung durch Überfluss getreten. An anderer Stelle schreibt er, dass bei allem Krisenbewusstsein, das Leben doch als garantiert gilt. Nunmehr solle man so leben, dass man das Gefühl hat, es lohne sich zu leben.[312] Nicht mehr Knappheit sei die überwiegende alltägliche Erfahrung, sondern Überfluss. Zugleich zögert er nicht, selbst zu behaupten, dass Armut als ein Ausnahmezustand in dieser Gesellschaft definiert wird, auch wenn sie

[308] Vgl. Schulze, Gerhard, Die Erlebnisgesellschaft, a.a.O., S 155

[309] Vgl. Ebd., S. 430

[310] Vgl. Ebd., S. 306

[311] Vgl. Ebd., S. 542

[312] Vgl. Ebd., S. 60

ein Dauerzustand ist.[313] Aus wessen alltäglicher Erfahrung ist denn die Knappheit als Problem verschwunden? Übrigens, eine Ressource wird zumindest täglich immer knapper, nämlich die Zeit. Hektik und Stress sind Merkmale einer globalen Welt. Im Unterschied zu den Rohstoffen, gibt es für die Zeit als Ressource allerdings keine Alternative, keinen Ersatz. Die Zeit wird knapper. Der temporale Komparativ kennt daher keine Grenzen. Die Devise heißt: Zeit zu gewinnen. Man geht mit der Zeit, fürchtet sich hinter der Zeit zurück zu bleiben, ist auf der Höhe der Zeit; und das sind nur einige Formel eines Zeitbewusstseins, das wie in einem Strudel zu versinken droht.

Sollte die Steigerung der Erlebnisintensität nicht durch eine Veränderung der Zeiterfahrung bedingt sein? Die Vermehrung von Möglichkeiten in der Gesellschaft verschafft wohl nicht nur immer mehr Spielraum für Erfahrungen, sondern lässt die Zeit auch zunehmend zu einem knappen Gut werden. In einer solchen Gesellschaft gibt es immer weniger Zeit für immer mehr Möglichkeiten.

Erinnerungen als Erlebnis

Nach John Dewey ist der Mensch das einzige Lebewesen, das seine Vergangenheit in der Erinnerung noch einmal erleben kann. Aber in der Regel besteht nach ihm das Gedächtnis nicht aus Erinnerungen an wirkliche Tatsachen, sondern aus Assoziation, Gedankenanklang, dramatischer Phantasie. Nur in einer Zeit der wirklichen Arbeit und des Kampfes ist danach die Welt der Träume zurückgedrängt. Aus pragmatischer Sicht sind solche Täuschungen durch die Erinnerung nichts Ungewöhnliches. Die Erinnerungen werden durch das Sieb der Phantasie gefiltert, um den Forderungen der Emotionen zu genügen.

Nach Dewey ist es daher kein Wunder, das die Poesie der Prosa vorausging. Vergangene Erfahrungen werden in diesem Sinne überarbeitet, >um zu glätten, was sie an Unannehmbaren, und zu vergrößern,

313 Vgl. Schulze, Gerhard, Die Erlebnisgesellschaft, a.a.O., S. 70

was sie an Erfreulichem enthalten.<[314] Der Erfahrung wird Qualitäten verliehen, die sie in Wirklichkeit nicht hat. Danach arbeiten Zeit und Gedächtnis wie ein Künstler, d.h. sie formen die Realität nach Herzenslust um. Was in Wirklichkeit schwierig und enttäuschend ist, wird nach Dewey von der Phantasie zu einem positiven Bild gemalt. Aber die Erinnerung ist wohl nicht nur ein Tummelplatz der Phantasie, so wie es Dewey an dieser Stelle nahe legt. Was unterscheidet denn eine Phantasiewelt von der Erinnerung? Phantasiewelten gehören im Sinne der Phänomenologie keiner Welt an im Unterschied zur Erinnerung, in der jeder Inhalt in Bezug auf einen Horizont prinzipiell entfaltet werden kann.[315]

Reine Fakten der Erinnerung gibt es nicht. Das kann zu dem Schluss führen, das dasjenige, was kein Faktum ist und nicht der exakten Messung unterliegt in den Bereich des Narrativen gehört. Nichts ist reparaturbedürftiger als die Erinnerung. Aber spricht das gegen die Erinnerung? Für das pragmatische Denken erscheint die Erinnerung lediglich als ein subjektives Produkt, als ein subjektives Erlebnis, dass gegenüber dem Maßstab der naturwissenschaftlich objektiven Erfahrung nicht genügen kann. Damit scheint die Frage auch über den Standard der Wirklichkeit entschieden, wenn da nicht der Zweifel sich melden würde, ob das Faktische, auf das der Pragmatismus zielt, selbst diesem Anspruch genügen kann. Die Möglichkeit, die Vergangenheit zu idealisieren, besteht. Aber trifft diese Möglichkeit nicht auch auf das pragmatische Denken zu, das die Zukunft zum Mittelpunkt des Interesses macht? Die Tendenz zur Idealisierung ist nicht nur eine Frage der Erinnerung sondern auch der Erwartung. Nicht nur spontan erweckte Gedanken, die sich auf die Erinnerung beziehen, neigen dazu, die Erfahrung zu idealisieren, sondern auch z.B. die Idee eines unbegrenzten Fortschritts. Die Frage stellt sich jedoch, welchen Platz im Pragmatismus überhaupt die Erfahrung noch einnimmt, die sich auf die Vergangenheit bezieht? Welche Vergangenheit spielt noch eine Rolle und das vor allem in ihrer Bedeutung für die Gegenwart und Zukunft? Die Vergangenheit ist

---

314 Dewey, John, Die Erneuerung der Philosophie., a.a.O., S.149

315 Vgl. Blumenberg, Hans, Zu den Sachen und zurück, a.a.O., S. 195

nicht veränderbar, auch wenn sie verschieden interpretiert werden kann. Muss sich daran nicht ein Denken stoßen, das die Bewegung und Veränderung in einer bestimmten Form idealisiert? Was die Vergangenheit für das pragmatische Denken noch bedeuten kann, vermittelt der Begriff der Wirklichkeit.

Nach William James existieren nicht die Dinge wirklich, die schon geworden sind, sondern nur die Dinge, die noch im Werden(in the making) begriffen sind.[316]

Dieser Satz, der eine pragmatische Metaphysik des Werdens erkennen lässt, passt in eine Welt, die sich als Fortschrittswelt versteht. In einer solchen Welt erscheint alles als Übergang, als beschleunigter Wandel. Was jedoch einmal >Leiden am Vergänglichen< für das Bewusstsein hieß, gewinnt als Problem in Zeiten zunehmender Beschleunigung an Schärfe. Mit anderen Worten: die temporale Indifferenz in der Moderne wird zur Bedrohung für den Einzelnen. Was heute passiert, ist morgen virtuell schon überholt. Was vorbei ist, erscheint zunehmend so, >als wäre nichts gewesen<, als Ausdruck der Inbegriff der Indifferenz der Existenz. Dass sich das Bewusstsein damit nicht abfinden kann, dass dieser beschleunigte Wandel auch als eine Drohung gegenwärtig ist, wird an einer Gegenbewegung des Denkens deutlich, dass die Bedeutung einer Kultur der Erinnerungen in der Moderne hervorhebt und festigen möchte, denn Fortschrittswelt ist Vergessenswelt so wie es Marquard einmal beschrieben hat.[317] Die Bedeutung der Erinnerung für die Kultur der Neuzeit ist das stärkste Indiz für eine Gegenwehr gegen die Indifferenz der Zeit.[318] Das gilt nicht nur für die Entwicklung von Institutionen wie die Geschichtswissenschaft, sondern auch für das subjektive Erlebnis der Erinnerung. Das jeder Einzelne in einer selbst erzeugten Welt lebt, mindert nicht sein Bedürfnis nach Orientierung, Identität und innerer Konsistenz. Die Arbeit der Erinnerung kann daher als Abwehr gegen die Spurlosigkeit unserer eigenen Existenz in der Zeit verstanden werden. Sie stellt eine bedeutsame Möglichkeit dar, die

---

[316] Vgl. James, William, Das pluralistische Universum, a.a.O., S. 169

[317] Vgl. Marquard, Odo, Philosophie des Stattdessen, Stuttgart 2000, S. 51

[318] Vgl. Blumenberg, Hans, Außenansicht, in: ders., Die Vollzähligkeit der Sterne, Frankfurt am Main 1997, S. 373

Legitimität der Gegenwart der menschlichen Existenz und ihren Wert zu sichern. Die Neuzeit wird eben nicht nur durch einen beschleunigten Fortschritt geprägt, sondern in ihr öffnet sich auch der Horizont einer abgründigen Erfahrung, dass das, was ist, gleichgültig sein kann, weil es gewesen sein wird. Nach Nietzsche, war eine mögliche Folge dieses Problems, eine Zeit, die ihre Kinder nicht nur frisst, sondern sie zugleich fressen muss, in der der Spruch zum moralischen Imperativ wird: >Alles vergeht, darum ist alles wert zu vergehn!<[319]

Das ausgekochte äußere Leben

An einer Stelle der 'Minima Moralia' beschreibt Adorno die zunehmende Intensivierung des Erlebens als das >ausgekochte äußere Leben<.[320] Anstelle der erfüllten Beziehung auf die Sache ist nach ihm ein bloß Subjektives getreten, eine Empfindung, die sich im Ausschlag des Manometers erschöpft. Ein Beispiel für diesen Prozess soll die Sinnespsychologie bieten, indem sie das Substrat der Erfahrung zum bloßen Grundreiz reduziert.[321]

Diese Reduktion des Substrats der Erfahrung findet allerdings auch in der Gesellschaft statt, d.h. sie zeigt sich z.B. in der Perspektive einer Soziologie des sozialen Milieus. So bietet der Erlebnismarkt der modernen Gesellschaft, den Schulze in seiner Kultursoziologie herausarbeitet, in diesem Sinne Reize an. Die Teilnehmer dieses Erlebnismarktes sind nach Schulze unermüdlich auf der Suche nach dem verlorenen Reiz eines Erlebnisses, wobei sie immer stärkere Dosen brauchen und weniger erleben, denn die Erlebnisintensität sinkt in der Regel mit der Wiederholung der Erlebnisreize.

Der Erlebnismarkt der modernen Gesellschaft gleicht daher einem riesigen Theater, dessen Besucher, weniger vom Inhalt eines Stückes tangiert sind als viel mehr von der Darstellung. Was zählt ist vorrangig

---

319 Vgl. Nietzsche, Friedrich, Also sprach Zarathustra, KSA 4, München 2005, S. 180

320 Vgl. Adorno, Theodor W., Minima Moralia, Frankfurt am Main 1980, S. 320

321 Vgl. Ebd., S. 317

der >prickelnde Schock<, >unverbrauchte Stilbrüche<, die besondere Aufmachung.[322] Zunehmend verbreitet ist ein Typus der Erlebnisnachfrage, in dem es nur noch darum geht >etwas zu erleben<.

Nach Theodor W. Adorno gehört zur Urgeschichte der Moderne das Wort 'Sensation', für ihn das exoterische Synonym des Nouveau von Baudelaire. Das Wort 'Sensation' drückt eine Steigerung der einfachen sinnlichen Wahrnehmung aus, den Gegensatz zur Reflexion. In der Sensation wird das massenhaft Erregende, das Berauschende, der Schock, zum Konsumgut. An die Stelle des Glücks tritt in einer solchen Situation nach Adorno die Fähigkeit, überhaupt noch etwas wahrnehmen zu können, wobei die Qualität keine Rolle mehr spielt.

Nach Adorno hat die >allmächtige Quantifizierung< die Möglichkeit von Wahrnehmung selber ersetzt.[323] Die Erfahrung in der Neuzeit ist nach Adorno aus diesem Grund ein Ausdruck für den Verfall der Erfahrung. Ablesbar ist dieser Verfall nach ihm am Kultus des Neuen, der Idee der Moderne. Ähnlich wird es Schulze hervorheben, wenn er behauptet, dass das Neue in der Moderne symbolische Qualität besitzt und suggeriert werden muss, wobei diese Idee allerdings bei ihm im Unterschied zu Adorno als unabwendbar erscheint.[324]

Adorno bezieht sich auf Poe und Baudelaire, wenn er schreibt, dass das Neue in der Moderne gleichsam eine Leerstelle des Bewusstseins ist, das mit geschlossenen Augen erwartet wird. Das Neue wird zu einer Art Formel, unter der selbst das Grauen und die Verzweiflung zu einem Reizwert werden; das >Böse wird zur Blume<.[325] Die Idee des Neuen als das, was um seiner selbst willen gesucht wird, wird zu einem phantasmagorischen Licht, das etwas verspricht und doch nur den gesellschaftlichen Abguss der Dinge produziert; was als Neues auftritt, entpuppt sich nach Adorno als ständige Wiederholung.[326]

So wie Adorno kann man allerdings nur argumentieren, wenn man davon ausgeht, dass es einmal eine andere authentische Wahrnehmung

---

322 Vgl. Schulze, Gerhard, Die Erlebnisgesellschaft, a.a.O., S. 546

323 Vgl. Adorno, Theodor W., Minima Moralia, a,a,O., S. 317

324 Vgl. Schulze, Gerhard, Die Erlebnisgesellschaft, a.a.O., S. 442

325 Vgl. Adorno, Theodor W., Minima Moralia, Frankfurt am Main 1980, S. 316

326 Vgl. Ebd., S. 318

gegeben hat. Wenn er schreibt, das >anstelle der erfüllten Beziehung auf die Sache< eine andere Erfahrung getreten sei, so ist das wohl so nicht richtig. Es hat diese erfüllte Beziehung nie gegeben. Vorstellbar ist eine mögliche erfüllte Beziehung und das ist wohl auch so von Adorno gemeint, d.h. eine Beziehung, die zum Appellationswert für das Denken wird.

Auch Adorno setzt voraus, was unter 'der' Wirklichkeit verstanden werden soll, d.h. die Erfahrung einer objektiven Vernunft. Es ist diese Erfahrung einer objektiven Vernunft, die in der Moderne nach ihm durch ein rein subjektive Vernunft, eine instrumentelle Vernunft, verdrängt wird.

Alle naturbeherrschende Praxis ist in diesem Sinne durch ihre Indifferenz gegen das Objekt gekennzeichnet.[327] Ein Baum hat in dieser Perspektive nicht mehr einen Wert, weil er etwas 'ist', sondern weil er einen Nutzen besitzt.

Eine philosophische Fragestellung, die noch auf das Wesen der Dinge zielt, wird bedeutungslos und ausgeblendet.

Aber nach Adorno kann nicht nur das Subjekt Vernunft haben, sondern die Vernunft ist auch ein in Wirklichkeit bzw. Natur innewohnendes Prinzip. Die Frage ist allerdings, wie soll sich die Vernunft in der Natur der Dinge wieder erkennen, wenn die richtige menschliche Handlung von einer solchen Einsicht abhängt?[328]

Adornos Vorstellung vom Verfall der Erfahrung, die sich auch in der >Intensivierung des Erlebens< ausdrückt, steht konträr z.B. dem pragmatischen Denken entgegen, denn für den Pragmatismus ist Wirklichkeit nicht mehr die Sache eine Übereinstimmung mit der Realität, sondern Wirklichkeit wird dort zum Ergebnis einer Produktion. Es gibt im pragmatischen Denken keinen endgültigen Rahmen mehr, keine absolute Ordnung, in welchen die Prozesse eingeordnet sind.[329]

---

[327] Vgl. Adorno, Theodor W., Marginalien zu Theorie und Praxis, in: ders., Kulturkritik und Gesellschaft II, Ges. Schriften Bd. 10.2, Frankfurt am Main 1977, S.759

[328] Vgl. auch Horkheimer, Max, Zur Kritik der instrumentellen Vernunft, Frankfurt am Main 1974, S.25ff

[329] Vgl. Mead, George H., Eine pragmatische Theorie der Wahrheit, in: ders., Gesammelte Schriften, Band 2, Frankfurt am Main 1987, S. 205f

Für den Pragmatismus scheint auch die Möglichkeit unverständlich geworden zu sein, dass etwas Gegebenes gültig sein könnte und als solches wahrgenommen werden kann. Nach John Dewey ist die Vorstellung eines Gegebenen eine Art Luftschloss. Wobei er davon ausgeht, dass diese Vorstellung auch die Quelle des Irrtums der klassischen Theorie, d.h. der platonischen Tradition, bildet.[330]
Für das pragmatische Denken bestehen die Elemente der Erfahrung nicht mehr aus Objekten, sondern aus Ereignissen, d.h. aus Prozessen.

Umwertung der ästhetischen Erlebnisse

Ich kann die Welt nicht zugleich betrachten und genießen, schreibt Blumenberg. Wohl aber kann ich den Genuss der Betrachtung gewinnen.[331] Gehört nicht zu dem, was >Genuss der Betrachtung< heißt, auch das, was Kant das >interesselose Wohlgefallen< am Gegenstand nennt, das ästhetische Erlebnis, wenn auch nun in einer besonderen Form? Das Schöne wird bei Kant zur Lust der Betrachtung, zur Sache eines Zuschauers; eine ästhetische Einstellung, die ein Erbe der platonischen Tradition ist, in der die Reinheit der Anschauung angestrebt wurde. Es geht bei dieser Einstellung nicht um die Existenz einer Sache, sondern darum, wie sie in der bloßen Betrachtung oder Reflexion beurteilt wird. Das ästhetische Urteil ist in diesem Sinne bei Kant kontemplativ. Für Schopenhauer entfernt sich das Subjekt in dieser Einstellung am weitesten von seiner natürlichen Herkunft, von seinen Verwicklungen in die Dienste der Selbsterhaltung.
Oder wie es Paul Alsberg später in seiner Schrift 'Das Menschheitsrätsel' ähnlich ausdrückt: alles ästhetische Erleben ist nur durch die begriffliche Abtrennung unseres leiblichen Ichs bewirkt, was bei ihm noch als eine spezifische kulturelle Leistung affirmativ hervorgehoben wird.[332] Das Ziel ist nach Alsberg 'Naturbefreiung' und das heißt bei

330 Vgl. Dewey, John, Qualitatives Denken(1930), in: ders., Philosophie und Zivilisation, Frankfurt am Main 2003, S.107

331 Vgl. Blumenberg, Hans, Zu den Sachen und zurück, a.a.O., S. 253

332 Vgl. Alsberg, Paul, Das Menschheitsrätsel, Dresden 1922, S. 167

ihm, sich auch in der Ästhetik von seinen Trieben lösen, d.h. der Aufstieg in die >Gefilde des reinen Denkens<.[333] Der Tempel der Ästhetik wird so bei Alsberg zu einer Weihestätte, zu einem Jenseits des Begehrens; die Kultur dient nach ihm zu keinem anderen Zweck als der Körperausschaltung. Körperausschaltung ist nach Alsberg ein Prinzip und bedeutet, sich von der Natur befreien, d.h. auch die Sinne ausschalten, und das mittels künstlicher Werkzeuge, wie Technik, Sprache und Vernunft. Getan wird von Alsberg so, als könnte der Platonismus einfach wieder belebt und für die Neuzeit instrumentalisiert werden.
Die metaphysische Voraussetzung des Platonismus hat jedoch in der Moderne zunehmend ihre Gültigkeit verloren. Mehr nur als fragwürdig ist, wie die Körperausschaltung von Alsberg als Errungenschaft der Kultur gefeiert werden kann, es sei denn, man will den asketischen Priester zum Leitbild der Kultur machen. Ist doch diese Abwendung von den Sinnen, die der Begriff Körperausschaltung impliziert, gerade ein Grund für das Unbehagen in unserer Kultur und der Ansatz zahlloser philosophischer Versuche, die Sinne nunmehr wieder in ihre Rechte einzusetzen.
Im 'Phaidros' des Plato ist das Schöne eine Art Wegweiser, eine Orientierung; man richtet sich durch den Anblick des Schönen zu einem >wesenhaft Seienden< empor. Plato setzt dabei eine Schönheit voraus, an die man sich wieder erinnern kann, die einmal 'rein', d.h. die nicht im Körper eingekerkert war. Das Schöne wird zu einem Übergang, zu einem Jenseits der Erscheinungen. Zuerst ist man der Liebhaber schöner Körper, dann folgt die geistige Schönheit, dann die der Sitten und der Wissenschaft. Dieses Stufenmodell hat zur Folge, je höher man steigt, desto mehr verachtet man das, was am Anfang lag, nämlich das körperlich Schöne. Das eidetische Programm in der platonischen Tradition legt den Grund für die spätere Unterscheidung von existentia und essentia, wobei essentia das allein mit Wert besetzte Zielobjekt darstellt. Die Indifferenz der Existenz der Gegenstände ist daher im platonischen Denken vom Prinzip her kein Zufall, wie auch nicht die Gleichgültigkeit gegenüber der Zeit.

[333] Vgl. Alsberg, Paul, Das Menschheitsrätsel, Dresden 1922, S. 184

Die Schematik dieser Vorstellung und die damit verbundene Reinheitsforderungen lassen sich bis in die neuere Zeit erkennen, etwa in der Dualität von Subjekt und Objekt, wenn etwa die Reinigung des Gegebenen von seinen subjektiven Zutaten gefordert wird, das betrifft ihrer Intention nach nicht nur die ästhetische reine Anschauung, sondern auch die positive Wissenschaft.

Schön ist immer, was die Identität bestätigt, das behauptet Hegel in Bezug auf das Naturschöne.[334] Die Frage ist allerdings, um welche Identität geht es hier, die vom Bewusstsein bestätigt wird? Ein ästhetischer Wert ist bestimmt vom jeweiligen Ideal der Erfahrung. Auf dem Hintergrund dieses Ideals der Erfahrung kommt es daher auch bei Hegel zu einer Einschätzung der Natur. So schreibt er im Zusammenhang mit Betrachtungen zum Naturschönen: Wir nennen Tiere schön oder hässlich, wie z.B. das Faultier ,>das sich nur mühsam schleppt und dessen ganzer Habitus die Unfähigkeit zu rascher Bewegung und Tätigkeit dartut, durch diese schläfrige Trägheit missfällt.<[335]

Nach Hegel bekunden Tätigkeit und Beweglichkeit eine höhere Idealität des Lebens.

Das Schöne in der Natur wird zum Symbol der Bewegung, des Prozesses. Was als Natur für das Bewusstsein als schön erscheint, das wird nach Hegels Denken durch den Maßstab der Bewegung gerechtfertigt. Im Unterschied zu Goethe hat für Hegel die Natur keine selbstständige und positive Bedeutung.[336]

Nicht zu vergessen, neben Hegels >höherer Idealität des Lebens< gibt es noch eine Vernunft als letzten und vorrangigen Wertmaßstab. Die Natur ist für Hegel nur die Kulisse für die Begriffsentwicklung. Auch Hegel folgt noch in seinem Denken dem platonischen Dualismus der >Zwei-Welten<.

---

[334] Hegel, G. W. F., Vorlesungen über die Ästhetik I, Frankfurt am Main 1970, S. 167ff
Ähnlich drückt es Schulze aus, wenn er in Bezug auf die eigene Identität schreibt, dass ich mich in dem wieder erkenne, was mir gefällt. Vgl. Schulze, Gerhard, Die Erlebnisgesellschaft, a.a.O., S. 102

[335] Hegel, G.W.F., Vorlesungen über die Ästhetik, a.a.O, S.175

[336] Nach Adorno wird durch diese Auffassung von Hegel die Essenz des Naturschönen versäumt, >die Anamnesis dessen gerade, was nicht für anderes ist. < Adorno, Theodor W., Ästhetische Theorie, Frankfurt am Main 1972, S. 116

Was aber passiert, wenn das Denken mit der platonischen Tradition bricht und versucht den alten Dualismus zu überwinden? Was folgt daraus, wenn die >höhere Idealität des Lebens<, die Hegel aufführt, zum einzigen wird, wenn, verkürzt ausgedrückt, die Existenz zur Essenz wird? Die Lebensphilosophie mit ihrer Metaphorik des Quellen und Strömens des Lebens, das feste Gestalten und Formen nur episodisch zulässt, ist dafür ein typisches Beispiel.[337] Was bedeutet ein solcher Bruch mit der platonischen Tradition des Denkens für die Ästhetik, die das jeweilige Ideal der Erfahrung formuliert? Mit einem Mal scheint nun die Existenz als alleiniger Maßstab der ästhetischen Orientierung. War ehemals nur das kontemplative Erlebnis mit einer ästhetischen Qualität versehen, so wird es nun der Möglichkeit nach, auch das intensive Erlebnis.

Unter geänderten Vorzeichen

Die Philosophie des Pragmatismus bietet ein Beispiel für den Bruch mit der platonischen Tradition des Denkens. Das Denken wird zu einer Art Reiseführer, zurück zur sinnlichen Erfahrung. Nunmehr soll es wie im Platonismus neben der Welt der endlichen Erfahrung keine zweite unveränderliche Welt geben, die das Maß aller Dinge ist. So heißt es etwa bei William James: >Mit gutem philosophischen Gewissen unseren Sinnen wieder trauen! – Wer hat uns je zuvor eine so wertvolle Freiheit verliehen?<[338]

Zwei Jahrtausende hat sich nach John Dewey das Denken damit beschäftigt, eine Realität zu enthüllen, die der Erkenntnis vorangeht und von ihr unabhängig ist. Immer ging es danach darum, eine kognitive Bestätigung für die vorhandene Realität der Wahrheit, des Schönen ,der Güte, zu finden.[339] Was ehemals unter dem Schema des platonischen

---

337 Mit diese Philosophie lässt, sich allerdings nach Blumenberg auch nicht das Leben >fassen<, wohl aber alles, was am sogenannten Leben >hindert<. Vgl. Blumenberg, Hans, Beschreibung des Menschen, Frankfurt am Main 2006, S. 71

338 James, William, Das pluralistische Universum, Darmstadt 1994, S. 217

339 Vgl. Dewey, John, Die Suche nach Gewissheit, Frankfurt am Main 2001, S.47

Dualismus entwertet war, die sinnliche Erfahrung, sie soll nunmehr im Pragmatismus zum Wert werden.

Zu der Tradition, die es zu überwinden gilt, gehören nach James auch Hume, Kant, Hegel und andere Intellektualisten, d.h. Rationalisten, deren Werk nicht eher aufhört, >als bis die Sinnenwelt völlig aufgelöst zu den Füßen der Vernunft liegt.<[340]

Was bedeutet der pragmatische Versuch, mit der platonischen Tradition zu brechen für die Ästhetik? Wie formuliert die Philosophie des Pragmatismus nunmehr das Schöne bzw. den schönen Schein als ein Ideal der Erfahrung? Wobei Schönheit als Ideal im Pragmatismus eine Funktion hat und kein Selbstzweck mehr ist. Die Ästhetik von Kant, die das Schöne auf die Lust der Betrachtung begrenzt, ist dabei aus pragmatischer Sicht mangelhaft. Das Schöne wird danach bei Kant nur zu einer reinen Sache des Zuschauers. Nach Dewey ist das ein Ausdruck für eine durchweg blutarme Konzeption, wenn man die ästhetische Wahrnehmung lediglich als ein Vergnügen bestimmt, das während der Kontemplation stattfindet. Das Gegenteil soll der Fall sein: >Nicht das Fehlen von Wunsch und Gedanken, sondern deren vollständiges Eingehen in die wahrnehmende Erfahrung charakterisiert die ästhetische Erfahrung.<[341]

Statt Ruhe und Kontemplation, wird nunmehr die Bewegung zum ästhetischen Ideal der Erfahrung.

Ästhetisch wird in diesem Sinne z. B. eine Darstellung, die eine Bewegung auf einen vollendeten Abschluss zeigt. Dazu gehört nach John Dewey eine gespannte Erwartung der Lösung, denn sonst kommt es zum Stillstand. Was aber ist, wenn das Problem gelöst ist, die Bewegung an ihr Ziel gelangt ist? Man sollte meinen, dass dann auch die Bewegung zur Ruhe kommt. Aber nach Dewey geht es bei der ästhetischen Form nicht um eine Bewegung, die fest auf ein bestimmtes Ziel gerichtet ist, sondern um eine Bewegung, die kein Ende kennt. Höhepunkte sind nach dieser Vorstellung immer relativ: >anstatt sich zu einer gegebenen Zeit ein für allemal zu ereignen, tritt er immer wieder

---

[340] James, William, Das pluralistische Universum, a.a.O., S.157

[341] Dewey, John, Kunst als Erfahrung, Frankfurt am Main 1995, S.297

neu auf. Der endgültige Schluss kündigt sich nach ihm durch rhythmisch gesetzte Pausen an, während jener Schluss nur nach außen hin endgültig ist.<[342]

An anderer Stelle versucht Dewey, die ästhetische Erfahrung in einem Bild zu beschreiben: Um sich die ästhetische Erfahrung vorzustellen, solle man an einen Stein denken, der bergab rollt und dabei seine Erfahrungen macht: Es ist ein Stein, der sich beständig bewegt, und wie es die Umstände erlauben, auf einen Ort und einen Zustand hin bewegt, an dem er seine Ruhe finden wird.

>Lassen sie uns diesen äußerlichen Tatsachen in der Phantasie den Gedanken hinzufügen, dass der Stein sehnsüchtig das endgültige Ergebnis erwartet; dass er sich für das interessiert, was ihm auf seinem Wege begegnet – für Umstände, die seinen Lauf beschleunigen oder hemmen, je nach ihrem Einfluss auf das Ziel; dass er ihnen gegenüber gemäß der hemmenden und helfenden Funktion, die er ihnen zuschreibt, empfindet und handelt und dass schließlich das 'zur Ruhe kommen' als der Höhepunkt einer fortschreitenden Bewegung mit allem Vorangegangenen verbunden ist. Dann durchliefe der Stein nach Dewey eine Erfahrung und zwar eine Erfahrung von ästhetischem Charakter.<[343]

Die Aufforderung von Dewey, sich einen Stein vorzustellen, der Phantasie hat, ist allerdings merkwürdig und erinnert an ein Spiel mit Kindern, aber als eine Erklärung für eine ästhetische Erfahrung ist sie wohl nicht geeignet. Wie kann man denn mit dem Begriff Stein die Vorstellung einer ästhetischen Empfindung verbinden? Die Verbindung von menschlichen Akteuren und leblosen Körpern mittels der Phantasie legt nahe, dass die Menschen in dieser Vorstellung nicht mehr als Dinge sind, die lediglich dem Gesetz der Physik gehorchen. Es ist allerdings richtig, dass nur Dinge ohne Willen sind und dem Fallgesetz folgen.

Das Bild von Dewey folgt getreu der theoretische Intention des Pragmatismus, nach der Personen in berechenbare physikalische Größen aufgelöst werden können.

---

342 Dewey, John, Kunst als Erfahrung, Frankfurt am Main 1995, S. 160

343 Ebd., S. 52

Die pragmatische Vorstellung verdeutlicht allerdings die Unterschiede zur traditionellen Ästhetik. Wie sollte ein solcher Stein auch die 'Lust der Betrachtung' schätzen lernen, wo es doch nur wahrscheinlich zwei Dinge gibt, die hier interessieren: Hemmung oder Beschleunigung. Was sich diesem Produkt der Phantasie in den Weg stellt, ist, so kann man vermuten, lediglich ein Hindernis.

Im pragmatischen Denken soll die Zukunft erweitert werden. Es wird bei einem ästhetischen Prozess nicht mehr viel Zeit benötigt, um etwas zu vollenden, sondern es stellt sich heraus, dass noch sehr viel Zeit nötig sein wird, die ästhetische Erfahrung fortzusetzen. Deutlich wird, wie die Vorstellung der ästhetischen Form mit dem Vorrang der Bewegung in der pragmatischen Philosophie verknüpft wird.

Ein solches Ideal der ästhetischen Form soll keinen zeitlichen Gegensatz mehr kennen, z.B. zu einem Unveränderlichen oder Unbeweglichen. In diesem Sinne wird die ästhetische Form allerdings auch zur Feier der Bewegung um ihrer selbst willen.

Pragmatische Ästhetik ist eine Ästhetik der Bewegung, die mit der Vorstellung einer offenen Zukunft verbunden ist. Bewegung wird unter diesen Voraussetzungen zu einer Art Mehrwert, die ästhetische Erfahrung zu einem Lustgefühl an der Bewegung. War noch bei Kant das kontemplative Erlebnis ein Ziel der Kunst, so wird es nunmehr das intensive Erlebnis. Damit ist allerdings im Pragmatismus keine Intensität des Erlebens gemeint, in der es lediglich um einen Betrachter geht. Nicht, je intensiver man als Betrachter eine Bewegung mitfühlt, ist der Maßstab des Vollkommenen, ist das Ziel des Schönen. Es geht nicht vorrangig um das intensive Erlebnis eines Zuschauers, um dessen Aktivität, sondern um das Erlebnis eines Handelnden.[344]

Galt ehemals die Maxime für eine Ästhetik, die sich an der traditionell-platonischen Metaphysik des Bleibenden orientierte, das Vollkommene soll nicht geworden sein, so wird die Maxime nunmehr im Pragmatismus umgekehrt.[345]

---

344 Siehe die Bemerkungen von Cassirer über Dubos, Vgl. Cassirer, Ernst, Die Philosophie der Aufklärung, Hamburg 1998, S. 433

345 Vgl. auch Nietzsche, Friedrich, Menschliches, Allzumenschliches I und II, KSA 2, München 1988, S. 141

Dewey drückt den neuen metaphysischen Rahmen in aller Kürze so aus: Veränderung wird an die Stelle von Unwandelbarkeit gesetzt und ist nunmehr das neue Maß für Wirklichkeit.[346] Der Pragmatismus möchte die Erfahrung für die >temporale Qualität< der Ereignisse öffnen, die früher unter der Herrschaft einer überlegenen Realität ignoriert wurden.[347] Mit anderen Worten: auch das intensive Erlebnis wird zu einer ästhetischen Qualität, allerdings das, eines Handelnden. Wenn Veränderung prinzipiell zum Vorrang erklärt wird, dann hat das auch Auswirkungen auf das Erlebnis von Bewegungen. Die intensive Bewegung an sich wird unter diesen Voraussetzungen zu einem Erlebniswert.

Steigerungsspiele

Die Frage ist, ob das pragmatische Denken wirklich die sinnliche Erfahrung wieder in ihre Rechte einsetzt, so wie es der eigene Anspruch ist. Folgt z.B. aus der ästhetischen Umwertung der Werte eine Aufhebung der Indifferenz der Existenz bzw. eine Aufhebung der Indifferenz des Körpers?

Die Umwertung bedingt lediglich, dass nunmehr das Oben sein soll, was ehemals unten war. Das duale Schema ist nicht verschwunden, auch wenn sich die Art der Bewertung verändert hat.

Der ontologische Komparativ der platonischen Tradition wird zwar durch das pragmatische Denken abgelöst, aber nunmehr gibt es stattdessen den temporalen Komparativ.[348] Um es in einem Bild auszudrücken: Nicht nur für das kontemplative ästhetische Erlebnis ist in Wirklichkeit auf allen Gipfeln keine Ruhe, auch wenn dort etwas anderes in Aussicht gestellt wurde.

---

[346] Vgl. Dewey, John, Die Erneuerung der Philosophie, a.a.O., S. 106

[347] Vgl. Dewey, John, Erfahrung und Natur, Frankfurt am Main 1995, S. 244

[348] Odo Marquard hat diesen Wechsel ähnlich beschrieben , allerdings in Bezug auf die Entwicklung der Geschichtsphilosophie. Aus der ontologischen Vorzugsverfassung der Unveränderlichkeit wurde der Vorzug der Veränderlichkeit. Vgl. Marquard, Odo, Philosophie des Stattdessen, Stuttgart 2000, S. 81

Es gibt nicht nur die platonische Stufenleiter, die in die 'Höhe' führen soll, sondern auch ein Steigerungsspiel der Zeit.

Sollte die Erde, so wie das James ausdrückt, nicht mehr länger wie bisher durch die >Herrlichkeiten des Äthers< in den Schatten gestellt werden, so stellt sich die Frage, ob dieses in den Schattenstellen wirklich durch das pragmatische Denken aufgehoben wurde. Sollte das Absolute lediglich 'verzeitlicht' worden sein? Wenn dem so ist, gibt es nunmehr auch eine neue Instanz der Rechtfertigung, ein Tribunal der Zeit.[349] Von daher mag es nicht verwundern, dass das pragmatische Denken die moderne Welt als einen >hyperimmanenten Raum< beschreibt, so wie es Peter Sloterdijk ausgedrückt hat, in der alles nur weitergehen und sich steigern will ohne jeglichen transzendierenden Sinn.[350]

Die Geschichte wird zur Transzendenz befreiten Zone erklärt. In dieser Zone hat nunmehr alles ausschließlich dem Leben zu dienen, d.h. der Sinn vom Leben wird nunmehr als Mehr-Leben, Besser-Leben verstanden, d.h. Steigerungen werden zum Ausweis von Qualität; sie werden zum Ausweis, zur Rechtfertigung auch des eigenen Lebens. Die Zeit wird so für das Leben zu einem Tribunal.[351] Was übrigens nicht ausschließt, dass der Begriff Transzendenz weiter verwendet wird. So benutzt der Pragmatismus diesen Begriff weiter, dass allerdings in einem eigentümlichen und neuen Sinn.

Nach Richard Rorty z.B. kann nunmehr das Wort 'transzendent' nicht mehr meinen als >über unsere derzeitigen Praktiken hinausgehend in Richtung möglicherweise anderer Zukunftspraktiken.<[352]

Wenn Bewegung für das pragmatische Denken eine neue Wirklichkeit im absoluten Sinne ist, dann gibt es in ihr potentiell auch ein Steigerungsspiel, das Beschleunigung heißt. Schulze hat dieses Steigerungsspiel auf dem wachsenden Erlebnismarkt der Gesellschaft mit einem schwarzen Loch verglichen, das im Laufe der Zeit eine immer größere

---

349 Vgl. James, William, Der Pragmatismus, a.a.O., S. 77

350 Vgl. Sloterdijk, Peter, in: James, William, Die Vielfalt der religiösen Erfahrung, Frankfurt am Main und Leipzig 1997, S. 19

351 Vgl. Große, Jürgen, Philosophie der Langeweile, Stuttgart, Weimar 2008, S. 90

352 Rorty, Richard, Wahrheit und Fortschritt, Frankfurt am Main 2003, S. 90

Sogwirkung erzeugt.[353] Dabei gibt es das merkwürdige Phänomen, dass Orientierungsverlust für den Einzelnen droht, wenn diese Steigerungen bei den Erlebnissen ausbleiben.[354] So kann man in diesem Sinne zwar seinen Körper durch Erlebnisse >unter Strom setzen<, aber diese Spannung muss auch ständig aufrechterhalten und auch gesteigert werden. Der Wunsch Zeit zu gewinnen, ist wohl nicht nur ein vorherrschender Wunsch in der Moderne, sondern dahinter verbirgt sich - so ist zu vermuten - auch ein Zwang. Was so freiwillig erscheint, entpuppt sich erst dann als Gegenteil, wenn es einmal nicht so recht weiter gehen will.

Schon Kant spricht in seiner Anthropologie davon, das >sein Leben fühlen< heißt, sich kontinuierlich getrieben fühlen, sonst droht die Leere an Empfindungen, der horror vacui. Allerdings hat Kant dabei wohl noch nicht an ein mögliches Steigerungsspiel mit seinen Beschleunigungen gedacht, sondern eher an die Notwendigkeit stetiger Veränderungen; an die Aufgabe, sein Leben ständig zu verbessern.[355]

Mit dem Ausdruck >horror vacui< den Kant benutzt, wird allerdings auch das Phänomenen der Leere in eine Aura des Pathologischen versetzt. Der Philosoph wird zu einer Art Langeweile-Therapeut.

Die stetige Arbeit wird unter dieser Voraussetzung zum Synonym und möglichen Ersatz für ein sinnerfülltes Leben, zum Gegenmittel gegen die Empfindung der Leere.[356]

Dieser Zusammenhang erinnert an den bürgerlichen Spruch:

Wer arbeitet, langweilt sich nicht. Einen ähnlichen Grundsatz, wird Nietzsche später kritisch hervorheben: Lieber irgendetwas tun als nichts, ein Grundsatz, der nach ihm jedoch aller Bildung und höherem Geschmack den Garaus macht. Nach Nietzsche ist dieser Grundsatz der Ausdruck einer geschichtlichen Veränderung, in der schließlich die

---

353 Vgl. Schulze, Gerhard, Die Beste aller Welten. Wohin bewegt sich die Gesellschaft im 21. Jahrhundert, München Wien 2003, S. 140

354 Vgl. Ebd., S. 99

355 Vgl. Kant, Immanuel, Anthropologie in pragmatischer Hinsicht, in: Kants Werke, Akademie Textausgabe, Bd. VII, Berlin 1968, S. 233ff

356 Vgl. Große, Jürgen, Philosophie der Langeweile, Stuttgart, Weimar 2008, S. 66ff

Arbeit das gute Gewissen auf ihre Seite bekommt.[357] Eine solche radikale Veränderung der Kultur lässt auch einer kontemplativen Ästhetik, so wie sie Kant noch forderte, keinen Raum mehr.

Das pragmatische Denken möchte die traditionelle metaphysische Prämisse aufheben, nach der Veränderung die Quelle aller Mängel und Probleme der Welt ist.[358] Wer möchte dem nicht zustimmen, wenn man z.B. an die Errungenschaften des Fortschritts denkt. Aber sind Veränderungen in der Form von Beschleunigungen in der gesellschaftlichen Wirklichkeit nicht auch ein Problem, - gerade in Bezug auf den Fortschritt, der wie selbstverständlich für viele als grenzenlos erscheint?

Der beschleunigte Wandel führt auch zur Zunahme von Stress, zu einer Art Überlebenskampf, in der es um Zeitvorteile geht, in der der Einzelne meint, durch Beschleunigungsüberbietung zur Avantgarde zu werden, so wie es Odo Marquard einmal ausgedrückt hat.[359]

Was die Indifferenz der Existenz des menschlichen Lebens betrifft, so wird sie durch die moderne Idee des Fortschritts, dieser Idee einer neuen Unendlichkeit, nicht aufgehoben. Ein Beispiel ist das wissenschaftliche Arbeiten, das durch die Idee des Fortschritts kein Ende kennt und daher im Widerspruch zum Glücksverlangen des endlichen Lebens steht. Zum Problem wird, dass es auf den, der die unendliche Arbeit macht, potentiell nicht mehr ankommt.

Nun lautet der cartesianische Einwand gegen das Argument, dass unendliche Aufgaben den Einzelnen überfordern, es daher zu einer Aufgabe der Gemeinschaft wird, solche Aufgaben von Generation zu Generation weiterzutragen. Der Einzelne wird so als Funktionär einer Forschungsgemeinschaft verstanden.

Wie aus einer Bemerkung von Blumenberg aus dem Nachlass hervorgeht, reicht dieser Einwand wohl nicht aus. Was ist, wenn der Forschungsgemeinschaft dasselbe droht wie dem Einzelnen, nämlich den Ertrag der unendlichen Arbeit nicht zu erleben?[360]

---

357 Vgl. Nietzsche, Friedrich, Die fröhliche Wissenschaft, KSA 3, München 1988, S. 556f

358 Vgl. Dewey, John, Die Suche nach Gewissheit, a.a.O., S. 293

359 Vgl. Marquard, Odo, Apologie des Zufälligen, Stuttgart 1986, S. 63

360 Vorstellbar ist auch der >Wärmetod<. Vgl. Blumenberg, Hans, Beschreibung des Menschen, Frankfurt am Main 2006, S. 438

Sollte das einer der Fragen sein, von denen wir nichts wissen wollen? Es ist wohl nicht leicht, sich bewusst zu machen, dass wir nicht nur in den Grenzen der Natur mit einem alltäglichen Risiko leben müssen, sondern dass wir auch mit den besonderen Risiken konfrontiert sind, die aus der technischen Überschreitung dieser Grenzen resultieren.

Zur Positivierung des Fiktiven

Ein Karrieresprung

Nach Hans Vaihinger ist die wissenschaftlich wertvolle Fiktion ein Kind der Neuzeit.[361] In seiner Philosophie des >Als-ob<, übernimmt der Begriff der Fiktion die Hauptrolle auf der Bühne der Philosophie. Fiktionen sind nach Vaihinger in der Philosophie nicht länger lediglich nur falsche Hypothesen wie noch bei Bacon, auch keine eingebildeten Begriffe oder Irrtümer, sondern die Fiktion wird nunmehr zum legitimierten Irrtum, zur nützlichen Fiktion, d.h. sie wird dadurch legitimiert, dass sie ein Mittel zu einem bestimmten Zweck ist.[362]

So ist z.B. in diesem Sinne der Begriff der Freiheit, dem nichts in der Wirklichkeit entspricht, nach Vaihinger eine überaus nützliche ethische Fiktion, d.h. wir behandeln und betrachten andere in unserer Kultur so, >als ob< ihre Handlungen frei wären.[363] Welche praktischen Konsequenzen diese Annahme in unserer Kultur hat, ergibt sich z.B. aus ihrer Bedeutung für das Rechtssystem.

Vaihinger folgt in seinem Denken den Spuren von Kant, d.h. die Kategorien(z.B. die Kategorie der Kausalität) sind für das Erfassen der Wirklichkeit nicht tauglich. Was man lediglich sagen kann, ist, dass sich die objektiven Erscheinungen so betrachten lassen, >als ob< sie sich so verhielten.[364] Nach Vaihinger ist die Welt der Erscheinungen nicht bloß eine Welt des Scheins, sondern ein symbolisch zweckmässiges Vorstellungsgebilde, das es uns erlaubt in einer Welt des Unerkennbaren und Unerfahrbaren sich zu bewegen und zu orientieren.[365] Die Alten hatten dagegen die Welt der Erscheinung noch als Schein und damit zugleich als einen Irrtum erklärt. Das Wesen der Vorstellungswelt wurde daher

361 Vgl. Vaihinger, Hans, Die Philosophie des Als Ob, Leipzig 1927, S. 231

362 Das >Als-ob< ist der sprachliche Ausdruck der Fiktion .

363 Vgl. Vaihinger, Hans, Die Philosophie des Als Ob, Berlin 1911, S. 572

364 Vgl. Vaihinger, Hans, Die Philosophie des Als Ob, Leipzig 1927, S. 44

365 Vgl. Ebd., S. 239

nach Vaihinger noch nicht als fiktiv gesehen, sondern als trügerisch und irreführend.[366]

Das Höhlengleichnis

Im Höhlengleichnis von Plato ist das Maß der Wirklichkeit das Unvergängliche jenseits der Höhle. Die Menschen sind in diesem Gleichnis Gefangene, an eine Höhlenwand angekettet. Sie können nur in eine Richtung auf eine Wand schauen. Die Dinge, die sie auf dieser Wand sehen, sind nur Schattenbilder, die in Wirklichkeit hinter ihnen wie auf einer Galerie vorbei getragen werden. Das Licht und Feuer sehen sie nicht. Was folgt nach Platon aus dieser Situation? Die Menschen halten die Erscheinungen, d.h. die Schattenbilder für die Wirklichkeit. Mit anderen Worten, die Menschen fassen die Erscheinungen so auf, >als ob< sie Wirklichkeit wären. Die Erscheinungen sind für die Gefesselten selbst nicht trügerisch. Sie sind für die Gefesselten allerdings auch keine Fiktionen im modernen Sinne von Erfindungen.[367] Zwar sind sie auch fiktiv, aber nicht im Sinne einer eigenen Erfindung, wohl aber aus der theoretischen Distanz als Teil einer Erziehungslehre(Paideia), als Teil einer Philosophie, die noch davon ausgeht, dass es zwei Welten gibt.

Die Menschen leben nach Plato wie selbstverständlich in einer Schattenwelt. Nach einiger Zeit würden sie anfangen – so vermutet er -, diesen Schattenbildern auch Namen zu geben. Nach diesem Modell leben die Menschen als Gefangene in einer Höhle der Erscheinungen und glauben an die Wahrheit der Sinne. Welcher Weg führt aus der Höhle hinaus? Die Negation der sinnlichen Neigungen. Vorausgesetzt wird von Plato, die Dinge, die gesehen werden, sind Repräsentanten eines sinnlich nicht wahrnehmbaren Eidos. Aber können sie von einem Ausgang aus der Höhle wissen? Wohl kaum. Es ist daher kein Zufall, dass

[366] Vgl. Vaihinger, Hans, Die Philosophie des Als Ob, Leipzig 1927, S. 238

[367] Ob nicht jede Philosophie selbst als eine Fiktion anzusehen ist, als eine Philosophie des >Als ob<? Diese Frage mag an dieser Stelle offen bleiben. Vgl. auch Borges, Jorge Luis, Fiktionen, Frankfurt am Main 1993, S. 23,

Plato denjenigen, der von diesem Ausgang erfahren soll, mit Gewalt aus der Höhle schleppen muss.

Es ist, so kann man sagen, der Auserwählte im Sinne des idealen 'Staates', d.h. er ist ein Philosoph.[368] Er wird in den Unterschied von Erscheinung und Seiendem eingeweiht; er soll der zukünftige Lehrende der Zurückgebliebenen sein.

Die Rückkehr in die Höhle ist allerdings alles andere als unproblematisch. Was passiert, wenn der Philosoph versuchen würde, die anderen zu befreien? Folgt man der Erzählung, so wird nicht ausgeschlossen, das, falls die anderen sich des Befreiers bemächtigen können, diesen auch töten würden. Die Gefesselten sind womöglich durchaus zufrieden mit ihrer Welt der Erscheinungen. Die Erscheinungen mögen nur Schattennahrung sein, aber doch nur für denjenigen, der beansprucht, mehr als sie zu besitzen. Die Erscheinungen sind für viele in der Höhle wohl nichts anderes als das, was man den >Boden unter den Füßen< nennt und den zu verlieren eine Drohung darstellt, die man so ohne weiteres nicht ignorieren kann. Der >Boden unter den Füßen< ist die geläufigste Metapher für Realität, d.h. Wirklichkeit.

Bei Plato ist der Philosoph der Vermittler eines Übergangs in eine andere, in eine höhere Welt. Die Welt der Erscheinungen soll überwunden werden, ihr >Als ob< soll durchschaut und aufgehoben werden. Der Philosoph wird zu einem Bergführer, der den Aufstieg aus dem unterirdischen Kerker des Sinnlichen zum Licht der Ideen ermöglichen soll. Das Mittel soll die Kunst sein, die Plato 'Dialektik' nennt.[369]

Die Schwierigkeit des Platonismus ist allerdings, dass die Evidenz nur eine Versprochene ist und nicht eingelöst werden kann. Das ungelöste Problem ist: Die Gefesselten in der Höhle sollen etwas aufgeben, wobei der Gegenwert nur ein Versprechen bleibt.

Bei Vaihinger ist der Philosoph kein Vermittler eines Übergangs in eine höhere Welt. Es gibt nach seiner Vorstellung keine zwei Welten mehr, keine Wirklichkeit, die der Idee nach in einem Jenseits liegt.

---

368 Vgl. Blumenberg, Hans, Höhlenausgänge, Frankfurt am Main 1996, S. 522ff

369 Vgl. Platon, Der Staat, Siebentes Buch, in: ders. Sämtliche Werke, Band 2, Heidelberg o.J.(Lambert Schneider), S. 275, 532B-533A

Die einzige Welt, die wir nach Vaihinger erkennen, diese Vorstellungswelt ist nach ihm kein Abbild einer Wirklichkeit mehr.[370]

Das Vorstellungsgebilde der Welt wird nun zu einem Gewebe von Fiktionen.[371] Die Erscheinungen sind nicht mehr ein Mittel zu einem Übergang in eine andere Welt wie bei Plato, sondern die Erscheinungen werden zu einem Mittel der Berechnung, d.h. zu einem Mittel der Voraussicht, der Prognose.[372] Für Vaihingers idealistischen Positivismus wird die Welt vor allem zu einem Gegenstand der Wissenschaft. Die Welt soll nicht mehr wie im platonischen Sinne begriffen werden, sondern es gilt sie zu berechnen. Auf dem Hintergrund von Vaihingers Theorie der alleinigen Welt scheint das traditionelle Reden vom Transzendenten den Anschluss an den Zug der Zeit verloren zu haben.

Der Prozess, in dem die Vorstellungen der Transzendenz ihre Legitimität verlieren, diese Entwicklung, hat Nietzsche als einen Prozess der Reduktion in einem Fragment im Nachlass beschrieben: Auch für ihn reduziert sich ehemalige Gegensatz der scheinbaren Welt und der wahren Welt.

Nunmehr gibt es nur noch eine Welt und sonst nichts.[373] Ist dieser Verlust der Legitimität einer Vorstellung von Transzendenz womöglich auch ein Grund für den Niedergang der Religionen seit der Aufklärung? Denn wurzeln Religionen nicht in der Vorstellung einer Transzendenz?

So weist noch Paul Tillich in der Neuzeit auf die Bedeutung dieser Vorstellung hin. Ohne die Vorstellung einer Transzendenz lässt sich nach ihm z.B, der moralische Imperativ religiös nicht begründen.

Die Moral hat in diesem spezifisch religiösen Sinne einen 'Unbedingtheits-Charakter'.[374] Dabei kommt es nach Tillich für die Geltung der Moral religiös nicht so sehr auf das traditionelle Reden vom

---

370 Vgl. Vaihinger, Hans, Die Philosophie des Als Ob, Leipzig 1927, S. 22

371 Vgl. Ebd., S. 90

372 Vgl. Ebd., S. 238

373 Vgl. Nietzsche, Friedrich, Nachgelassene Fragmente, Abt. VIII, Kritische Gesamtausgabe der Werke Nietzsches, Berlin, New-York 1967, 14(184)

374 Vgl. Tillich, Paul, Das religiöse Fundament des moralischen Handelns, Ges. Werke Band III, Stuttgart 1966, S. 27

Transzendenten an, nicht auf die vielen Ohren, sondern auf eine >lautlose Stimme< in uns.[375]

Was allerdings nicht ausschließt, dass auch diese >lautlose Stimme< in der Moderne zunehmend ihre Bedeutung verliert und sich dem Verstummen nähert. Wenn für Nietzsche der Verlust der Vorstellung der Transzendenz einen Fortschritt des Denkens in der Moderne symbolisiert, so ist für Tillich dieser Fortschritt nichts anderes als ein Ausdruck der Erfahrung der Entfremdung des Menschen von seinem essentiellen Sein. Aber Entfremdung ist nur ein Problem für ein Denken, dass noch zwischen Wesen und Existenz unterscheidet, eine Unterscheidung, die traditionell im platonischen Denken ihre zentrale Bedeutung hat.

Was die Griechen nicht konnten

Nach Vaihinger mangelte es den Griechen an der Selbständigkeit des Denkens. Worin besteht nach ihm die wirkliche Selbständigkeit des Denkens? Er schreibt: In der Fähigkeit, >sich kühn loszureißen von der Wirklichkeit und doch die Hoffnung nicht zu verlieren, trotz der Abweichung, die Wirklichkeit wieder zu erreichen. Der Grieche scheut den kühnen Flug des Denkens.<[376] Von welcher Wirklichkeit spricht denn Vaihinger an dieser Stelle?

Wie aus der Argumentation von Vaihinger zu ersehen ist, eignet sich der Begriff Wirklichkeit als Appelationswert, wobei es zur Art dieser Argumentation gehört, dass nicht ausreichend erklärt wird, was diesen Begriff bestimmt.

Eine solche Argumentation vermittelt den Eindruck, >als ob< nicht jede Philosophie versucht, sich auf ihre Art von einer Wirklichkeit loszureißen. Schon im Platonismus ist dieser Versuch entwickelt, nur dass dort von einer Wirklichkeit abgewichen werden soll, die eine Welt der

---

375 Vgl. Tillich, Paul, Das religiöse Fundament des moralischen Handelns, Ges. Werke Band III, a.a.O., S. 22

376 Vgl. Vaihinger, Hans, Die Philosophie des Als Ob, Leipzig 1927, S. 232

Erscheinung ist, um eine andere Wirklichkeit zu erreichen.[377] Soll nicht das Höhlengleichnis von Plato zeigen, dass die Gefangenen in der Höhle das, was sie für wirklich halten in Wirklichkeit unwirklich ist? Schon zu Zeiten von Plato war nicht nur in der Philosophie die Art einer gewissen Erklärung überwältigend. Wittgenstein hat eine solche Erklärung gekonnt in eine Kurzform gebracht:
>Das ist in Wirklichkeit nur dies<.[378] Der Erfolg dieser Erklärungsform wird auch noch in neuerer Zeit bestätigt, z.B. durch die Psychoanalyse, mit ihrer Arbeit der Traumdeutung.

Eine andere Behauptung von Vaihinger, die sich auf die Kultur der Griechen bezieht, ist ebenso fragwürdig. Da meint er, dass die Griechen noch eng und unselbstständig an der unmittelbaren Wahrnehmung hingen.[379] Getan wird so, als ob nicht gerade im Platonismus die Trennung von Rationalität und Sinnlichkeit, Körper und Geist begründet wird. Worauf war denn für Plato auf keinen Fall Verlass bei der Erkenntnis? Auf die Sinne.

Dieser Antwort von Plato ist später allerdings widersprochen worden, so z.B. von Lukrez, einem Schüler von Epikur. Nicht so allerdings von Nikolaus von Kues, der die Bedeutung der platonischen Tradition hervorhebt und ihr folgt. In seiner Schrift 'De docta ignorantia' schreibt er, >dass die sichtbaren Dinge in Wahrheit Bilder der unsichtbaren Dinge sind, und das der Schöpfer auf diese Weise wie im Spiegel und Gleichnis für die Geschöpfe dem erkennenden Blick zugänglich wird.<[380]

Das kann auch als ein Beispiel dafür gelesen werden, wie die platonischen Gedanken dem christlichen Denken verwandt sind, wenn auch das Absolute einen anderen Namen trägt. Wie man das Absolute, Gott, findet?

Nikolaus von Kues Antwort ist: Man muss die Teilhabe an den endlichen Dingen wegstreichen. Der Weg der Erkenntnis, der hier noch ein

---

[377] Vgl. Blumenberg, Hans, Anthropologische Annäherung an die Rhetorik, in: ders., Ästhetische und metaphorologische Schriften, Frankfurt am Main 2001, S. 430

[378] Wittgenstein, Ludwig, Vorlesungen und Gespräche über Ästhetik, Psychoanalyse und religiösen Glauben, Düsseldorf und Bonn 1994, S. 41

[379] Vgl. Vaihinger, Hans, Die Philosophie des Als Ob, Leipzig 1927, S. 232

[380] Kues, Nikolaus, De docta ignorantia, Buch I, Hamburg 1999, S.41

Weg der Weisheit ist, wird als eine Art Reinigungsprozess verstanden. Vergängliches und Unvergängliches, Geist und Körper, Rationalität und Sinnlichkeit sind entgegengesetzt.
Vaihinger suggeriert mit seiner Argumentation eine eindeutige Wirklichkeit, die er als Ziel für sein Denken beansprucht. Der Platonismus hatte jedoch durchaus eine Wirklichkeit, die er anstrebte, wenn sie auch der Vorstellung von Vaihinger entgegengesetzt ist, dem die Vorstellungswelt der Erscheinung zur einzigen wird. Für Vaihinger jedoch sind die Erscheinungen nicht wie im Platonismus bloßer Schein, sondern ein symbolisch zweckmäßiges Gebilde, die es uns ermöglichen in einer >Welt des Unerfahrbaren< sich zu orientieren.[381]
Versteht man Philosophie als eine Kunst der Orientierung, so besteht diese Kunst im Platonismus darin, einen Übergang in 'die' Wirklichkeit zu finden, wobei diese Wirklichkeit als unveränderlich und ewig betrachtet wird.
Die Suche gilt daher der Übereinstimmung unserer Ideen mit dieser Wirklichkeit. Wahrheit ist in diesem Sinne eine innere Eigenschaft der Vorstellungen und hat mit der Erfahrung nichts zu tun. In diesem Sinne existiert die Wahrheit nicht, sie gilt und behauptet sich.
Die Wahrheit wird im Platonismus gefunden und ist keine Erfindung. Vorausgesetzt wird, es existiert die Möglichkeit einer Korrespondenz zwischen Begriff und Sache.
In Vaihingers idealistischem Positivismus hingegen gilt es, sich in der Welt der Erscheinungen selbst zu orientieren. Der idealistische Positivismus von Vaihinger versteht sich als eine konsequente Negation des Platonismus.
Alle Ideale werden bei Vaihinger zu Fiktionen, d.h. Erfindungen.[382]
So schreibt er: >Parmenides hat gesagt, 'man denkt das nicht, was nicht ist' - wir sind am anderen Ende und sagen, was gedacht werden kann, muss sicherlich eine Fiktion sein.<[383]

---

381 Vgl. Vaihinger, Hans, Die Philosophie des Als Ob, Leipzig 1927, S. 239

382 Vgl. Ebd., S. 64

383 Vgl. Vaihinger, Hans, Die Philosophie des Als Ob, Berlin 1911, S. 788

Umwertung der Werte

Die Karriere des Begriffs der Fiktion in der kritischen Philosophie von Vaihinger setzt, - wie erwähnt -, eine Überwindung des platonischen Dualismus der Zwei-Welten voraus, eine Aufhebung des Gegensatzes von scheinbarer und wahrer Welt. Nach Vaihinger gibt es nunmehr nur noch eine Welt und sonst nichts, d.h. eine Welt der Erscheinungen. >Die wahre Welt haben wir abgeschafft<, dieser Satz von Nietzsche in Bezug auf die griechische Philosophie gilt auch für Vaihinger.[384]

Mit diesem Anspruch jedoch verbunden, ist auch eine Umwertung der Werte, d.h. eine Aufwertung der Zeit und damit des Endlichen.

Bei Zeno und später auch bei Plato galt noch der Grundsatz, die wahre Wirklichkeit in dem zu suchen, was sich nicht verändert.

Wenn man die Bewertung, die dieser Grundsatz enthält umdreht, so erhält man den neuen Maßstab für das Wirkliche nach der Ablösung der Vorherrschaft des Platonismus, einen Maßstab, der sich seit der Aufklärung in einem langen Prozess durchgesetzt hat.

So vollzieht etwa auch der Pragmatiker Dewey diese Umbesetzung, wenn er in seiner Philosophie Veränderung an die Stelle von Unwandelbarkeit setzt. Für ihn ist Veränderung, d.h. das Werden nunmehr das Maß der Wirklichkeit.[385] Diese Stelle ist insofern beachtenswert, als der Pragmatismus sich generell als Abwendung von jeglichem metaphysischen Denkens versteht und nun - wie an dieser Stelle gut erkennbar wird -, selbst in seiner Argumentation eine Metaphysik des Werdens voraussetzt.[386]

Für Vaihinger ist Wirklichkeit ein Heraklitischer Fluss des Geschehens, d.h. auch er setzt eine Umwertung der Werte voraus. Nach ihm braucht daher das Denken imaginäre Haltepunkte in diesem Fluss der Zeit, nichts anderes sind nach seiner Vorstellung Fiktionen.

---

384 Vgl. Nietzsche, Friedrich, Wie die >wahre Welt< endlich zur Fabel wurde, in: ders., Götzen-Dämmerung, Ges. Werke Bd. 10, München 1964, S. 61

385 Vgl. Dewey, John, Die Erneuerung der Philosophie, a.a.O., S. 106

386 So warnt etwa Charles Peirce generell vor der Metaphysik als einem gesunkenen Riff vor dem man sich fern zuhalten hat. Vgl. Peirce, Charles S., Wie unsere Ideen zu klären sind, in: ders., Schriften zum Pragmatismus und Pragmatizismus, Frankfurt am Main 1991, S. 208

Fiktionen sind eine Art Denkinstrument, um sich mit ihrer Hilfe in einer Scheinwelt zu orientieren.[387] Fiktionen sind in diesem Sinne immer Abweichungen von der Wirklichkeit; wie sollte es auch anderes sein, wenn die Wirklichkeit selbst ein unablässiges Werden ist. Mit anderen Worten: Vaihinger spricht an dieser Stelle von einer Wirklichkeit, die man nicht festhalten kann, weil sie nicht das ist, als was sie erscheint. Nicht zu verwechseln ist der metaphysische Begriff der Wirklichkeit, mit dem einer Wirklichkeit der Erfahrung, so wie ihn die Naturwissenschaft seit Kant z.B. voraussetzt, die sich auf das Buchstabieren von Erscheinungen beschränkt und die nicht mehr nach einem an sich Seienden fragt.[388] Aber auch diese bewusste Beschränkung der naturwissenschaftlichen Erfahrung setzt das veränderte metaphysische Weltbild voraus und ist als die Konsequenz dieser Veränderung zu verstehen. - Man kann die Spur der Umwertung der Werte in der Moderne übrigens auch in verschiedenen sprachlichen Ausdrücken und Zusammenhängen des Alltags finden, auch wenn sie auf den ersten Blick nicht ersichtlich ist. Warum meint wohl Gerhard Schulze, moderne Menschen würden auf der Suche nach einer Metapher für die Welt, in der sie leben, sich für das Bild eines Hochgeschwindigkeitszuges statt dem Bild eines Hauses entscheiden?[389]

Wenn der Begriff der Bewegung, des Werdens, den traditionellen philosophischen Begriff der Wirklichkeit ersetzen soll, so etwas wie auch bei Henri Bergson, für den die Bewegung die Wirklichkeit selbst ist, so enthält diese Forderung zugleich einen Anspruch auf Überwindung eines ehemaligen absoluten Anspruchs, der mit der platonischen Tradition des Denkens verbunden ist.[390] Die Frage, die sich stellt, ist, ob diese Überwindung womöglich nur eine Umbesetzung darstellt, ob nicht nur der eine absolute Anspruch in einen anderen verwandelt wird, das Absolute sozusagen in einem neuen Kleid erscheint? Sollten sich u.U. mit

---

387 Vgl. Vaihinger, Hans, Die Philosophie des Als Ob, Leipzig 1927, S. 295

388 Vgl. auch Ritter, Joachim, Die Aufgabe der Geisteswissenschaften in der modernen Gesellschaft, Münster 1961, S. 11f

389 Vgl. Schulze, Gerhard, Die Beste aller Welten. Wohin bewegt sich die Gesellschaft im 21. Jahrhundert, a.a.O., S. 100

390 Vgl. Bergson, Henri, Denken und schöpferisches Werden, Meisenheim am Glan 1948, S. 163

der Positivierung der Wandelbarkeit nur die Vorzeichen verändert haben? Bei Dewey jedenfalls wird diese Umwertung zur Aufgabe des Denkens, wenn er schreibt, dass nunmehr die Annahme eines Unwandelbaren aufzugeben sei und das es gilt anzuerkennen, dass nunmehr die neue Wirklichkeit der Prozess ist.[391] Von nun an soll die Einsicht herrschen, dass die traditionelle philosophische Suche nach einem Unwandelbaren und Letzten in die Irre führt.

In der Tat kann wohl nicht länger in der Philosophie behauptet werden, dass das Unveränderliche Wahrheit und das Bewegte, Vergängliche Schein ist, auch nicht in der Art, wie das noch bei Hegel geschieht.[392] Aber die Krise der Orientierung für das philosophische Denken ist durch eine Aufhebung der Unterscheidung von scheinbarer und wahrer Welt nicht behoben. Man geht nicht nur in die Irre, wenn man der platonischen Richtschnur folgt und nach einem Festen, Unveränderlichen sucht. Wenn nunmehr das Veränderliche als ewig anzuerkennen ist, wie im pragmatischen Denken, dann ist die Unterscheidung nicht wirklich aufgehoben. Nur die Vorzeichen der Bewertung haben sich verändert. Zwar ist das Absolute nunmehr nicht mehr der Zeit entgegengesetzt, aber nunmehr ist die Zeit selbst das Absolute, der Zeit immanent.

>Als ob< Gott existierte

Kann man die Aufklärung nicht als einen Versuch verstehen, den Himmel auf die Erde herunterzuholen? Ist nicht mit diesem Versuch der Begriff 'Vernunft' verknüpft, dieses seine Zeit erlösende Wort, so wie es einmal Helmut Plessner genannt hat?[393] Die Aufklärung sollte als Programm die Welt wieder entzaubern, d.h. vor allem von der Last des Mythos befreien.[394] Die Intention der Entzauberung galt dabei auch

391 Dewey, John, Die Erneuerung der Philosophie, a.a.O., S. 17

392 Vgl. auch Adorno, Th. W., Negative Dialektik, Ges. Schriften 6, Frankfurt am Main 1977, S. 354

393 Vgl. Plessner, Helmut, Die Stufen des Organischen und der Mensch, Berlin 1965, S. 3

394 Vgl. die >Dialektik der Aufklärung< von Horkheimer und Adorno

für die christliche Religion, d.h. die Religion sollte neu gestaltet werden und durch die Vernunft gefestigt werden. In diesem Sinne entstand z.B. von Hermann Samuel Reimarus seine Schutzschrift für die vernünftigen Verehrer Gottes.

Was aber heißt, die Existenz Gottes mit den Mitteln der Vernunft begründen? Wie kann man etwas wissen von dem, was sich dem Wissen entzieht, das Absolute? Vor allem dann, wenn die Einsicht vorherrscht, z.B. bei Kant, das man nur die Gesetze vollständig einsehen kann, die man auch selbst nach Begriffen hervorgebracht hat.[395]

Die Vorstellung von einem Gott, diesem Inbegriff des Absoluten, wurde in der Aufklärung als notwendig betrachtet, auch wenn sich diese Vorstellung dem Wissen der Wissenschaft entzog. Glaube ist für Kant ein Fürwahrhalten und bezieht sich auf das, was der theoretischen Erkenntnis unzugänglich ist.[396] Wie unentbehrlich jedoch die Vorstellung von Gott der Aufklärung erschien, kommt schon zum Ausdruck in dem berühmten Satz von Voltaire: >wenn es Gott nicht gäbe, müsste man ihn erfinden<.

Es ist dieser Gesichtspunkt der Erfindung, den auch Kant herausheben wird. Kants Bemühen geht darauf, die Vorstellung von Gott als notwendige Erfindung bzw. Fiktion näher zu begründen. Es ist nach Kant für uns unentbehrlich, der Natur eine Absicht unterzulegen, unentbehrlich für den Erfahrungsgebrauch unserer Vernunft.[397]

Diese Maxime der Vernunft kann man auch so ausdrücken: Nichts in der Welt ist umsonst.[398]

So ist der Begriff Zweckmäßigkeit für die menschliche Urteilskraft ein regulatives Prinzip der Vernunft und notwendig, allerdings nicht für die Bestimmung der Objekte.

Dieses regulative Prinzip gilt nach Kant so, >als ob< es ein objektives Prinzip wäre.[399] Nun können wir uns Zweckmäßigkeit nach Kant gar nicht anders denken und begreiflich machen. als dass wir sie und die

---

[395] Vgl. Kant, Immanuel, Kritik der Urteilskraft, Hamburg 1974, S. 248

[396] Vgl. Ebd., S. 346

[397] Vgl. Ebd., S. 263

[398] Vgl. Ebd., S. 242

[399] Vgl. Ebd., S. 270

Welt als ein Produkt einer verständigen Ursache, d.h. eines Gottes vorstellen. Allerdings kann die Existenz eines solchen höheren Wesens nach ihm aus objektiven Gründen nicht bewiesen werden.

Zweckmäßigkeit als Prinzip ist nach Kant zu unterscheiden, d.h. der Begriff bezieht sich einmal auf die Natur, d.h. auf eine Vorstellung der Natur nach mechanischen Gesetzen; zum anderen auf das, was Kant als Endzweck bezeichnet. Beides sind unterschiedliche Kausalitäten, wobei eine Erkenntnis rein nach mechanischen Gesetzen für Kant nicht ausreichend ist.[400] In der Natur selbst werden wir jedoch das, was über einen mechanischen Zusammenhang hinausgeht, einen Endzweck nicht finden, auch wenn in ihr nichts ohne Zweck sein kann.[401]

Einen solchen Endzweck findet man nach Kant im Menschen, allerdings nicht in der Natur des Menschen.

Der Mensch ist insofern nach ihm die Krone der Schöpfung, als dass der Mensch das einzige Lebewesen auf der Welt sein soll, deren Kausalität auf Zwecke geht. Das gilt allerdings nur für die reflektierende Urteilskraft. Nur beim Menschen findet man danach ein übersinnliches Vermögen, die Freiheit und das Gesetz der Kausalität.

Einzig der Mensch als vernünftiges Wesen kann sich nach Kant beliebige Zwecke setzen, d.h. er ist frei.[402] Die Idee der Selbstbestimmung, die Kant als Ideal voraussetzt, verklärt allerdings den Begriff des Menschen in der Gesellschaft und widerspricht der Situation in der Gesellschaft.

Das Ideal der Selbstbestimmung verdeckt die Tatsache, dass die Macht zur Selbstbestimmung seit jeher in der Gesellschaft ungleich verteilt ist. Folgt man der Vorstellung von Kant, dass der Mensch sich beliebige Zwecke setzen kann, so stellt sich die Frage, wozu diese Freiheit dient, denn was nützt alle Nützlichkeit, wenn der Mensch keinen guten Willen hat? Nach Kant bedarf es daher zum Gebrauch der Freiheit einer Steuerung, d.h. einer Kontrolle durch die Moral. Der Gebrauch der Freiheit unter dem moralischen Gesetz ist nach Kant eine formale

---

400 Vgl. Kant, Immanuel, Kritik der Urteilskraft, a.a.O., S. 252, S. 265

401 Vgl. Ebd., S. 326

402 Vgl. Ebd., S. 304f

Vernunftbedingung.[403] Endzweck kann nur der Mensch unter dem moralischen Gesetz sein. Der Wunsch nach Glückseligkeit kann nur in Verbindung mit dem Sittengesetz bestehen. Ein solcher Begriff des Endzweck und seine praktische Notwendigkeit kann nach Kant nicht aus einer Kausalität der Natur abgeleitet werden, sondern ist nur möglich, wenn eine moralische Weltursache - ein Welturheber - angenommen wird; die Voraussetzung, dass wir gemäß dem moralischen Gesetz uns einen Endzweck vorsetzen können.

Es sei ein Gott, diese Vorstellung, ist daher nach Kant als notwendig anzunehmen. Nur, wer nach Kant Gott postuliert, kann sich von der Möglichkeit eines moralisch vorgeschriebenen Endzwecks einen Begriff machen.[404] Anders ausgedrückt, die Idee der Freiheit ist eine Vernunftidee, die nur im Zusammenhang mit dem moralischen Gesetz sinnvoll ist. Es ist daher im Grunde die Idee der Freiheit, aus der nach ihm auch auf die Existenz eines Gottes geschlossen werden kann.[405]

Marquard hat Kants Postulate einer praktischen Vernunft als handlungsdienliche Fiktionen bezeichnet, d.h. wir müssen so handeln >als ob< Gott existiert.

Wir brauchen in diesem Sinne die Fiktion Gott, um zuversichtlich bleiben zu können, dass sich durch unser sittliches Handeln ein guter Ausgang der Dinge herstellt.

Nach Marquard regiert so die Gesinnungsethik auf Kosten der Verantwortungsethik.[406] Bei Kant gibt es keinen Philosophen mehr, wie noch im Höhlengleichnis von Platon, dem die Aufgabe zufällt, die Gefesselten ins Licht der Ideenwelt zu führen bzw. zu zwingen.

Wir bleiben Gefangene, denen ein Übergang in eine zweite und höhere Welt nicht mehr wie bei Plato versprochen wird.

Warum sollte es auch ein solches Versprechen geben, wenn wir selbst schon durch eine Idee virtuell Teilhaber dieser zweiten Welt sind? Nach Kant besitzen wir schon immer eine übersinnliche Idee, die Idee der

---

403 Vgl. Kant, Immanuel, Kritik der Urteilskraft, a.a.O., S. 321

404 Vgl. Ebd., S. 322ff

405 Vgl. Ebd., S. 348

406 Vgl. Marquard, Odo, Aesthetica und Anaesthetica, Paderborn,München,Wien,Zürich 1989, S. 85

Freiheit. Sie ist sozusagen der Beweis, dass es ein Jenseits der Erscheinungswelt gibt.

Es ist diese Idee, die uns nach Kant auch die Pflicht vermittelt, das moralische Gesetz zu erfüllen. Kant konstruiert eine Geschichtsphilosophie, deren Ziel ein Reich der Vernunft ist. Ähnlich wird sich später auch Paul Tillich ausdrücken, wenn er schreibt, dass Autonomie Gehorsam gegenüber der Vernunft bedeutet.[407] Das gilt nach Kant allerdings nur unter einer Voraussetzung: Die Aufgabe der praktischen Vernunft das moralische Gesetz zu erfüllen, ist nur möglich, wenn die Idee von Gott als real anerkannt wird.[408] Damit wird zugleich eine Fiktion zur Grundlage möglicher menschlicher Humanität. Das Absolute wird als Erfindung zur Notwendigkeit. Schon im Platonismus bestand allerdings die Schwierigkeit darin, die Gefesselten davon zu überzeugen, dass es eine höhere Welt neben ihrer Welt der Erscheinungen geben sollte, deren Existenz nur ein Versprechen war.

Bei Kant hingegen soll der Mensch zum Teilhaber des Absoluten werden, in dem er ein moralische Gesetz verwirklicht, dessen Erfüllung auch nur ein Versprechen ist und dessen Erwartungen im Grunde auf einer Fiktion beruht. Einer solche philosophischen Konstruktion kann es nicht um Entlastung von absoluten Ansprüchen gehen, sondern lediglich um deren Übertragung, z.B. in dem der Mensch sich einbildet, die alleinige Verantwortung für die Geschichte übernehmen zu können und dabei in Gefahr gerät, selbst zum Absoluten zu werden.

So ist noch bei Herder wie selbstverständlich dem Menschen mittels der Vorsehung seine Aufgabe vorgegeben: >Sei mein Bild, ein Gott auf Erden! Herrsche und walte!<[409]

In der 'Kritik der praktischen Vernunft' schreibt Kant:

>Zwei Dinge erfüllen das Gemüt mit immer neuer und zunehmender Bewunderung und Ehrfurcht, je öfter und anhaltender sich das Denken damit beschäftigt: Der bestirnte Himmel über mir und das moralische Gesetz in mir.< Er vergleicht die Sterne ähnlich wie in der Tradition der

407 Vgl. Tillich, Paul, Der Widerstreit von Raum und Zeit, Ges. Werke Bd. VI, Stuttgart 1963, S. 21

408 Vgl. Kant, Immanuel, Kritik der Urteilskraft, a.a.O., S. 346

409 Herder, J.G., Ideen zur Philosophie der Geschichte der Menschheit, Wiesbaden 1971, S. 400

griechischen Weltbejahung als Garanten der Orientierung mit dem moralischen Gesetz. Er spricht an dieser Stelle – zum Schluss der 'Kritik der praktischen Vernunft' von der Persönlichkeit als einem unsichtbaren Selbst, das an einer wahren Unendlichkeit teil hat, was allerdings nur dem Verstande spürbar ist. Die Persönlichkeit wird zum Wert, weil sie an dem moralischen Gesetz teilnimmt. Sie offenbart die Wirklichkeit einer von der Tierheit >und selbst von der ganzen Sinnenwelt unabhängiges Leben<.

Als eine Persönlichkeit ist der Mensch nach Kant alles und die Natur erscheint dagegen als bedeutungslos, lediglich als ein Mittel zum Zweck.

Zur moralischen Aufgabe wird es nach Kant, die Persönlichkeit zu bilden. Die Konstitution der Person wird als moralischer Akt verstanden, d.h. die Person bildet sich nur, wenn sie den desintegrierenden Tendenzen widersteht. Die Person ist in diesem Sinne frei, als sie die Freiheit vom Partikularen durchsetzt.

Kant setzt noch voraus, dass es etwas gibt, was der Person essentiell ist.[410] Diese Annahme gilt nach Kant jedoch nur für den Anspruch der Moral. Im Vergleich zur empirischen Welt, die als unendlich ausgedehnt in den Wissenschaften gedacht wird, ist der Mensch - was seine Bedeutung betrifft - ein Nichts.

Wenn Kant in der Nachfolge von Newton den 'bestirnten Himmel' so bewundert, so soll diese Bewunderung nur für die Moral gelten, aber dieser bewundernswerte Himmel ist in Wirklichkeit allerdings schon zu seiner Zeit für die Wissenschaft nur noch ein Haufen von Gas.

Rationalität und Empirie sind nicht nur in der Philosophie von Kant getrennt, sondern auch schon der Ausdruck für einen geschichtlichen Prozess, in dem eine bestimmte Form der Rationalität, d.h. die Vernunft, durch die technologisch-wissenschaftliche Entwicklung zunehmend in Frage gestellt wird.

---

410 Vgl. auch Tillich, Paul, Das religiöse Fundament des moralischen Handelns, Ges. Werke Band III, a.a.O., S. 18

Der legitime Irrtum

Nach Nietzsche ist die Falschheit eines Urteils noch kein Einwand gegen das Urteil selbst. Zu den falschesten Urteilen gehören nach ihm dabei die synthetischen Urteile a priori und obwohl sie falsch sind, sind sie nach ihm unentbehrlich, wie z.B. die Kausalgesetze.[411]
Ähnlich drückt sich später Vaihinger aus, wenn er behauptet, dass jedes Urteil Elemente des Falschen enthält, weil jede kategoriale Form fiktiver Natur ist.[412] Nach Nietzsche ist auch die Anwendung von Zahlen eine Verfälschung der Welt, aber eine, ohne die wir nach ihm nicht leben können.
Nietzsche stellt nicht mehr wie Kant die Frage: wie sind synthetische Urteile a priori möglich? Seine Frage lautet: warum ist der Glaube an solche Urteile nötig?[413] Der Unterschied beider Fragen, weist auf die Bedeutung der Rolle der Fiktion im Denken von Nietzsche hin. Bei bestimmten Urteilen müssen wir so tun, >als ob< sie wahr sind, d.h. wir müssen es annehmen. Wenn sich Nietzsche nicht mehr wie Kant die Frage stellt, wie synthetische Urteile a priori möglich sind, so sucht er auch nicht nach einer Erklärung. Ihn interessiert kein 'Vermögen', d.h. etwas Gegebenes, dass diese Urteile möglich macht. Nietzsche geht es in diesem Zusammenhang nicht ums Finden, sondern ums Erfinden, d.h. um das Moment der Fiktion. Nach ihm war es ein Mode des Denkens, die Kant verursacht hat, diese Suche nach einem 'Vermögen'. Er stattdessen möchte sich nicht, wie die Theologen des Tübinger Stifts in die Büsche schlagen und nach einem 'Vermögen' suchen.[414] Was bei Kant >a priori< war, wird bei Nietzsche lediglich zu einer konventionellen Fiktion, zu einem Mittel der Verständigung und nicht der Erklärung.[415]
Mit anderen Worten: auch die begriffliche Trennung von Substanz und Akzidenz, wie sie z.B. noch Aristoteles zugrunde legt, wird in dieser

---

411 Vgl. Nietzsche, Friedrich, Jenseits von Gut und Böse, München 1964, S. 9

412 Vgl. Vaihinger, Hans, Die Philosophie des Als Ob, Leipzig 1927, S. 98

413 Vgl. Nietzsche, Friedrich, Jenseits von Gut und Böse, a.a.O., S. 15

414 Vgl. Ebd., S. 14

415 Vgl. Ebd., S. 23

Perspektive von Nietzsche zu einem möglichen Hilfsmittel der Orientierung, zu einer Fiktion. Der Titel 'Substanz' war bei Aristoteles hingegen noch die solideste Identitätsgarantie und keine Fiktion, der Hinweis auf ein Wesen, das trotz aller Veränderungen gleich blieb, z.B. die Seele.

Ein philosophisches Denken, das noch von zwei Welten ausgeht, wie das von Aristoteles, wird von Nietzsche für ungültig erklärt. Es gibt nach ihm nicht neben der scheinbaren Welt noch eine wahre Welt. Die wahre Welt wird zur Lüge, was nicht heißt, dass diese Vorstellung noch nach wie vor zur Orientierung dienen kann.[416]

Es ist nach Nietzsche demnach ein Unterschied, ob man um das Wesen der Vorstellungswelt als Fiktion weiß oder nicht. Wer allerdings noch z.B. an eine platonische oder aristotelische Transzendenz glaubt, von der Dualität der Zwei-Welten ausgeht, ist aus diesem Grunde, ohne dass er es weiß, im Irrtum. So legitim ist also der legitime oder nützliche Irrtum nicht, den Nietzsche beschreibt; nicht aus der Sicht seiner Kritik, seinem Versuch, den alten Tempel der Werte im Denken aufzulösen. Das Wissen um die Fiktion wird zum Kriterium der Trennung zwischen denen, die die Ideen als fiktionale Vorstellung und Instrument benutzen können und den anderen, denen die Ideen keine Fiktionen sind. Mit anderen Worten: Für die einen werden somit die Ideen zu einem Mittel der Macht, für die anderen sind sie vorgegeben und müssen nur noch erkannt werden. Nach Nietzsche ist klar, wer von beiden das Rennen machen wird, dem Fortschritt des Denkens dient. Es kann nur der sein, der mit der platonisch-christlichen Tradition des Denkens bricht.

Was Fortschritt des Denkens heißt, definiert sich bei Nietzsche als radikale Entgegensetzung zur platonischen Tradition. Das gilt allerdings nicht für den frühen Nietzsche. In den 'Unzeitgemäßen Betrachtungen' ist das Ziel noch nicht, das Denken für das Werden uneingeschränkt zu öffnen. Dort ist noch derjenige, der überall ein Werden sieht nicht mehr

---

416 Vgl. Nietzsche, Friedrich, Die >Vernunft< in der Philosophie, in: ders. Götzen-Dämmerung, Ges. Werke Bd. 10, München 1964, S. 57

in der Lage an sein eigenes Sein zu glauben; er verliert sich im Strom des Werdens.[417]
Ernst Cassirer schreibt, dass Menschen ohne Symbolik den Gefangenen in Platons Höhle gleichen, beschränkt auf ihre praktischen Interessen und daher keinen Zugang zu einer Ideenwelt finden können.[418] Bei Nietzsche gibt es diesen platonischen Zugang zu einer Transzendenz nicht mehr. Aus den Ideen werden Fiktionen, die in der nunmehr einzigen Welt ihre Verwendung als imaginäre Haltepunkte finden. Ideen sind nicht mehr etwas Gegebenes sondern sind selbstgemacht. In einer solchen immanenten Welt wird die Welt virtuell zu einer Art von 'Weltkino', in dem die Herstellung von eigenen bzw. selbstgemachten Filmen geübt wird, die dann aufgeführt werden. Es soll das wirklich sein, was erwartet werden kann. Die Welt wird damit auch tendenziell zu einer Projektion der eigenen Interessen.
Die Frage ist jedoch, wie derjenige, der weiß, dass seine Ideen nur Erfindungen sind, mit diesen Ideen auch überzeugt handeln kann? Wie kann man gleichzeitig von etwas mit Vorbehalt überzeugt sein? Oder kommt es gar nicht mehr so sehr bei dieser Konstruktion von Nietzsche darauf an, selbst überzeugt zu sein, als vielmehr andere zu überzeugen? Für die platonisch christliche Vorstellung der Geschichte war hingegen das Element der Transzendenz noch unverzichtbar. Die Geschichte selbst konnte die mit der Freiheit gesetzte Willkür nicht überwinden.
Was in einer Welt ohne den gültigen Wegweiser der Ideen im Denken droht, ist der Abgrund der Sinnlosigkeit. So geht z.B. Tillich noch davon aus, dass nur die Vorstellung von einem Jenseits der Geschichte die Bedrohtheit der Geschichte überwinden kann.[419]
Was für die Religion das Jenseits bedeutete, war in der Aufklärung der Glaube an die Vernunft, in der das Selbstbewusstsein so sicher verankert sein sollte. Die Geschichte als ein Ort der Freiheit und damit auch

---

417 Vgl. Nietzsche, Friedrich, Vom Nutzen und Nachteil der Historie für das Leben, Unzeitgemäße Betrachtungen II, München 1964, S. 76

418 Cassirer, Ernst, Versuch über den Menschen. Einführung in eine Philosophie der Kultur, Hamburg 1966, S. 71

419 Vgl. Tillich, Paul, Der Widerstreit von Raum und Zeit, Ges. Werke Bd. VI, Stuttgart 1963, S. 94

Willkür schien ein sinnvolles Ziel durch die Leitung der Vernunft zu haben.[420]

Ein Entfesslungskünstler

Nietzsche ist ein Entfesslungskünstler, ein Houdini der Philosophie; er versteht sich als ein Befreier der Zeit. Er möchte das Denken von der Vorstellung der platonisch christlichen Transzendenz befreien. Die Frage ist allerdings, was nunmehr Sicherheit verbürgen soll, wenn diese Fesseln fallen? War nicht ehemals die Konstruktion von zwei Welten, die Trennung von Rationalität und Sinnlichkeit das Produkt einer Suche nach Sicherheit, d.h. auch Gewissheit, auch wenn diese letzte Sicherheit nur in der Erkenntnis als möglich erschien?[421] Wer den Sprung im Denken wagt, sich von dieser Art der Sicherheit zu trennen, setzt sich auch der Angst aus, die nach einer Antwort verlangt.
Nietzsche wagt diese radikale Veränderung im Denken, d.h. für ihn gibt es keinen Anker der Sicherheit jenseits der Welt des Werdens mehr, d.h. der Welt der Erscheinungen und Veränderungen. In einer solchen immanenten Welt kann es nur noch imaginäre Haltepunkte als Sicherheit geben, d.h. Fiktionen.
Allerdings kann es dort noch einen absoluten Wert geben, nämlich, die Zeit. Eine ähnliche Weltvorstellung besitzt übrigens Sartre, wenn er behauptet, dass die Essenz nunmehr die Existenz ist. Auch bei Sartre gibt es nunmehr nur noch eine Welt des Werdens, d.h. der Erscheinungen. Nach Tillich ist Sartres Behauptung ebenso folgenschwer wie auch Nietzsches Satz: Gott ist tot.[422] Nach Tillich ist ohne eine Vorstellung von Transzendenz eine gültige Moral nicht möglich.
Adorno hingegen lehnt dagegen eine Vorstellung von Transzendenz ab, die noch an ewige Systeme anknüpft. Aber auch noch für ihn ist die Vorstellung der Transzendenz selbst dennoch unentbehrlich.

---

420 Vgl. Tillich, Paul, Der Widerstreit von Raum und Zeit, Ges. Werke Bd. VI, a.a.O., S. 127

421 Vgl. Dewey, John, Die Suche nach Gewissheit, a.a.O., S. 11

422 Vgl. Tillich, Paul, Der Widerstreit von Raum und Zeit, Ges. Werke Bd. VI, a.a.O., S. 167

>Was von endlichen Wesen über Transzendenz gesagt wird, ist deren Schein, jedoch, wie Kant wohl gewahrte, ein notwendiger.<[423]
Interessant ist nun, dass er behauptet, auch die Instanz zu kennen, die die Vorstellung von Transzendenz retten soll.
Es wird danach zur Aufgabe der Kunst die Gültigkeit der Vorstellung von Transzendenz zu produzieren. Die Rettung des Scheins wird zur Aufgabe der Kunst. Aber um welchen Schein geht es nach Adorno? Es ist der Schein des Wahren.[424]
Wirklichkeit ist nach Nietzsche ein heraklitischer Fluss, in dem es keine letzten Sicherheiten, keine festen Verankerungen gibt. Kritisiert werden alle Versuche, Sicherheit in der Vergangenheit zu finden, in dem was schon gegeben ist. Wirkliches Erkennen ist nach Nietzsche kein Erinnern, wie das noch in der platonischen Tradition der Fall war. In einer Welt, die zu einer Welt des Werdens wird, wird die Zeit nicht mehr in dem Modus der Vergangenheit entscheidend, sondern der Zukunft. Nicht mehr die Kategorie der Erinnerung dominiert, sondern die Idealbildung der Erwartung.
Bei Nietzsche ist allerdings nicht etwa das grundlegende Problem der Sicherheit und die damit verbundene Angst verschwunden, so wie er es nahelegt und verspricht; das Problem ist nur ein anderes.
Die Angst macht sich, so wie es Tillich ausdrückt, nicht nur durch den Versuch bemerkbar, das zu sichern, was gegeben ist, sondern sondern es gibt auch die Angst nicht zu verwirklichen, was möglich ist. In einer Welt des Werdens, die Nietzsche postuliert, gibt es die Angst, Möglichkeiten zu verpassen.[425] Wer erwartet, der rechnet mit der Erfüllung der Möglichkeiten in der Zukunft und nach Nietzsche ist der Mensch in diesem Sinne jemand, der in der Erwartung über das Gegebene dem Zukünftigen entgegenläuft.[426]
Was nicht ausschließt, dass dieser Wunsch, der Zukunft Entgegenzulaufen beim Einzelnen zum Antrieb einer drängenden Ungeduld wird.

---

423 Adorno, Theodor W., Negative Dialektik, Ges. Schriften, Band 6, Frankfurt am Main 1977, S. 386

424 Vgl. dazu näher Adorno, Theodor W., Ästhetische Theorie, Ges. Schriften, Band 7, Frankfurt am Main 1972, S. 198

425 Vgl. Tillich, Paul, Der Widerstreit von Raum und Zeit, Ges. Werke Bd. VI, Stuttgart 1963, S. 172

426 Vgl. Ebd., S. 163

Es kann unter einem solchen Druck auch mit der Verwirklichung nicht schnell genug gehen.
In einer reinen Welt der Erscheinungen wird die Berechnung des Zukünftigen entscheidend. Anders ausgedrückt, nicht mehr die Gewissheit ist als Form der Sicherheit von Bedeutung, nicht mehr das Begreifen und Erkennen der Welt, sondern die Suche nach Methoden der Kontrolle.
Eine Konsequenz dieses Denkens drückt der amerikanische Pragmatismus aus: Es kommt nicht mehr nur darauf an, die Natur anzuerkennen, zu ertragen und zu geniessen, sie muss auch verändert, d.h. bewusst kontrolliert werden.[427] Aus der platonischen Suche nach Gewissheit im Erkennen wird die Suche nach Methoden der Kontrolle im Handeln. Nicht auf das Disputieren kommt es im pragmatischen Denken an, wie schon Bacon in 'Novum Organum' hervorgehoben hat, sondern dass die Natur durch die Tat unterworfen wird. Das >Buch der Natur< soll nicht nur gelesen werden.
Aber die durch das technische Wissen verursachte Veränderung der Natur, dieser Wandel, schafft nicht nur Sicherheit, denn dieser Wandel beschleunigt sich ständig und vollzieht sich daher in der Moderne in einer kaum noch beherrschbaren, d.h. kontrollierbaren Form. Das mag auch nicht weiter wundern, denn diese Entwicklung wird vor allem durch die Technik vorgegeben, deren Leistungen durch die abstrakte Intention auf Zeitgewinn bestimmt wird.[428]
Wenn in einer Welt des Werdens, so wie sie sich Nietzsche vorstellt, wirklich das ist, was erwartet werden kann, so wird durch den beschleunigten Wandel, durch die Schaffung scheinbar unbegrenzter Möglichkeiten, auch die Bestätigung der Erwartungen zunehmend zu einem Problem. Was heute noch erstrebenswert scheint, ist womöglich morgen schon überholt. Oder sollte das Problem der Bestätigung, also die subjektive Seite, nicht von Relevanz sein, weil der Mensch, so wie es im Pragmatismus formuliert wird, eine Art Maschine ist, die sich ständig von neuem programmiert und damit Aufgaben erfüllen kann,

---

427 Vgl. Dewey, John, Die Suche nach Gewissheit, a.a.O., S. 102ff

428 Vgl. Blumenberg, Hans, Beschreibung des Menschen, Frankfurt am Main 2006, S. 615

von denen man nach Rorty sich >bis dahin nichts hat träumen lassen.<[429] Im Unterschied zu Maschinen sind Menschen allerdings endliche Lebewesen. Eine Mechanik des Denkens, eine Maschinenlehre des Denkens ist eine Fiktion, die durchaus ihren Nutzen im Rahmen eines Denkens hat, das auf schrankenlosen Fortschritt programmiert ist. Die Frage ist allerdings, welche Bedeutung dabei einem Lebewesen noch zukommen kann, dessen zeitlicher Horizont durchaus begrenzt ist und bleiben wird. Der Mensch ist nämlich nicht nur eine Art Maschine wie es der Vergleich von Rorty suggeriert, sondern die Maschine wird auf diese Weise für den Einzelnen zugleich auch als Vorbild dargestellt.

Wird so nicht auch die Verdinglichung des Menschen als Maßstab hervorgehoben, was zur Folge hat, dass das Nicht-Verdinglichtsein als Manko gewertet wird? Günther Anders wird einmal von der möglichen Scham des Menschen, kein Ding zu sein, sprechen. Er nennt sie die prometheische Scham.[430] Die Frage, die sich durch die Schriften Anders wie ein roter Faden zieht, ist: Was sind wir noch vor dem Selbstgemachten? Nach ihm begreift sich der Mensch zunehmend als ein Fehler gegenüber den Produkten, die er selbst gemacht hat.

Worauf man sich verlassen kann

Wittgenstein stellt in seinem Buch 'Über Gewissheit' die Frage: >Worauf kann ich mich verlassen?<. Ist es z.B. für ein Sprachspiel nach ihm notwendig, dass man sich auf etwas verlassen kann? Das Sprachspiel setzt nach Wittgenstein lediglich voraus, dass man sich auf etwas verlässt. Ein solches Spiel ist, wenn man z.B. lernt, die Beständigkeit der Dinge als Norm anzunehmen, die dann Änderungen unterliegt.[431] Mit anderen Worten: man betrachtet die Dinge so, >als ob< sie beständig wären. Der Titel 'Substanz' ist in der Philosophie von Wittgenstein

---

[429] Rorty, Richard, Wahrheit und Fortschritt, Frankfurt am Main 2003, S. 47

[430] Vgl. Anders, Günther, Die Antiquiertheit des Menschen, Erster Band, München 1983, S. 30

[431] Vgl. Wittgenstein, Ludwig, Über Gewissheit, Frankfurt am Main 1992, S. 123

nicht mehr die solide Identitätsgarantie auf eine Unveränderlichkeit gegenüber der Veränderlichkeit, sondern eine Garantie mit beschränkter Gültigkeit. Was eben nicht ausschließt, das der Begriff 'Substanz' noch als logische Bestimmung, nicht jedoch als eine ontologische Bestimmung in der Sprache benutzt werden kann.

Es gibt bei Wittgenstein kein unveränderliches Wesen der Dinge, der Sprache, usw., das zu suchen wäre. Die Fiktion wird als eine Hilfsvorstellung der sprachlichen Orientierung verstanden. Nach seiner Sprachphilosophie gibt es Sätze, die feststehen, die der einzelne nicht ausdrücklich lernt. Er vergleicht diese Sätze mit der Rotationsachse von einem sich drehenden Körper. Es ist danach die Bewegung um diese Achse, die sie als unbewegt bestimmt.[432] Für Wittgenstein ist das traditionelle Denken mit einem Nimbus umgeben. Getan wird so, >als ob< sein Wesen, die Logik, eine Ordnung a priori der Welt darstellt, eine Ordnung der Möglichkeiten, die Welt und Denken gemeinsam haben müssen. Angenommen wird, dass eine solche Ordnung vor aller Erfahrung liegen muss, dass sie sich durch die ganze Erfahrung hindurch zieht, eben selbst keine Fiktion ist: >ihr selbst darf keine erfahrungsmäßige Trübe oder Unsicherheit anhaften.<[433] Wittgenstein möchte diesen Nimbus auflösen, das Denken auf die Erfahrung zurückführen. Seine Sprachphilosophie ist in diesem Sinne Sprachkritik. Es gibt nach ihm kein Jenseits aller Erfahrung, das den Inbegriff der Verlässlichkeit und Sicherheit ist. Wobei hinzufügen wäre, dass es nach Wittgenstein allerdings auch kein Jenseits der Sprache existiert. In seinem Denken herrscht die philosophische Maxime: >Alles ist Sprache<.

Ähnlich wie Wittgenstein äußert sich Dewey in seinem Buch 'Die Erneuerung der Philosophie'.

Seine pragmatische Kritik geht davon aus, dass die großen Systeme der westlichen Philosophie, etwas versucht haben zu bezeichnen, was >...als fest, unwandelbar und infolgedessen als außerhalb der Zeit befindlich aufgefasst wurde...<.

---

432 Vgl. Wittgenstein, Ludwig, Über Gewissheit, a.a.O., S. 48

433 Wittgenstein, Ludwig, Philosophische Untersuchungen, in: ders., Tractatus logico-philosophicus, Werkausgabe Bd. 1, 1. Aufl., Frankfurt am Main 1995, S. 294

Dieses Sein stand über und jenseits aller Erfahrung: genannt wurde es Natur, Kosmos, Realität, Wahrheit, usw.. Das Thema der traditionellen Philosophie war in diesem Sinne die Suche nach einem Unwandelbaren und Letzten, >nach dem, was ist – ohne Rücksicht auf Zeitliches und Räumliches.<[434]
Stattdessen hat sich nach Dewey die Philosophie auf eine Welt einzustellen, deren Veränderung sich immer schneller vollzieht. Der Wunsch nach etwas Festem jenseits der Erfahrung, das eine sichere Zuflucht bieten könnte, führt daher nach ihm in die Irre. Die Annahme einer Sicherheit jenseits aller Erfahrung ist eine Erfindung, die ungültig geworden ist. Für Dewey wie auch für Wittgenstein gibt es keine Welt, die dadurch charakterisiert ist, dass dort der Irrtum ausgeschlossen ist. Die Zeit steht daher den Systemen der Ewigkeit nicht mehr entgegen. Dagegen wird bei Wittgenstein, wie im pragmatischen Denken, die Welt selbst, die Welt der Veränderungen als neue Ewigkeit gedacht.[435] Die Idee des Ewigen wird in dieser Form verzeitlicht, wobei sie allerdings nicht lediglich als ein Ersatz von z.B. religiösen Vorstellungen fungieren soll.

Fiktion und Sicherheit

In 'Über Gewissheit', das das philosophische Problem der Frage nach Sicherheit in der Sprache ausdrückt, schreibt Wittgenstein, dass er wohl selten ins Schwarze mit seiner Kritik getroffen hat, aber hofft, das zumindest deutlich geworden ist, auf welche Ziele er geschossen hat.[436] Nun, mit Zielen sind wohl die Gründe gemeint, die nach seiner Auffassung zu einem falschen Gebrauch der Sprache verführen. In diesem Sinne spricht er auch von gewissen Worten, durch die die Sprache 'behext' wird, z.B. dem Wort 'wissen'.[437] Eine ähnliche Bedeutung hat für

---

[434] Dewey, John, Die Erneuerung der Philosophie, a.a.O., S. 17

[435] Vgl. James, William, Das pluralistische Universum, Darmstadt 1994, S. 71

[436] Vgl. Wittgenstein, Ludwig, Über Gewissheit, Frankfurt am Main 1992, S. 100

[437] Vgl. Wittgenstein, Ludwig, Über Gewissheit, a.a.O., S. 113

ihn wohl die philosophische Idee der Übereinstimmung von Begriff und Tatsachen, die nach seiner Philosophie ausgeschlossen werden soll. Wittgenstein lehnt, wie auch der Pragmatismus einen Begriff der Identität ab, der mit der platonischen Tradition verbunden ist, dieses Mittel einer Orientierung, das einen bestimmten Spielraum der Erfahrung bestimmt. Noch bei den Griechen war es allgemein akzeptiert, dass ohne Identität zwischen erkennendem Subjekt und erkannter Wirklichkeit die Tatsache der Erkenntnis nicht erklärbar sei.[438]

Nach dieser Vorstellung war eine Identität zwischen Begriff und Sache möglich und Ziel aller Anstrengungen des Denkens. Wirklichkeit ist daher für dieses Denken eine Sache der Übereinstimmung mit der Realität. Die Bedeutung der platonischen Tradition wird besonders noch von Horkheimer und Adorno hervorgehoben.

Entscheidend ist nach Horkheimer, dass man die Idee bewahrt, >dass Wahrheit die Übereinstimmung von Sprache und Wirklichkeit ist.<

Wie er in der 'Kritik der instrumentellen Vernunft schreibt, bedeutet das allerdings nicht, die Absicht festzuhalten, diese Übereinstimmung in ewigen Systemen zu erreichen. Philosophie ist nach Horkheimer die bewusste Anstrengung, der Versuch, die Dinge beim >rechten Namen< zu nennen.[439]

Für ein anderes Denken steht in der Moderne, sozusagen als Gegenmodell zum Platonismus und seinem Erbe, die Sprachphilosophie von Wittgenstein.

Die Konstruktion der Sprache als Absicht steht im Gegensatz zu einer Auffassung der Sprache, die die Möglichkeit einer Identität von Name und Gegenstand voraussetzt oder gar schon als gegeben betrachtet. Die Sprache ist gemacht, d.h. sie ist nach Wittgenstein in diesem Sinne Absicht. Das heißt nicht, das man daran immer denkt.

In 'Eine Philosophische Betrachtung' spricht er von einer primitiven Philosophie, die noch davon ausgeht, das es eine Beziehung zwischen Namen und Gegenstand gibt. Für Wittgenstein besteht die Beziehung

---

[438] Vgl. Cassirer, E., Versuch über den Menschen. Einführung in eine Philosophie der Kultur, Hamburg 1966, S. 175

[439] Vgl. Horkheimer, Max, Zur Kritik der instrumentellen Vernunft, Frankfurt am Main 1974, S.167

von Namen und Gegenstand aus nichts weiterem als einem Gekritzel, das auf einen Gegenstand geschrieben wird.[440] An anderer Stelle spricht er von einer >primitiveren Sprache als der unseren<, in der ein solcher Begriff der Bedeutung funktioniert.[441]
Wohl kaum jedoch kann man die platonische Philosophie und ihre Nachfolger als primitiv bezeichnen, so wie das Wittgenstein nahelegt. Aber diese provokative Bezeichnung ist vielleicht auch nicht so wichtig wie die Frage, ob der einseitige Ausschluss einer objektiven Vernunft, den die Kritik von Wittgenstein enthält, so richtig ist. Zu fragen wäre danach, ob die Sprachphilosophie nicht durch ihre Vorstellungen den Bezug zu den Dingen verliert. Nach Durkheim z.B. ist es die eine Sache, die Übereinstimmung zwischen Symbolen und Wirklichkeit in Frage zu stellen; etwas anderes ist es jedoch, wenn zugleich mit dem Symbol die symbolisierte Sache verworfen wird.[442]
Ein solches Verwerfen kann seinen Ausdruck z.B. darin finden, das man als objektive Realität nur positiv Bestimmbares gelten lässt, wie das z.B. im Positivismus geschieht. Zu erinnern ist auch an das Dogma von Ernst Mach, nachdem es verboten sein soll, nach einem positiv nicht fixierbaren Jenseits der empirischen Welt, nach einem An-sich-sein der Phänomene überhaupt auch nur zu fragen.
Wittgenstein schreibt, dass man die transzendente Sicherheit vergessen soll, die mit dem Begriff 'Geist' zusammenhängt.[443]
Der Begriff 'Geist' und was er symbolisiert, ist, verkürzt ausgedrückt, das Ziel seiner Kritik an der Sprache. Auch für ihn, - wie auch im Pragmatismus -, führt die Suche nach Sicherheit jenseits aller Erfahrung in die Irre.
Das platonische Höhlengleichnis kann daher für ihn nur der Ausdruck einer Verführung sein, Gleichnis einer Philosophie, die es zu überwinden gilt; Ausdruck einer Kunst, die es versteht, eine zweite Welt aus dem Hut zu zaubern.

---

440 Vgl. Wittgenstein, Ludwig, Das blaue Buch, Frankfurt am Main 1997, S. 265

441 Vgl. Wittgenstein, Ludwig, Philosophische Untersuchungen, Werkausgabe Bd. 1, Frankfurt am Main 1984, S. 238

442 Vgl. Durkheim, Emile, Schriften zur Soziologie der Erkenntnis, Frankfurt am Main 1987, S. 113

443 Vgl. Wittgenstein, Ludwig, Über Gewissheit, a.a.O., S. 21

Die Frage nach Sicherheit und die Suche danach ist mit dieser Kritik von Wittgenstein noch nicht gelöst, sondern sie wird nun zum ausschließlichen Problem innerhalb der Erfahrung, in diesem Fall, zu einem Problem der Sprache. In der Philosophie von Wittgenstein kann es daher keinen Philosophen geben, der den Gefangenen in der Höhle eine andere Sprache beibringen möchte, um sie aus der Welt der Erscheinungen hinauszuführen. Bei Wittgenstein gibt es allerdings die Beschreibung einer anderen Gefangenschaft als bei Platon. Das Ziel der Philosophie ist danach: >Der Fliege den Ausweg aus dem Fliegenglas zeigen.< Jeder rennt demnach nach Wittgenstein verständnislos gegen die Grenzen der Sprache an, wie die Fliege im Glas.[444]
Die Sprachphilosophie wie auch der Pragmatismus orientieren sich an der naturwissenschaftlichen Methode, da dort Sicherheit ausschließlich zu einem Problem in einer immanenten Welt der Erscheinungen, in einer Welt des Werdens wird.
In einer Welt der Erscheinungen kommt es auf Vorhersagbarkeit und Genauigkeit an, was das Eintreffen der Ergebnisse betrifft.
Die Konsistenz der Erfahrung wird zum Kriterium für Wahrheit. Die Feststellung der Regelmäßigkeit ist das, was die naturwissenschaftliche Theorie zu leisten vermag; es geht um die Vorhersage der Ergebnisse. Vom Wesen ihrer Gegenstände will sie nichts wissen.
Ist dieses Nichtwissen für sie womöglich der angemessene Preis für die Sicherheit dessen, was sie weiß? Vorausgesetzt, es gibt überhaupt ein Bewusstsein für einen Mangel.[445] Horkheimer hat kritisch darauf hingewiesen, dass im Pragmatismus die Voraussage zum Wesen allen Denkens wird. Was nach Horkheimer im pragmatischen Denken dabei vergessen wird, ist u.a., dass die gegenwärtige Bedeutung und die künftige Verifikation eines Satzes nicht dasselbe sind: >Das Urteil, dass ein Mensch krank ist oder dass die Menschheit in Todesängsten schwebt, ist keine Prognose, selbst wenn es in einem Prozess, der sich

---

444 Vgl. Wittgenstein, Ludwig, Philosophische Untersuchungen, Werkausgabe Band 1, Frankfurt am Main 1995, S. 378 und Vgl. dazu zur näheren Information: Blumenberg, Hans. Höhlenausgänge, Frankfurt am Main 1996, S. 752ff

445 Vgl. Blumenberg, Hans, Höhlenausgänge, a.a.O., S. 154

seiner Formulierung anschließt, verifiziert werden kann. Es ist nicht pragmatisch, nicht einmal, wenn es eine Genesung bewirken kann.<[446]

Sprachspiel und Erwartung

Das Kriterium der Konsistenz findet seine Verwendung auch in der Konstruktion der Sprache selbst. So gehört zum Wirklichkeitsbegriff der Neuzeit, das die Wirklichkeit als eine Art von Text verstanden wird, weil nach dieser Perspektive Wirklichkeit keine den Dingen mehr irgendwie anhaftende Qualität sein kann. Wirklichkeit wird zu einem Text, zu einem Kontext, der konstruiert ist, der nur bestimmten Regeln der Konsistenz gehorcht. Die Erwartung, d.h. auch die Zeitdimension der Zukunft wird maßgebend für die Bestimmung der Orientierung im Denken. Anders ausgedrückt: die Erwartung wird in der Moderne zu einer Erlebnisform der Identität.

Es ist die Kategorie der Erwartung, die auch Wittgensteins Betrachtung der Sprache als Sprachspiel entscheidend bestimmt.

>Wir sagen, wir wissen, dass das Wasser unter den und den Umständen kocht und nicht gefriert. Ist es denkbar, dass wir uns darin irren? () Was immer in Zukunft geschehen mag, wie immer sich Wasser in Zukunft verhalten mag, - wir wissen, dass es sich bis jetzt in unzähligen Fällen so verhalten hat.<[447] Durch die Hervorhebung der Sprache als Spiel, wird die Sprache bei Wittgenstein eine fiktive Konstruktion, eine Art Hilfsmittel, ein Werkzeug. Sprachspiele sind >Spielhandlungen in der Zeit<, dass heißt nach Wittgenstein nicht, dass der Zweifel ausgeschlossen ist. Es bedeutet allerdings nach ihm, dass in der Regel bestimmte Erfahrungsurteile außer Zweifel stehen müssen.[448]

Wittgenstein übernimmt und nutzt bei seinem Begriff des Sprachspiels allgemein die Merkmale des Spiels, denn Spiele grenzen durch ihre klaren Regeln bestimmte Vorgänge aus der übrigen Realität aus und

---

446 Horkheimer, Max, Zur Kritik der instrumentellen Vernunft, a.a.O., S. 50

447 Vgl. Wittgenstein, Ludwig, Über Gewissheit, a.a.O., S. 144

448 Vgl. Ebd., S. 134

erzeugen dadurch die fiktive Realität des Spielverlaufs.[449] Wie er in den 'Philosophischen Untersuchungen' schreibt, bedeutet das allerdings nicht, dass der Umfang des Begriff des Spiels selbst durch eine Grenze abgeschlossen ist.[450]

So ist auch das Gesetz der Induktion nach Wittgenstein eine Spielhandlung, d.h. auch, man kann es nicht begründen. Für ihn wäre es Unsinn zu sagen, dass das Gesetz der Induktion wahr ist. Vielmehr wäre es richtiger zu sagen: >Ich glaube an das Gesetz..<[451]

Es gibt hier keine Sicherheit mittels von Begründungen. Das Gesetz der Induktion wird bei Wittgenstein zu einer Fiktion, d.h. man tut so, >als ob< die Wirklichkeit der Erfahrung sich so verhält. In einem Sprachspiel gibt es Vertrauen auf Bewährung.

Wenn man von einem Prinzip des Vertrauens sprechen wollte, so könnte man es nach Wittgenstein, wenn überhaupt, lediglich als ein >Naturgesetz des Fürwahrhaltens< betrachten.[452]

Zu erinnern ist daran, dass schon bei Kant die Bedeutung des 'Fürwahrhaltens' hervorgehoben wird, und zwar im Zusammenhang mit dem Begriff der Fiktion, d.h. wir müssen in bestimmten Fällen so tun >als ob< etwas wahr ist.

So müssen wir nach Kant die Idee von Gott fürwahrhalten, weil sie die Grundlage der praktischen Vernunft ist, weil sonst jede Moral ihren Sinn verliert.

Bei Wittgenstein bezieht sich das 'Fürwahrhalten' allerdings im Gegensatz zu Kant ausschließlich auf die Erfahrung und dient nicht als fester Anker für die Moral. Die konstruierte Verlässlichkeit in einem Sprachspiel ist daher nach Wittgenstein niemals endgültig, hat keinen unveränderlichen Anker in der Vernunft.

Gibt es daher so etwas wie eine sichere Evidenz für ein Sprachspiel? Nach Wittgenstein ist eine Evidenz dann sicher, wenn wir nach ihr mit Sicherheit ohne Zweifel handeln.

---

[449] Vgl. Blumenberg, Hans, Begriffe in Geschichten, Frankfurt am Main 1998, S. 193

[450] Vgl. Wittgenstein, Ludwig, Philosophische Untersuchungen, Werkausgabe Band 1, Frankfurt am Main 1995, S. 279

[451] Vgl. Wittgenstein, Ludwig, Über Gewissheit, a.a.O., S. 130

[452] Vgl. Ebd., S. 52

Es gibt daher in diesem Kontext immer nur eine subjektive Gewissheit, d.h. eine feste Überzeugung nach der gehandelt wird und die den Zweifel ausschließt. Für Wittgenstein wäre es daher Unsinn, zu behaupten, etwas sei evident sicher, weil es gewiss wahr ist.[453]
Evidenz steht bei Wittgenstein nicht mehr für die Auszeichnung einer Erfahrung von Wirklichkeit im Sinne einer momentanen Evidenz, charakterisiert nicht mehr eine besondere Bedeutung der Gegenwart im Sinne der platonischen Tradition, d.h. den Augenblick.[454]
Bei Wittgenstein gibt es nicht mehr die Möglichkeit des 'Augenblicks' von dem der sterbende Faust spricht, diesem Inbegriff der Erfüllung. Das Wirkliche präsentiert sich nicht mehr wie in den traditionellen philosophischen Systemen von selbst, besitzt keinen Evidenzcharakter mehr.
Seit der Aufklärung leuchtet nichts mehr von selbst auf, da wird ein Schalter umgedreht, wie immer dieser Schalter auch heißen mag. Die Dinge werden nunmehr beleuchtet. Das kann auf verschiedene Weise geschehen. So spricht etwa auch Wittgenstein an einer Stelle der 'Philosophischen Untersuchung' zwar nicht von einem Licht machen, aber er weist selbst darauf hin, dass seine für das Denken - bedeutsame Analogie der Sprache mit einem Sprachspiel ein >Licht aufsteckt<. Es ist sozusagen diese Analogie, die die Sichtweise des Gegebenen, die Betrachtung der Sprache verändert.[455]
Die Wirklichkeit wird bei Wittgenstein als Produzierte zu einem Grenzbegriff der Erfahrung, die als Prozess verstanden wird und in der es keine Evidenz des Vollendeten und Vollkommenen wie in der platonischen Tradition geben kann. Wenn Realität immer das Resultat einer Realisierung ist, scheint es auch unbegreiflich, wie ein Gegebenes als solches noch einen Wert haben sollte; kein Gegenstand scheint mehr in dieser Perspektive um seiner selbst willen von Bedeutung. Wie bei Wittgenstein wird auch im Pragmatismus der Begriff des Gegebenen abgelehnt.

---

[453] Vgl. Wittgenstein, Ludwig, Über Gewissheit,a.a.O., S. 57

[454] Vgl. Blumenberg, Hans, Der Prozess der theoretischen Neugierde, Frankfurt am Main 1980, S. 194

[455] Vgl. Wittgenstein, Ludwig, Philosophische Untersuchungen, Werkausgabe Band 1, Frankfurt am Main 1995, S. 287

Dewey übernimmt in seinem Denken eine Wahrnehmungsweise, die sich, was die Wissenschaft der Natur betrifft, seit Galilei verändert hat. Dessen Revolution bestand nach John Dewey darin, die Qualitäten als Eigenschaften wissenschaftlicher Gegenstände zu eliminieren. Das pragmatische Denken schließt sich dieser Tendenz an. Das Denken soll zu einem Mittel werden, die gegebenen Wahrnehmungsgegenstände im Sinne ihrer Verwendung zu verändern. Es ist nach Dewey eine Voraussetzung echter Wissenschaft, dass ein Objekt nicht um seiner eigenen innerlichen Beschaffenheit willen geschätzt wird, weil eine immanente Bedeutung verhindern würde, dass das Objekt als ein Zeichen für anderes verwendet wird. Entworfen wird eine Kunst der Beherrschung, die sich als experimentelle Wissenschaft versteht als einen experimentellen Idealismus. >Wenn die Dinge, die um uns herum existieren, die wir berühren, sehen, hören und schmecken als Fragen angesehen werden, auf die eine Antwort gesucht werden muss (und zwar dadurch, dass wir ganz bewusst Veränderungen vornehmen, bis die Dinge in etwas anderes umgeformt worden sind), dann hört die Natur, wie sie schon besteht, auf, etwas zu sein, das gerade so, wie es ist, hingenommen und anerkannt, ertragen oder genossen werden muss. Sie ist jetzt etwas, was verändert, was bewusst kontrolliert werden muss.<[456]
Ähnlich betrachtet auch Ryle den Begriff des Gegebenen. Er bezeichnet den Begriff des Gegebenen als einen Feiertagsbegriff. Dieser Begriff legt nach ihm die Assoziation nahe, als gäbe es so etwas wie eine Offenbarung, als gäbe es diesen Moment, wo das Gegebene sich darbietet, in welcher Form auch immer. Die Anwesenheit eines Gegenstands ist jedoch nach Ryle nicht durch eine besondere Erfahrung gegeben, durch eine besondere Fähigkeit, besondere Umstände usw.. Das Gegebene bietet sich nicht dar, nichts enthüllt sich durch eine unmittelbare Erfahrung. Um die Schwierigkeiten zu umgehen, die dieser Ausdruck auslöst, schlägt Ryle vor, den Begriff des Gegebenen durch den Begriff des Ermittelten zu ersetzen. Ermitteln ist nach ihm ein Vorgang, in dem man sich vergewissert.[457]

---

456 Dewey, John, Die Suche nach Gewissheit, a.a.O., S. 102ff

457 Vgl. Ryle, Gilbert, Der Begriff des Geistes, Stuttgart 1997, S. 325

Ryle folgt damit den Philosophien von Bacon und Kant. Schon dort wird Wirklichkeit als Natur 'vernommen'. Wie Blumenberg erwähnt, steht die neuzeitliche 'Vernehmung' ganz überwiegend im Bildfeld der juridischen Prozedur.
Dazu gehört auch die experimentelle Methode.[458]
So formuliert etwa Dewey die Perspektive der wissenschaftlichen Forschung selbst so: Die Dinge existieren für den Wissenschaftler als Gegenstände nur in dem Maße, wie sie vorher als Ergebnisse von Forschungen bestimmt worden sind. Das Urteil ist danach das Ergebnis der Forschung, d.h. das Ergebnis einer Untersuchung. Es geht in der Tat zu wie bei einer Gerichtsverhandlung. Die pragmatische Voraussetzung ist, es liegt eine problematische Situation vor, die eine Beilegung erforderlich macht und diese Beilegung stellt das Urteil dar, das Ergebnis einer Untersuchung.[459]

458 Vgl. Blumenberg, Hans, Begriffe in Geschichten, Frankfurt am Main 1998, S. 42

459 Vgl. Dewey, John, Logik. Die Theorie der Forschung, Frankfurt am Main 2002, S.148ff

Abstrakte Zeitordnung und Moral

Eine gewisse natürliche Überzeugung

Charles S. Peirce, dem die Erfindung des Ausdrucks 'pragmatisch' zugeschrieben wird, schreibt in seinem Aufsatz 'Über Theoriebildung': Die Idee des Geradeseins herrscht in unserem Geist vor. Und warum ist das nach ihm so? Der Mensch verfügt nach ihm über gewisse natürliche Überzeugungen, die wahr sind. So soll auch das >Gesetz der Dynamik< in der Natur begründet sein: >Es ist eine Konsequenz hiervon, dass ein Strahl oder eine gerade Linie die kürzeste Verbindung zwischen zwei Punkten ist; weshalb das Licht sich auf solchen Linien zu bewegen scheint. Da das der Fall ist, erkennen wir sie mit dem Auge und nennen sie gerade. So bringt uns das Sehvermögen auf natürliche Weise dazu, solchen Linien eine große Bedeutung beizumessen.<[460]
Ist die Idee des Geradeseins eine Art >eingeborener Idee<, die sich z.B. in der Bewegung des Lichts ausdrückt?
Natürliche Ideen spiegeln nach Peirce die Gleichförmigkeiten wieder, die das Universum durchziehen. Nun warnt Peirce an anderer Stelle den Leser ausdrücklich davor, Ideen nicht ungeprüft zu übernehmen. Anschaulich schildert er, was passieren kann, wenn sich nur eine einzige unklare Idee, eine einzige Formel ohne Bedeutung, sich im Kopf eines jungen Mannes einnisten kann. So mancher hat nach ihm jahrelang als seine Lieblingsbeschäftigung >den vagen Schatten einer Idee gepflegt, die zu bedeutungslos war, um sich positiv als falsch zu erweisen; er hat sie trotzdem leidenschaftlich geliebt, hat sie zu seiner Begleiterin bei Tag und Nacht gemacht und hat ihr seine Kraft und sein Leben geopfert, indem er ihretwegen alle anderen Beschäftigungen zurückstellte<[461] Mit einem Male ist dann diese Idee verschwunden und damit auch der Sinn seines Lebens. Peirce spielt damit auf Leute an, die

---

[460] Peirce, Charles S., Über Theoriebildung, in: ders., Naturordnung und Zeichenprozess, Frankfurt am Main 1991, S. 429

[461] Peirce, Charles S., Wie unsere Ideen zu klären sind, in : ders., Schriften zum Pragmatismus und Pragmatizismus, Frankfurt am Main 1991, S. 187

die Quadratur des Kreises suchen, auf Astrologen und Metaphysiker. Eine andere Quelle auf die er sich bezieht, sind alte deutsche Erzählungen.

Was die Idee des Geradeseins betrifft, so scheint jedoch eine Überprüfung nicht erforderlich zu sein, denn sie beruht nach Peirce auf einer gewissen natürlichen Überzeugung. Wenn es das einzige Motiv des Denkens ist, eine Überzeugung herzustellen, so entfällt diese Arbeit offenbar in diesem Fall.[462] Da scheint es keinen Stachel, keinen Zweifel mehr für das Denken zu geben. Es gibt keinen Grund für eine Unruhe; die Idee des Geradeseins steht für Peirce nicht in Frage.Vergleichbar mit dieser Idee des Geradeseins ist wohl nach Peirce, was die gegebene Klarheit betrifft, die Idee der Kraft. Nach ihm wurde dieser bedeutende Begriff im frühen 17.Jahrhundert aus der Idee der Ursache entwickelt und seitdem laufend verbessert: >Er zeigte uns, wie alle Bewegungsänderungen, die Körper erfahren, zu erklären und alle physikalischen Phänomene zu denken sind, er brachte die moderne Wissenschaft hervor und änderte das Angesicht der Erde<[463] Wir benutzen danach die Idee der Kraft, um Bewegungsänderungen zu erklären. Ohne das Einwirken von Kräften würden die Körper in ihrer Bewegung unverändert bleiben, das betrifft sowohl ihre Geschwindigkeit als auch ihre Richtung. Um die Änderungen in der Bewegung zu messen, gibt es in der Mathematik das Parallelogramm der Kräfte. Danach kann alles, was von seinem Beginn bis zu seinem Ende durch eine Variation der Richtung und Größe bestimmt ist, durch eine Kurve dargestellt werden. Das gilt auch für Beschleunigungen.

Nach Peirce ist das Parallelogramm der Kräfte nichts anderes als eine Regel um Beschleunigungen zusammenzusetzen. Die Beschleunigungen werden dabei durch Bahnen dargestellt, um dann anschließend geometrisch addiert zu werden. Nach ihm ist das bemerkenswerte Ergebnis der Idee der Kraft, dass, wenn man die aktuellen Bewegungsänderungen, die die verschiedenen Partikel von Körpern erfahren, jede

462 Vgl. Peirce, Charles S., Wie unsere Ideen zu klären sind, in : ders., Schriften zum Pragmatismus und Pragmatizismus, Frankfurt am Main 1991, S. 190

463 Ebd., S. 197

in ihr entsprechender Weise auflöst, so ist auch jede Beschleunigungskomponente durch ein bestimmtes Naturgesetz vorgeschrieben: >Ob wir dann sagen, dass Kraft eine Beschleunigung ist oder dass sie eine Beschleunigung verursacht, ist eine bloße Frage des Sprachgebrauchs<[464]

Der Begriff der Beschleunigung verdeutlicht auch den Zusammenhang mit der Idee des Geradeseins, der nach Peirce eine besondere Bedeutung zukommt. Die gerade Linie ist ein Symbol, eine Ideallinie für Beschleunigungen. Sie ist die kürzeste Verbindung zwischen zwei Punkten. Mit der Idee der Kraft wird allerdings nicht nur eine Bewegungsänderung als Beschleunigung ausgedrückt, sondern auch die Möglichkeit, dass diese Beschleunigung wächst.

Nun basiert die Idee des Geradeseins nach Peirce auf einer natürlichen Überzeugung und scheint somit als selbstverständlich gegeben.

Aber wie ist die Bedeutung dieser Idee entstanden, wie sieht ihre Geschichte aus oder entfällt diese Frage durch den Hinweis, das es sich um eine natürliche und damit wahre Überzeugung handelt?

Vor allem aber stellt sich die Frage, was bedeutet es, wenn Peirce behauptet, dass die Idee des Geradeseins in unserem Geist vorherrschend ist?

Über was herrscht diese Idee, was ist ihr untergeordnet?

Die Idee des Geradeseins

Die Bedeutung der Idee des Geradeseins, die Peirce erwähnt, steht in einem Zusammenhang mit der Zeiterfahrung der technisch-wissenschaftlichen Revolution der Neuzeit und ihren Entdeckungen. Zeit kann über Bewegung im Raum anschaulich dargestellt werden.

Die Bedeutung der geraden Linie ist der Ausdruck einer besonderen Zeiterfahrung, die jedoch erst in der Moderne entwickelt wird, der Beschleunigung.

---

[464] Peirce, Charles S., Wie unsere Ideen zu klären sind, in : ders., Schriften zum Pragmatismus und Pragmatizismus, a.a.O., S. 200

Im Gegensatz dazu wurden Zeitvorstellungen traditionell mit der Natur verbunden, mit der Bewegung der Gestirne, mit den Jahreszeiten oder biologischen Abläufen. Das ändert sich in der Moderne, aus der naturgebundenen Zeit der Bewegung wird die technisch verfügbare Zeit. Es kommt zu dem, was Reinhart Koselleck die Denaturalisierung der Zeiterfahrung nennt.[465] Ein anschauliches Beispiel für ein Moment dieser Entwicklung ist die Erfindung der Lokomotive. Das Wort Dampfross spiegelt metaphorisch sehr schön diesen Übergang wieder. Im Vormärz, Mitte des 19. Jahrhunderts, herrscht die Poesie des Dampfes. In einem Hymnus an den Fortschritt, der mit der Herausforderung der Geschwindigkeitssteigerung verbunden ist, heißt es: >mit jeder Schiene, die wir legen, wird neues Leben in die Welt gebracht<(Louise Otto-Peters).[466]

Seit Beginn der Neuzeit wird die Zukunft als offen erfahren und die Geschichte als Fortschritt, als ein Prozess, der durch Technik und Industrie bestimmt wird. Damit verbunden ist ein beschleunigter Wandel. Nach Koselleck ist die Beschleunigung eine Zeiterfahrung, die sich von allen anderen unterscheidet. Sie ist mehr als nur Veränderung und mehr als bloßer Fortschritt. >Sie qualifiziert den 'Fortschritt der Geschichte', welcher Ausdruck erst nach 1800 sagbar wurde.<[467]

Die gerade Linie gehört daher als ein geometrische Element zur Fortschrittsmetapher. Zu dieser Metapher gehört auch die Erfahrung, dass sich die gegenwärtigen Fortschritte im Vergleich zur Vergangenheit immer schneller einstellen.

Wenn Peirce die >Idee des Geradeseins< als eine natürliche Überzeugung darstellt, so wird damit nahe gelegt, als handele es sich bei ihrer Bedeutung um etwas Gegebenes, was doch in Wirklichkeit auf einer Interpretation beruht. Diese Idee herrscht in unserem Geist nicht vor, weil sie natürlichen Verhältnissen entspricht, sondern der Vorrang basiert auch auf einer Bewertung, die aus geschichtlichen Verhältnissen abgeleitet wird.

---

[465] Vgl. Koselleck, Reinhart, Zeitschichten, Frankfurt am Main 2003, S. 153ff

[466] Ebd., S. 151

[467] Ebd., S. 164

Sie ist ein Ausdruck der naturwissenschaftlichen Sicht der Welt, die die Zeit zu einem Schema aller Kausalität macht.
Erst durch die moderne Physik wird, wie es Ernst Cassirer beschrieben hat, der Raum zu einem Kraftraum. Im Gegensatz dazu war im mythischen Denken der Raum das Sinnbild aller Kausalität.[468]
Auch das pragmatische Denken ist ein Ausdruck dieser wissenschaftlichen Sichtweise. Wenn Peirce daher von einer natürlichen Überzeugung spricht, ist mit natürlich wohl nichts anderes als eine Überzeugung gemeint, die sich auf den Gegenstandsbereich der Naturwissenschaften bezieht.[469]

Zwei Modelle der Zeit

Es gibt vor allem zwei Modelle, um Zeit darzustellen, linear oder zirkulär. Zeit kann als eine gerade Linie oder als Kreis vorgestellt werden. In der platonisch-aristotelischen Philosophie wurde der natürliche biologische Zeitrhythmus als kreisförmig gedacht, wobei es daneben noch etwas gab, was außerhalb der Zeit stand, was als fest und unwandelbar galt. Damit verbunden war eine Bewertung, die alles Endliche als unvollkommen betrachtete. In diesem Sinne konnte nichts, was vollkommen wirklich ist, sich verändern.[470]
Diese Bewertung ändert sich mit der Entwicklung der Naturwissenschaften. Dewey weist in 'Die Erneuerung der Philosophie' darauf hin, welche Rolle die Entwicklung der Naturwissenschaft bei der Destruktion der metaphysischen Unwandelbarkeit als Maßstab gespielt hat. Durch die Wissenschaft wird nunmehr Veränderung an die Stelle von Unwandelbarkeit gesetzt und >ist jetzt ein Maß der 'Wirklichkeit' oder 'Energie des Seins'; Veränderung ist allgegenwärtig. Die Gesetze, für

468 Vgl. Cassirer, Ernst, Wesen und Wirkung des Symbolbegriffs, Darmstadt 1977, S. 49

469 Vgl. auch die Unterscheidung von natürlichem Gegenstandsbereich der Wissenschaft und übernatürlichen Gegenstandsbereich der Moral, so wie sie von John Dewey herausgearbeitet wird. in: Dewey, John, Die Erneuerung der Philosophie, a.a.O., S.18

470 Vgl. auch Nietzsche, Friedrich, Menschliches, Allzumenschliches I und II, Kritische Studienausgabe München 1988, S. 140

die sich der moderne Wissenschaftler interessiert, sind Gesetze der Bewegung, der Erzeugung und der Abfolge. Er spricht von Gesetz, wo die Alten von Art und Wesen sprachen, weil das was er anstrebt, eine Korrelation von Veränderungen ist.<[471]
Wobei hervorgehoben werden muss, dass sich der Begriff der Veränderung nicht nur auf eine gegebene Natur bezieht, sondern dass Veränderung in der pragmatischen Perspektive vor allem Transformation der Natur bedeutet. Im Anschluss an Bacon, für den Wissen die Macht ist, die Welt zu verändern, ist für Dewey klar, dass die Welt nur als Material für Veränderungen akzeptiert oder hingenommen wird.[472]
Wie selbstverständlich schreibt auch James in seinem Buch 'Der Pragmatismus': >Die Welt ist in der Tat bildsam und erwartet ihre endgültige Formung von unseren Händen. Wie das Himmelreich duldet sie bereitwilligst menschliche Gewalttätigkeit. Der Mensch erzeugt Wahrheiten, die von der Welt gelten.< Ein fragwürdiges Argument, das aus der Duldung menschlicher Gewalt die Legitimation einer gewaltsamen Transformation der Natur ableitet. Getan wird so, als ob es sich von selbst versteht, dass Wehrlosigkeit ein Rechtstitel für beliebige Unterdrückung ist und als ob ein solches Verhalten zugleich die Würde und die Verantwortlichkeit des Denkens erhöhen würde.
Es ist eine Würde, die nach James davon ausgeht, dass im Rationalismus bisher die Wirklichkeit von aller Ewigkeit her fertig und vollendet war, während sie im Pragmatismus noch im Werden ist und ihre Gestaltung zum Teil erst von der Zukunft erwartet.[473] Stolz setzt sich das pragmatische Denken dem Rationalismus entgegen und postuliert eine neue Wirklichkeit, die sich selbst als Werden versteht, ohne allerdings noch ein letztes Ziel angeben zu können. Bewegen muss man sich unter diesen Voraussetzungen, wenn auch niemand mehr weiß, wohin der Zug fährt. Wobei allerdings klar zu sein scheint, dass diese Reise in die Zukunft durch eine Landschaft gehen soll, die vom Wesen der Dinge nichts mehr weiß.

---

471 Dewey, John, Die Erneuerung der Philosophie, a.a.O., S. 106f

472 Vgl. Ebd., S. 160

473 James, William, Der Pragmatismus, Hamburg 1994, S. 164

Die neue Wirklichkeit, die der Pragmatismus formuliert, ist der Ausdruck einer Metaphysik des Werdens, die sich dabei ausdrücklich als Entgegensetzung zum traditionellen Rationalismus versteht.

Verzeitlichung

Im Kontext der Naturbeherrschung wird auch die Bedeutung der pragmatischen Idee des Geradeseins, die Peirce anführt, deutlicher. Sie setzt, was ihre hohe Bewertung betrifft, immer schon eine Modifikation der menschlichen Einstellung gegenüber den natürlichen Verhältnissen voraus. In der Neuzeit steht die Zeit nicht mehr gegen eine Ewigkeit, die Zeit wird als weltimmanent erfahren. Koselleck hat das Phänomen dieser Veränderung als 'Verzeitlichung' beschrieben. Ein Beispiel für diese Veränderung ist das traditionelle absolute Attribut der Vollkommenheit. In seinem Aufsatz 'Die Verzeitlichung der Utopie' beschreibt Koselleck, wie sich das Perfectio-Ideal im Laufe der frühen Neuzeit verzeitlicht. Die traditionelle Vollkommenheit verwandelt sich in einen Bewegungsbegriff. Nach ihm sprechen schon St. Pierre und Turgot vom geschichtlichen Weg zur Perfektion: >Das Ziel wird gleichsam in den Weg hinein genommen, der zurückgelegt werden muss, um die Perfectio zu erreichen. Rousseau überbietet sie mit der Neuprägung 'Perfectibilité'. Mit der Perfektibilität, mit der Vervollkommnungsfähigkeit, wird das Ziel vollends verzeitlicht, ohne Endpunkt in den handelnden Menschen selbst hineingeholt. Die Zielsetzung wird iterativ.<[474]
Die Geschichte wird bildhaft ausgedrückt zu einer Geraden, zum Ausdruck einer offenen Zukunft, wobei allerdings offen bleibt, ob das Voranschreiten auch zum Besseren führt. Zum Fortschritt als einer geschichtlichen Zeitkategorie gehört die Erfahrung stetiger Veränderungen, wobei allerdings nicht der Wandel selbst das Problem der Orientierung darstellt, sondern seine immense Beschleunigung.

---

[474] Koselleck, Reinhart, Zeitschichten, a.a.O., S. 137

Moral als Bewegungsbegriff

Die Verzeitlichung der Begriffe in der Neuzeit hat auch Auswirkungen auf die Konstruktion der Moral, so wie sie z.B. in der Philosophie des Pragmatismus vorliegt. Für das pragmatische Denken wird die Verzeitlichung der Moral zur entscheidenden Aufgabe, denn nach Dewey herrscht bis heute in der Moral nach wie vor noch immer das Fixierte und Unwandelbare.[475]

Für ihn gibt es einen Riss im modernen Leben, >der auf der Unmöglichkeit beruht, Verfahrensweisen, die die Moral eines vorwissenschaftlichen Zeitalters widerspiegeln und verewigen, mit den Verfahrensweisen einer Welt zu vereinbaren, die sich plötzlich mit immenser Beschleunigung und durchgreifend von einer Wissenschaft bestimmt findet<[476]

Für die pragmatische Position beruht die traditionelle Moral auf unwandelbaren außerzeitlichen Prinzipien, was der modernen Naturwissenschaft widerspricht. Es gibt danach noch einen Graben zwischen dem Gegenstandsbereich der Wissenschaft und dem über-natürlichen Gegenstandsbereich der Moral.

Wie soll dieser Graben überwunden werden? Dieses Problem wird nach John Dewey zur rekonstruktiven Aufgabe der Philosophie. Erforderlich ist nach ihm dazu, dass zuerst der kosmologische und ontologische Schutt beiseite geräumt wird.

Die neue Moral soll effektiv sein, sich an den Methoden der Wissenschaft orientieren, an einer Erkenntnis, die sich selbst korrigieren kann, die sich systematisch – wie er es ausdrückt – mit menschlichen Prozessen befasst.[477] Zum primären moralischen Brennpunkt wird die konkrete Situation, die Frage, welche Handlung für eine bestimmte Situation richtig ist: >Eine moralische Situation ist eine, in der Urteil und Wahl vor der eigentlichen Handlung erfordert sind.<[478]

---

475 Vgl. Dewey, John, Die Erneuerung der Philosophie, Hamburg 1989, S. 43

476 Ebd., S.32

477 Vgl. Ebd., S. 44

478 Ebd., S. 207

Aus diesem Grunde bedarf es nach Dewey der Untersuchung, der Aufklärung, der methodischen Erkenntnis. Die Moral soll zu einer Frage der Situation werden, d.h. auch berücksichtigen, dass jede Situation ihre einzigartigen Ziele hat. Instrumentelles Denken ist der Ausdruck eines Lebens, das sich vorzugsweise selbst als eine Baustelle darstellt. Wenn Dewey von einzigartigen Zielen spricht, so sind damit natürlich keine letzten Ziele gemeint. Ein Ausdruck der Verzeitlichung der Moral ist, dass die Ziele durch die einzelnen Situationen bestimmt werden. Das pragmatische Augenmerk gilt dabei der Frage, welche Mittel und Zwecke dem vorgegebenen Ziel angemessen sind, weniger geht es darum, auch das Ziel zu hinterfragen. Horkheimer hat dabei darauf hingewiesen, dass dem instrumentellen Denken der Gedanke, dass ein Ziel um seiner selbst willen vernünftig sein kann, fremd ist.[479]
Der Bezug auf den Begriff der Situation, dieser Ausdruck einer Verzeitlichung der Moral, verwandelt den Gegensatz Zeit und Ewigkeit in den Gegensatz Zukunft und Vergangenheit. Die Moral verwandelt sich in einen Bewegungsbegriff. Anschaulich lässt sich die weltimmanente Zeit als ein Weg in eine offene Zukunft darstellen. Aber ist die Ewigkeit und mit ihr die absoluten Ansprüche durch diese Säkularisierung der Moral verschwunden, so wie es das pragmatische Denken behauptet? Oder nimmt sie nur eine andere Gestalt an? Zur Vorstellung der idealen Bewegung in der Moderne gehört kein konkretes Ziel, das erkennbar wäre oder anders ausgedrückt, die Bewegung erscheint sich selbst als einziges Ziel; sie wird absolut.

Descartes Gleichnis

Descartes entwickelt in seinem 'Discours de la Méthode', so wie er schreibt, eine Moral auf Zeit, die aus wenigen Grundsätzen besteht. Um eine dieser moralischen Regeln zu begründen, berichtet er von einer Geschichte, in der es um einen Reisenden geht, der sich im Wald verirrt hat. Blumenberg hat diese Geschichte als ein Urgleichnis der

[479] Vgl. Horkheimer, Max, Zur Kritik der instrumentellen Vernunft, Frankfurt am Main 1974, S. 15

Neuzeit beschrieben. Nach ihm ist der im Walde Verirrte von Descartes ein imaginativer Rivale des in der Höhle Eingeschlossenen von Plato. Das besondere bei Descartes ist, dass der Verirrte durch Bewegung in seine Situation geraten ist und nur durch Bewegung ihr entgehen kann.[480]

Descartes Methode kann als der Entwurf für eine Situation verstanden werden, deren Ausgang ungewiss ist, lesbar durchaus auch als ein Ausdruck und Vorgriff auf die Erfahrung der Gesellschaft der Neuzeit. Es ist daher kein Zufall, dass die Lage in dieser Geschichte ähnlich der ist, wie sie in der prekären moralischen Situation von Dewey geschildert wird, und die sich dadurch auszeichnet, das ein Urteil vor dem Handeln gefordert wird, um den richtigen Weg zu finden.

Was aber ist, wenn das notwendige Wissen fehlt, es keine Anhaltspunkte gibt? Bei dieser Frage knüpft Descartes mit seinem Gleichnis an. Wer sich als Reisender im Wald verirrt hat, soll nicht umherlaufen und sich bald in jene dann in eine andere Richtung wenden, >noch weniger an einer Stelle bleiben, sondern so geradewegs wie möglich immer in derselben Richtung marschieren und davon nicht aus unbedeutenden Gründen abweichen<[481] Auch wenn der Zufall die Wahl bestimmte, so wird man doch nach dieser Methode am Ende irgendeinen Ausweg erreichen. Die Gerade als der kürzeste Weg bietet sich als ein Mittel an. Nach Descartes gilt es in einer solchen Situation des Verirrens, entschlossen zu handeln.

Der Grundsatz ist, auch den zweifelhaftesten Ansichten zu folgen, wenn man sich einmal für sie entschieden hat, und zwar so beharrlich, als wären sie ganz gewiss. Entschlossenheit wird zu einem Wert in einer Situation, in der die Reflexion nicht mehr weiter hilft. Der theoretische Vorbehalt wird ausgeschaltet: Wer beansprucht erst zu wissen und dann zu können, der findet – um im Bilde zu bleiben – aus dem Wald nicht heraus. Entschlossenheit wird zu einem Wert, wenn die Gründe fehlen.

---

[480] Vgl. Blumenberg, Hans, Höhlenausgänge, a.a.O., S. 517

[481] Descartes, René, Von der Methode, III 3, Hamburg 1960, S.20

Gedanken, die uns bestimmt sagen, was wir zu erwarten haben, sind auf einer primären Stufe die wahren Gedanken. Blumenberg hat die Geschichte von Descartes als Ausdruck einer provisorischen Moral gelesen. Eine endgültige Moral wäre in diesem Sinne nach ihm eine unter den Prämissen vollendeter Erkenntnis, deren Rationalität sich auf nichts anderes als die Selbsterhaltung bezieht. Nach ihm bietet diese Geschichte von Descartes auch Einsicht in das, was er die Bewunderung der Entschlossenheit als ein Merkmal der Autorität nennt, wobei nach Blumenberg Menschlichkeit geradezu im Gegenteil, im Zögern liegt. Damit weist er auch indirekt auf die bedenklichen gesellschaftliche Verhältnisse hin, in denen blinde Entschlossenheit zur Bedingung der Selbsterhaltung wird.[482]

Ein anderer Aspekt ist in diesem Zusammenhang noch von Bedeutung. Entschlossenheit transzendiert auch das moralische Gewissen, so wie es einmal Tillich ausgedrückt hat.[483] Aber ist es richtig, dass durch Entschlossenheit nunmehr der Einzelne die Situation bestimmt, anstatt umgekehrt, so wie das Tillich annimmt? Befindet sich nicht der Reisende, der sich in Descartes Gleichnis verirrt hat, in einer Situation, die er nicht bestimmt und die nach einer Lösung verlangt?

Die Entschlossenheit im Handeln gewinnt in der Neuzeit an Bedeutung, besonders in Gesellschaften die sich beschleunigt verändern. Entziehen sich diese Gesellschaften nicht zunehmend der Kontrolle und Steuerung? Unter diesem Umständen wird, sich nicht zu irren oder zu verirren, zu einer Kunst.

Über seine Erfahrungen mit einer Zeit, die wie ein großes Beben alles umwirft, schreibt Alfred Polgar im Jahr 1926: >alle Anker sind gelichtet, kein Mensch weiß, wohin die Reise geht und wie sausend rasch sie geht, spüren wir am Schwindel<[484] Unter solchen Bedingungen herrschen nach ihm zunehmend die Gebote der fliehenden Stunde, so wie er sie nennt, diese Regel des kurzen Atmens, die kürzeste Linie von Punkt zu Punkt.

---

482 Vgl. Blumenberg, Hans, Höhlenausgänge, a.a.O., S. 435

483 Vgl. Tillich, Paul, Das religiöse Fundament des moralischen Handelns, Ges. Werke Band III, Stuttgart 1966, S. 69

484 Polgar, Alfred, Irrlicht, Kleine Schriften, Bd. 3, 1. Aufl., Reinbek bei Hamburg 1984, S. 373

Methoden der Entschlossenheit

In einem Aufsatz von Dewey 'Der Supremat der Methode' ist die Ähnlichkeit der Argumente zu Descartes nicht zu übersehen. Nach Dewey kommt es darauf an, wenn wir keinen intelligenten Hinweis haben, wie wir handeln sollen, entschlossen zu sein.

Entschlossenheit wird zu einer Aufgabe des Willens; >das heißt unter Anleitung des Denkens die Unbestimmtheit ungewisser Situationen zu lösen.<[485]

Dewey nennt zwei Wege oder Methoden, die nach ihm offen sind, wenn man in eine Situation gerät, wo etwas auf dem Spiele steht. Der Einzelne kann sich danach selbst ändern, indem er dem Problem davonläuft oder sich in einer stoischen Verfassung üben; oder aber er kann sich an die Arbeit machen, etwas zu tun, um die Bedingungen zu ändern, die unbefriedigend sind.[486]

Intelligenz ist nach Dewey eine Methode des Handelns, in der es nicht darum geht, irgendetwas in der Sache zu tun, sondern etwas über die Hindernisse und Hilfsmittel herauszufinden. In der Perspektive pragmatischer Moral kann Descartes moralische Regel für den Reisenden, der sich verirrt hat, daher nur als eine Art Notlösung erscheinen, als ein letztes Mittel, das in Situationen eingesetzt wird, in denen es an der notwendigen Zeit fehlt, um überlegen zu können. Die Methode der Entschlossenheit widerspricht nämlich dem pragmatischen Anspruch, dass, bevor gehandelt wird, die Situation zu reflektieren und nach einer der Situation angemessenen Lösung zu suchen ist.

Dewey geht allerdings mit seiner Konzeption des intelligenten Handelns noch einen wichtigen Schritt weiter. Erkennen ist nicht nur ein Mittel, eine Methode, um bewusst oder klug vorgehen zu können.

Für das pragmatische Denken setzt wirkliches Erkennen die Veränderung der Situation voraus, den Eingriff. Das naturwissenschaftliche experimentelle Verfahren ist für den Pragmatismus das Ideal des Erkennens.

---

[485] Dewey, John, Der Supremat der Methode, in: ders., Die Suche nach Gewissheit, a.a.O., S. 250

[486] Vgl. Dewey, John, Der Supremat der Methode, a.a.O., S. 232

Antworten auf das Ungewisse

Wie bei Descartes ist für Dewey die Methode ein Entwurf, als eine Antwort auf das Ungewisse und Unbestimmte zu verstehen. Wobei Unbestimmtheit nach John Dewey einen objektiven Charakter hat, denn sie ist eine wirkliche Eigenschaft natürlicher Dinge. Schon das griechische Denken hat aus seiner Sicht das natürliche Dasein als kontingent charakterisiert, allerdings mit der Einschränkung, dass es diese Eigenschaft der Kontingenz zum Anlass nahm, der natürlichen Existenz einen niedrigeren Status als dem notwendigen Sein zuzuweisen.[487] Das moderne Denken tendiert dagegen nach Dewey – weitgehend von der Naturphilosophie Newtons beeinflusst -, alles Dasein als vollkommen determiniert anzusehen: >Das inhärent Vollständige wurde zusammen mit Qualitäten und Zielen aus der Natur eliminiert. Infolgedessen wurde das Mentale scharf vom Natürlichen getrennt; denn das Mentale war offensichtlich durch Zweifel und Ungewissheit charakterisiert. Der Geist erhielt eine Stellung außerhalb der Natur; seine Beziehung zur Natur in der Erkenntnis wurde zu einem dunklen Geheimnis; das Unbestimmte galt als lediglich 'subjektiv'<.[488] An diesem Beispiel kann man nach Dewey sehen, wie das Subjektive und Objektive getrennt und in einen Gegensatz gebracht wurden. Stattdessen kommt es nach ihm darauf an, die Realität des Ungewissen in >den ständig voranschreitenden Prozessen der Natur< zu akzeptieren. Nach Dewey sind das die Bedingungen für die Entstehung jeder Philosophie. Jeder Versuch, das Zweifelhafte in der Philosophie zu eliminieren, indem man einen Bereich erfindet, der theoretisch sicher ist, führt nach ihm zu einem inneren Widerspruch, zu Trennungen ihres Stoffes in ein wahrhaft Reales und in ein lediglich Erscheinendes.[489] Aber das Ungewisse ist nicht nur eine Realität der Natur, so wie es diese Stelle bei Dewey nahe legt. Die Neuzeit zeichnet sich auch durch eine neue Form der Ungewissheit aus, eine Ungewissheit, die das Produkt des Fortschritts

---

[487] Vgl. Dewey, John, Der Supremat der Methode, a.a.O., S. 231

[488] Ebd., S. 231f.

[489] Vgl. Ebd., S. 244

ist, der technisch wissenschaftlichen Revolution. Der stetige Versuch, die Natur zu beherrschen, führt in einen gesellschaftlichen Zustand, in denen sich die Mittel der Beherrschung zu verselbständigen scheinen.

Der Aufklärung geht es in eigentümlicher Weise wie dem Reisenden bei Descartes, der sich selbst durch sein Handeln in eine ungewisse Situation gebracht hat und keine andere Möglichkeit sieht als in eine bestimmte Richtung weiterzulaufen und das mit einer Entschlossenheit, so als wäre das stetige Wachstum durch den Fortschritt unbegrenzt. Als ein Erbe der Aufklärung übernimmt auch das pragmatische Denken dieses Problem.

Die pragmatische Methode, die sich am Modell des naturwissenschaftlichen Experiments orientiert, intendiert nicht nur eine Hinnahme der natürlichen Situation, sondern zielt vielmehr zugleich auch auf eine Veränderung der Situation.

Naturbeherrschung impliziert in diesem Sinne daher auch eine rücksichtslose Transformation der Natur, denn die Dinge selbst haben dabei keine Bedeutung.

Zur moralischen Maxime wird es, die Welt nicht nur widerzuspiegeln, sondern sie zu verändern.

Auf der einen Seite gibt es das Ideal einer Erkenntnis als Mittel, das Einrichten der Zukunft, indem man klug und bewusst vorangeht. In diesem Zusammenhang ist für das pragmatische Denken das Experiment das favorisierte Modell einer moralischen Situation, das Urteil soll vor dem Handeln stehen.

Zum anderen steht dem Anspruch einer Kontrolle und der damit verbundenen Reduktion der Ungewissheit, eine neue Ungewissheit gegenüber, die das Produkt der gesellschaftlichen Prozesse ist, die selbst durch die wissenschaftliche technische Revolution bedingt ist.

Die Gesellschaft verändert sich nicht nur, sondern der Wandel beschleunigt sich auch.

Die Macht der Selbstbestimmung, die das pragmatische Denken proklamiert, ist nicht nur Schein bezogen auf die handelnden Akteure, weil die Macht in dieser Gesellschaft ungleich verteilt ist, sondern es entsteht auch eine besondere Form der Ungewissheit, die durch einen Mangel an Zeit charakterisiert ist.[490]

Dem Ideal der Selbstbestimmung steht zunehmend eine Wirklichkeit gegenüber, die durch den Mangel an Zeit bestimmt wird. In Verhältnissen, die sich beschleunigt verändern, tritt vorrangig an die Stelle der moralischen Überlegung die Reaktion auf die Situation. Zur Frage der Selbsterhaltung wird es, sich an stetig wechselnde Veränderungen anzupassen, wobei die Kontrolle dieser beschleunigten Veränderungen selbst allerdings ein bisher ungelöstes Problem darstellt.

Die Sterne über mir

In seiner 'Kritik der praktischen Vernunft' schreibt Kant: >Zwei Dinge erfüllen das Gemüt mit immer neuer und zunehmenden Bewunderung und Ehrfurcht, je öfter und anhaltender sich das Nachdenken damit beschäftigt: Der bestirnte Himmel über mir, und das moralische Gesetz in mir.<[491] Der erste Anblick ist nach ihm ein Ausdruck dafür, dass der Mensch ein endliches Lebewesen ist, ein >tierisches Geschöpf<, der zweite vermittelt dagegen zugleich seinen Wert als Intelligenz, unendlich – wie er schreibt – als eine Persönlichkeit, die durch das moralische Gesetz ein von der Tierheit und ganzen Sinnenwelt unabhängiges Leben offenbart. Zugleich soll die Idee der Persönlichkeit wohl auch eine Schutzfunktion ausüben und den Menschen selbst davor bewahren, als reines Objekt behandelt zu werden.

Das Bild von Kant vermittelt Ordnung und Sicherheit der Orientierung mittels der Moral. Der Mensch wird durch die Moral zum möglichen Teilnehmer am Reich der Vernunft und zeichnet sich dadurch aus; die Natur zählt dagegen zum Reich der Erscheinungen.

In der Aufklärung ist die Moral ein Ort unveränderlicher und gültiger Kriterien.

---

[490] Vgl dazu die Bemerkungen von Max Horkheimer zur Geschichte des Humanismus, in: ders., Horkheimer, Max, Traditionelle und kritische Theorie, Frankfurt am Main 1973, S. 148

[491] Kant, Immanuel, Kritik der praktischen Vernunft. Grundlegung zur Metaphysik der Sitten, Frankfurt am Main 1974, S. 300

Jeder soll sich nach ihnen richten, d.h. die moralischen Prinzipien werden auch zum Maßstab der bestehenden politischen Ordnung.[492]
Die absolutistische Quelle des Rechts als ein Sitz der Souveränität wird dadurch allerdings tendenziell zu einem Ausdruck von purer Gewalt. Im Vergleich zu den Gesetzen der moralischen Welt erscheint die soziale und politische Wirklichkeit immer unvollkommen und veränderlich. Die Trennung von Moral und Politik in der Aufklärung ist ein Ausdruck für den extremen Gegensatz von öffentlichem Wesen und Einzelexistenz.
Der traditionell metaphysische Grundsatz, dass das Vollkommene das Unveränderliche und Wahre, dagegen das Veränderliche nur Schein ist, ist somit weiterhin als Prinzip wirksam, wenn auch in der Gestalt einer Moral, deren Träger nach Kant die Persönlichkeit des Einzelnen ist.
Die Vernunft ist nach Kant eine Art Leitungsmittel. In diesem Sinne soll sie auch den Verstand anleiten. Was aber ist ihre Leistung?
Wird von der Vernunft nichts anderes beigetragen als die Idee systematischer Einheit, die formalen Elemente begrifflichen Zusammenhangs, so wie das Adorno und Horkheimer behaupten?[493] Das Gewissen ist z.B. nach Kant das Bewusstsein des kategorischen Imperativs, aber es enthält keinen speziellen gültigen Inhalt.
Wenn die Vernunft ein Vermögen ist, das Besondere aus dem Allgemeinen abzuleiten, so drückt sich darin auch die Vorstellung der Aufklärung über das aus, was nunmehr Denken heißt:
Es ist die Herstellung von einheitlicher, wissenschaftlicher Ordnung, die Ableitung von Tatsachen aus Prinzipien. Auf subjektiv inhaltliche Ziele kann sich der Einzelne nicht mehr berufen; sie werden im voraus vor dem Gerichtshof der Aufklärung abgewertet.

492 Vgl. Koselleck, Reinhart, Kritik und Krise, Frankfurt am Main 1973, S. 122ff

493 Vgl. Horkheimer, Max, Adorno, Th. W., Dialektik der Aufklärung, Frankfurt am Main 1969, S. 89

Moral und Zeiterfahrung

Adorno wird in Bezug auf Kant von dem >gigantischen Sittengesetz< sprechen, auf das der Einzelne so hilflos hinstarrt, wie auf den Himmel, den jenes nur schlecht nachahmt.[494]

In seiner Schrift 'Minima Moralia', diesem Entwurf einer Philosophie subjektiver Erfahrung, wird allerdings dieser Anspruch auf ein gigantische Sittengesetz im Einzelnen nicht bestätigt. Kants Konzept einer Moral basiert noch auf einer traditionell metaphysischen Dualität, die die Moral an unveränderliche Prinzipien bindet, die nicht von dieser Welt sind. Eine solche Moral ist nach Adorno nicht mehr zu halten, weil auch die entsprechende Metaphysik ihre Gültigkeit verloren hat. Die Moral ist nach ihm nicht mehr ein Indiz für eine göttliche Anlage in uns wie bei Kant, die einem gleichsam einen >heiligen Schauer< über die Größe und Erhabenheit einer wahren Bestimmung über den Rücken jagt.[495] Bei Kant wird sich der Mensch bewusst: er könne dieses, weil er es soll. Das Sollen wird in der moralischen Perspektive zur Bedingung des Könnens.

In der modernen Gesellschaft drängt sich dagegen ein umgekehrtes Verhältnis auf, d.h. es wird auf den Kopf gestellt. In seiner Sammlung von Aphorismen weist Adorno auf die Veränderung von Moral und Zeiterfahrung in der Moderne hin. Hervorgehoben wird dabei eine besondere Zeiterfahrung: es ist die Erfahrung der Beschleunigung, die nach ihm zu einer besonderen Form der Erfahrung von Gewalt wird. Ähnlich wie in der Analyse von Peirce, der die Bedeutung der >Idee des Geradeseins< aus der Erfahrung der Natur ableitet und damit zugleich einer besonderen Zeiterfahrung den Vorrang gibt, weist Adorno diese Idee im sozialen und kulturellen Bereich nach. Sie wird zum Ausdruck für das Verhältnis von abstrakter Zeitordnung und Moral. Im Unterschied zu Peirce wird diese Idee allerdings von Adorno nicht als ein Hinweis für die Bedeutung einer größtmöglichen Geschwindigkeit

---

494 Adorno, Theodor W., Minima Moralia, a.a.O., S. 239

495 Vgl. Kant, Immanuel, Über den Gemeinspruch: Das mag in der Theorie richtig sein, taugt aber nicht für die Praxis, Abhandlungen nach 1781, Kants Werke, Band VIII, S. 287

bzw. Beschleunigung angesehen, sondern als die Folge von negativen Veränderungen in der Gesellschaft. Ähnlich wird sich schon Nietzsche ausdrücken, wenn er schreibt, dass man nun so lebt, wie jemand, der fortwährend etwas zu versäumen hat. Die Gesellschaft wird zur Jagdgesellschaft nach Gewinn und zwingt den Einzelnen dazu, sich ständig bis zur Erschöpfung auszugeben. Ständig übt man sich nach Nietzsche im Sich-Verstellen oder Überlisten und Zuvorkommen. Zur Tugend wird es etwas in weniger Zeit zu tun als ein anderer.[496]
Nach Adorno drückt sich in den modernen Formen der menschlichen Kommunikation ein bestimmter Geist der Praxis aus: >Man ist geradezu. Jede Hülle, die sich im Verkehr zwischen die Menschen schiebt, wird als Störung des Funktionierens der Apparatur empfunden, der sie nicht nur objektiv eingegliedert sind, sondern als die sie mit Stolz sich selbst betrachten. Dass sie, anstatt den Hut zu ziehen, mit dem Hallo der vertrauten Gleichgültigkeit sich begrüßen , dass sie anstatt von Briefen sich anrede- und unterschriftslose Inter office communications schicken, sind beliebige Symptome einer Erkrankung des Kontakts. Die Entfremdung erweist sich an den Menschen gerade daran, dass die Distanzen fortfallen.< Auch ist es nicht mehr modern, in Gesprächen ein Thema nicht direkt anzugehen: >Statt dessen gilt nun für die kürzeste Verbindung zwischen zwei Personen die Gerade, so als ob sie Punkte wären. Wie man heutzutage Häuserwände aus einem Stück gießt, so wird der Kitt zwischen den Menschen ersetzt durch den Druck, der sie zusammenhält. Was anders ist, wird gar nicht mehr verstanden, sondern erscheint, wenn nicht als Wienerische Spezialität mit einem Stich ins Oberkellnerhafte, als kindisches Vertrauen oder unerlaubte Annäherung.<[497] So scheint es nach Adorno daher in der Gesellschaft moralisch, Zeit zu sparen, zumal, wenn Zeit Geld ist.
Aber um welche Art von Moral geht es hier? Die Art der Moral ist abhängig von der Antwort auf die Frage, wodurch der Wert einer Ansicht oder Handlung bestimmt wird. So ist z.B. nach Kant der Gerichtshof der Moral durch das Vermögen der Vernunft bestimmt.

---

[496] Vgl. Nietzsche, Friedrich, Die fröhliche Wissenschaft, KSA 3, München 1988, S. 556

[497] Adorno, Theodor W., Minima Moralia, a.a.O., S. 44f

Die Handlungen stehen unter dem Motiv eines unbedingten Vernunftgesetzes, der Pflicht. Bei John Locke waren es die Bürger selbst, deren Urteile das moralische Gesetz bestimmten. Dabei sollten die bürgerlichen Moralgesetze nicht mehr nur auf die Gesinnung beschränkt sein, sondern vor allem den moralischen Wert der Handlungen festlegen. Aus dem Individuum als Träger der Moral wurde die Gesellschaft, die 'society'.[498]

Wie aber kann der Wert einer Ansicht oder Handlung durch eine bestimmte Zeitordnung bedingt sein, so wie das Adorno behauptet? Bei ihm ist der Geist der herrschenden Praxis mit seiner Moral ein Geist mit Flügeln aber ohne Kopf. Seine Kritik zielt auf eine Gesellschaft, in der sich das Individuum besinnungslos zum Träger des gelben Trikots in dieser Olympiade aufspielt, in diesem Rennen um den Fortschritt, wobei die Anpassung an beschleunigte Prozesse eine Pflicht wird.

Was dabei das Denken und Schreiben betrifft, so hat sich der Einzelne, wie es ähnlich auch Jean-Francois Lyotard ausdrückt, der 'Telegraphie' unterzuordnen, sonst wird er wie z.B. in den Büchern von Kafka, ins Ghetto abgedrängt. Es herrscht nach ihm das Gebot der Kommunikation, wobei niemand sagen kann, wer der Träger dieser Legitimation ist.[499] Nach Adorno kommt es zu einer Demoralisierung des Intellektuellen, weil jeder, der beim Ausdruck auf die Sache, anstatt auf die Kommunikation schaut, verdächtig ist.[500]

Distanz der Gedanken

Adornos Kritik ist als Entwurf einer Moral des Denkens zu verstehen. Wenn wir, wie das Kant behauptet, >zu den Dingen in der Welt in gewissen moralischen Verhältnissen stehen, wir allerwärts dem moralischen Gesetz gehorchen müssen<, weil es eben ein unbedingtes Vernunftgesetz ist, so ist nach Adorno dieser Ansatz einer unbedingten

---

498 Vgl. Koselleck, Reinhart, Kritik und Krise, a.a.O., S. 43

499 Vgl. Lyotard, Jean-Francois, Das Inhumane, Wien 1989, S. 137f

500 Vgl. Adorno, Theodor W., Minima Moralia, a.a.O., S. 128

Pflicht nicht mehr zu halten.[501] Für ihn ist der Vorrang des Allgemeinen in der Geschichte nicht selbstverständlich. Eine Konsequenz seiner Kritik für das Erkennen ist, dass das Besondere nicht, – wie das im Idealismus der Fall ist -, lediglich eine Durchgangsstation für das Allgemeine ist. Stattdessen kommt es nach ihm darauf an, nicht Weiterzugehen, sondern Verweilen zu können. Erkenntnis soll erweitert werden, indem sie beim Einzelnen verharrt, was eine Beziehung zum Allgemeinen voraussetzt, die sich nicht nur auf die Subsumption beschränkt.[502] Die Kritik von Adorno bezieht sich dabei auf ein Denken, in dem der Gedanke zur Gewalt wird. Gewalt beinhaltet der Gedanke nach ihm dabei insofern, als er auf eine >Abkürzung des Wegs< beharrt:

>Fast könnte man sagen, dass vom Tempo, der Geduld und Ausdauer des Verweilens beim Einzelnen, Wahrheit selber abhängt<[503]

Ähnlich wie Adorno drückt sich auch Blumenberg aus, wenn er die Auffassung anzweifelt, dass der kürzeste Weg zwischen zwei Punkten auch der humanere ist. Stattdessen hebt er die Bedeutung von kulturellen Anstrengungen hervor, die Momente der Verzögerung sind. Verzögerung ist nach Blumenberg ein wesentliches Element jeglicher Bildung. Die Heraufkunft einer Welt der kürzesten Verbindung zwischen jeweils zwei Punkten soll blockiert bzw. verlangsamt werden.[504]

Kultivierte Zustände zeichnen sich in diesem Sinne durch Umwege aus. Das geschieht etwa dadurch, das die Verzögerung zur prozessualen Grundfigur erhoben wird. Ein Beispiel ist nach Blumenberg 'Tristram Shandy' von Sterne, in dessen Buch es nicht um Abschweifungen geht, sondern um den unendlichen Umweg. Erwartungen werden in diesem humoristischen Buch ständig enttäuscht.[505]

Die kulturell-kritische Bedeutung von Umwegen drückt sich auch in Adornos Kritik des Positivismus aus, denn der Positivismus setzt nach

---

501 Vgl. Kant, Immanuel, Von dem Verhältnis der Theorie zur Praxis in der Moral überhaupt, Abhandlungen nach 1781, Kants Werke, Band VIII, Berlin 1968, S.280

502 Vgl. Adorno, Theodor W., Minima Moralia, a.a.O., S. 90f

503 Ebd., S. 94

504 Vgl. Blumenberg, Hans, Ästhetische und metaphorologische Schriften, Frankfurt am Main 2001, S. 42

505 Vgl. Blumenberg, Hans, Zu den Sachen und zurück, Frankfurt am Main 2002, S. 270f

ihm nochmals die Distanz des Gedankens zur Realität herab. Solche eingeschüchterten Gedanken wollen nach Adorno nichts mehr sein als Provisorien, bloße Abkürzungen für darunter befasstes Tatsächliches. Nach Adorno bezieht sich der Gedanke auf Tatsachen und bewegt sich durch deren Kritik. Zugleich jedoch bewegt er sich nicht minder durch die festgehaltene Differenz.[506] Denken ist nach ihm auch mit einem Spiel vergleichbar, enthält in sich ein Moment des Virtuellen, es ist daher keine einfache Aussage, vielmehr Deutung. Im Positivismus wird dagegen nach ihm die Differenz von den Tatsachen zur bloßen Falschheit, >das Moment des Spiels zum Luxus in einer Welt, vor der die intellektuellen Funktionen nach der Stechuhr über jede Minute Rechenschaft ablegen müssen.<[507]

Weltimmanente Zeit

Die Kritik von Adorno, die im Spannungsfeld von Theorie und Praxis immer wieder auf den Vorrang der Praxis verweist, setzt eine gesellschaftliche Entwicklung voraus, in der alle Fragen der Wahrheit zunehmend in Fragen der Macht umgesetzt werden.[508]

Ein solcher Prozess der Umsetzung steht in einem engen Zusammenhang zu dem, was in der Neuzeit als Säkularisation bezeichnet wird. Der Mensch schickt sich in diesem Prozess der Säkularisation an, die Schöpferrolle zu übernehmen. Die wachsende Autonomie des Menschen korreliert dabei zeitlich mit der Depotenzierung Gottes.

Säkularisation beinhaltet in der Perspektive der Philosophie der Moderne die Aufhebung der traditionellen Vorstellung der >Zwei Welten<; die Dualität von Jenseits und Diesseits, Zeit und Ewigkeit, verliert ihre Gültigkeit. Eine Variation dieser Aufteilung in zwei Welten findet sich z.B. noch bei Kant. In seiner Schrift 'Der Streit der Fakultäten' gibt es das Reich der Sinne und des Verstandes und daneben das Reich der

[506] Vgl. Adorno, Theodor W., Minima Moralia, a.a.O., S. 164

[507] Ebd., S. 165

[508] Vgl. Ebd., S. 139

Sittlichkeit. Schon anders sieht es in der Philosophie des Pragmatismus aus. Es gibt dort keine zwei Welten mehr. Für den Pragmatismus gibt es nur noch 'die' Welt und sonst gar nichts und was das bedeuten soll, beschreibt William James in einem Satz: >Unsere Welt ist ganz und gar Prozess.<[509] Nun scheint es jedoch bei dem Prozess der Aufklärung, diesem Prozess der Säkularisation und Entzauberung der Welt, auch eine Kehrseite zu geben. Zwar ist das Absolute, das in der traditionellen Philosophie als zeitlos gedacht wurde, dieser Inbegriff der Macht, z. B. in den Wissenschaften der Neuzeit verschwunden. Das Unveränderliche ist nicht mehr das Maß der Dinge; die alte absolute Anklage, die ein Jenseits voraussetzte, ist verbannt. Zugleich tauchen jedoch, - worauf die Kritik von Adorno hindeutet-, absolute Ansprüche in einer neuen Gestalt auf. In der Neuzeit wird die Geschichte zum Ort der Selbstverwirklichung des Absoluten. Die Weltgeschichte wird virtuell als ein Prozess des Absoluten angesehen. Horkheimer schreibt: >Kein Jenseits, kein Anderes steht den realen Ordnungen mehr gegenüber; indem sie am Absoluten teil gewinnen, hört das Absolute auf, der Zeitlichkeit gegenüberzustehen.<[510] Bei Hegel ist z.B. der Prozess selber der absolute Zweck. Die Konsequenz ist, es darf in einem solchen System keinen Stillstand geben, kein Verweilen. Die gesellschaftliche Funktion wird zum alleinigen Sinn der menschlichen Existenz. Daher hat nach Hegel derjenige, der seine Funktion nicht erfüllt, kein Recht auf Dasein.[511] Koselleck beschreibt in seinem Buch 'Zeitschichten', wie sich seit der französischen Revolution durch den Verzicht auf die Trennung von Jenseits und Diesseits, von Ewigkeit und Welt sich neue geschichtsphilosophische Deutungsschemata durchsetzen, die alle unter dem Gebot stehen, dass nunmehr alle Aufgaben in der geschichtlichen Zeit und durch die geschichtliche Zeit zu lösen sind: >'Zeit' steht nicht gegen 'Ewigkeit': Die Zeit vereinnahmt sich die Ewigkeit.<[512] Eine These von Koselleck ist nun, dass es einen Zusammenhang zwischen dem

[509] James, William, Der Pragmatismus, a.a.O., S. 170

[510] Horkheimer, Max, Zum Begriff der Freiheit, in: ders., Sozialphilosophische Studien, Frankfurt am Main 1972, S. 110

[511] Vgl. Haag, Karl Heinz, Der Fortschritt in der Philosophie, Frankfurt am Main 1985, S. 180

[512] Koselleck, Reinhart, Zeitschichten, a.a.O., S. 183

Prozess der Säkularisation und der Beschleunigung gibt. Der Prozess der Säkularisation geht einher mit der Erfahrung der Beschleunigung, die nach ihm die spezifische Erfahrung einer weltimmanenten Zeit darstellt, d.h. die geschichtliche Zeit wird als eine von Menschen produzierte, qualifiziert. Zwar ist nach diesen Überlegungen damit die Lehre von den zwei Welten verschwunden, aber an ihre Stelle tritt eine neue Opposition der Zeit, aus Jenseits und Diesseits wird Vergangenheit und Zukunft.[513] Schon Kant weist auf eine besondere Bedeutung der Zeitdimension der Zukunft in Bezug auf die Verwendung der Zeichen hin. Er vermutet, dass diese besondere Aufmerksamkeit dadurch verursacht wird, dass in der Reihe der Veränderungen die Gegenwart nur als ein flüchtiger Augenblick erscheint, das Gegenwärtige nur um der künftigen Folgen wegen beherzigt wird.[514]
Bei Nietzsche schließlich wird die Zukunft zum Programm, um das Machtdenken durchzusetzen. Zur Umwertung aller Werte gehört nach ihm der entscheidende Grundgedanke, dass die Zukunft als maßgebend für alle Wertschätzungen zu nehmen sei und nicht mehr die Vergangenheit.[515] Das System der Moral soll nunmehr primär von der Zeitdimension der Zukunft bestimmt werden, wobei die Dualität von Vergangenheit und Zukunft, mit dem Nietzsche kritisch argumentiert eine typische Perspektive der Neuzeit ist. Das Denken begibt sich mit dieser Strategie auf eine Überholspur, wobei das, was überholt wird, wie von selbst als weniger wert erscheint.

Wachstum als moralisches Ziel

Wie erst muss die Bedeutung der Zukunft an Gewicht gewinnen für das Fortschrittsdenken der Moderne, wobei die Erfahrung von Beschleunigung nur eine Begleiterscheinung dieses Fortschritts ist.

---

513 Vgl. Koselleck, Reinhart, Zeitschichten, a.a.O., S. 183

514 Vgl. Kant, Immanuel, Anthropologie in pragmatischer Hinsicht, Kants Werke, Band VII, Berlin 1968, S. 193

515 Vgl. Nietzsche, Friedrich, Götzendämmerung, in: ders., Der Fall Wagner, Götzendämmerung, Nietzsche contra Wagner, München 1964, S.58ff

Hier verändert sich nicht nur etwas, was für jede Geschichte zutrifft, sondern alles verändert sich schneller als erwartbar war.
Nach Dewey werden Veränderungen nunmehr mit Fortschritt assoziiert, eine Assoziation, die nach ihm nicht so selbstverständlich ist, wurde doch Veränderung ehemals als Ausdruck des Vergänglichen mit dem Pathos von Verfall und Verlust durch die platonisch-aristotelische Philosophie vorausgesetzt.[516] Aber von wem wird diese Assoziation vorausgesetzt? Innerhalb des pragmatischen Programms einer moralischen Umwertung des Begriffs der Veränderung mag diese Assoziation sich aufdrängen, wo doch zudem der Begriff der Veränderung als metaphysischer Ersatz die Stelle der Unwandelbarkeit einnehmen soll. Ähnlich, was die Konsequenzen durch eine >Umwertung der Werte< betrifft, hat es Nietzsche formuliert. Nur spricht er von der >Unschuld des Werdens<, die es gilt, wieder herzustellen. Der philosophische Anspruch, der sowohl im Pragmatismus als auch bei Nietzsche formuliert wurde, alle Metaphysik überwinden zu können, ist in diesen Forderungen nicht mehr zu entdecken. Wird mit diesen Forderungen nicht im Gegenteil eine neue Form der Metaphysik vorausgesetzt, die das Werden zum Heiligtum erklärt?
Wie das entsprechende Modell einer moralischen Zensur aussieht, dafür bietet die Philosophie des Pragmatismus ein Beispiel, für die, so wie es Dewey affirmativ formuliert – der Prozess des Wachstums, die Verbesserung des Fortschritts, entscheidend sind: >Wachstum selbst ist das einzige moralische Ziel<.[517] Moralische Ansprüche drängen geradezu auf Ausschließlichkeit, wie dieser Satz zeigt; es soll aus pragmatischer Sicht in Wirklichkeit nur noch einen moralischen Imperativ geben. Was aber bedeutet Wachstum bezogen auf den Zeitbegriff? Bedeutet Wachstum in diesem Zusammenhang in seiner Konsequenz nicht auch Beschleunigung, die zu einem gesellschaftlichen Problem wird, das sich allerdings nicht nur auf die technisch-wissenschaftliche Revolution bezieht, sondern auch auf den sozialen Bereich?

---

516 Vgl. Dewey, John, Die Erneuerung der Philosophie, a.a.O., S. 162

517 Ebd., S. 221

Das Moment der Veränderungen erscheint in der modernen Wirklichkeit als unbegrenzt. Es mag da nicht verwundern, dass sich die Idee des Unendlichen für viele als Fortschritt empfiehlt, was nicht ausschließt, dass sie auch zugleich als Zwangsmittel zur Einsparung von Energie und Zeit benutzt werden kann. Blumenberg hat diesen Anspruch einer unendlichen Aufgabe, der mit dem Fortschrittsdenken verbunden ist, als Pathos und Metaphysik eines nicht mehr endlichen Subjekts bezeichnet. Aber Menschen sind endlich.[518]

Kant geht noch davon aus, dass der Fortschritt zum Besseren in der Moral, wenn nicht vom Individuum, dann doch von der Gattung mit Gewissheit zu erwarten sei.[519] Auf den ersten Blick scheint so auch das Bild einer erfüllten Zeit gerettet zu sein. Was für das Individuum nicht geht, wird zum Ziel der Gattung. Aber hat sich diese Hoffnung in der Geschichte, was die Moral betrifft, bestätigt? Oder ist sie mit Sicherheit, was die technologische Entwicklung angeht, zu erwarten?

Er bleibt bei seiner Überzeugung, so schreibt Kant, auch wenn noch so viele Zweifel gegen diese Hoffnung auf einen Fortschritt zum Besseren aus der Geschichte gemacht werden können.[520] Wenn etwas noch nicht gelungen ist, bedeutet das nach ihm nicht, dass es nicht vielleicht in der Zukunft gelingen wird. Anzumerken ist, dass in dem Aufsatz 'Über den Gemeinspruch: Das mag in der Theorie richtig sein, taugt aber nicht für die Praxis', der Fortschritt zum Besseren nicht von den Menschen und ihren Entwürfen von ihm erwartet wird, da diese nach ihm niemals das Ganze sehen und beeinflussen können. Stattdessen soll es die Natur in uns es sein, die uns in das richtige Gleis nötigt, >in welches wir uns selbst nicht so leicht fügen würden.<[521]

Mit anderen Worten, Kant erwartet von der Vorsehung den Erfolg.

---

[518] Vgl. Blumenberg. Hans, Höhlenausgänge, Frankfurt am Main 1996, S. 58

[519] Vgl. Kant, Immanuel, Anthropologie in pragmatischer Hinsicht, Kants Werke, Band VII, Berlin 1968, S. 329

[520] Vgl. Kant, Immanuel, Über den Gemeinspruch: Das mag in der Theorie richtig sein, taugt aber nicht für die Praxis, Abhandlungen nach 1781, Kants Werke, Band VIII, Berlin 1968, S. 309

[521] Kant, Immanuel, Über den Gemeinspruch: Das mag in der Theorie richtig sein, taugt aber nicht für die Praxis, Abhandlungen nach 1781, Kants Werke, Band VIII, Berlin 1968, S. 310

Zum Autor

Geb.1945 in Düsseldorf.
Kaufmännische Lehr- und Praxisjahre. Studium der Betriebswirtschaft in Köln(Betriebswirt. grad.). Studium der Sozialwissenschaften und Philosophie in Bochum. Promotion. Dissertation: Niklas Luhmann. Zur Konstruktion der Selektivität.
Pädagogische Mitarbeit in der außerschulischen Jugendbildung (Literatur und Film). Teilnahme an einem Forschungsprojekt der FU-Berlin (Historische Anthropologie): 'Logik und Leidenschaften' (Prof. Dietmar Kamper). Lehraufträge am Institut für Soziologie der FU-Berlin zum Thema: 'Minima Moralia'. Sozialphilosophische Arbeiten zum Verhältnis von Angst und Differenz und zum Begriff der Identität. Studien zur Philosophie des amerikanischen Pragmatismus. Zur Zeit: Philosophische Projekte zur Zeiterfahrung in der Moderne, zu Problemen der Orientierung im beschleunigten Wandel der Gesellschaft.

Nachweise

Folgende Texte, die für dieses Buch überarbeitet und zum Teil verändert wurden, sind bereits früher erschienen:

Der Torweg. Was Nietzsche über den Augenblick denkt, in: Sic et Non,. Zeitschrift für Philosophie und Kultur im Netz, 7/2007

Temporale Spielräume. Zur Idee des Fortschritts, in: Sic et Non, Zeitschrift für Philosophie und Kultur im Netz, 9/2008

Fortschrittsangst und Zuversicht, in: Aufklärung und Kritik, Zeitschrift der Gesellschaft für kritische Philosophie, Nürnberg Jg.
2/2010

Bergsons Suche nach der verlorenen Zeit, in: Sic et Non, Zeitschrift für Philosophie und Kultur im Netz, 11/2009

Alles hat seine Zeit, in: Sic et Non, Zeitschrift für Philosophie und Kultur im Netz, 12/2010

Soweit die Erinnerung in Betracht kommt. Bemerkungen zur pragmatischen Orientierung, in: Sic et Non, Online Forum for Philosophy and Culture, 10/ 2003

Erlebnisintensität und Erfahrung, in: Sic et Non, Zeitschrift für Philosophie und Kultur im Netz, 13/2011

Zeitfracht Medien GmbH
Ferdinand-Jühlke-Straße 7
99095 Erfurt, Deutschland
produktsicherheit@kolibri360.de